U0126991

润德堂丛书全编 ①

述卜筮星相学

[清] 袁树珊◎撰

谢路军◎主编

郑同◎校

华龄出版社

HUALING PRESS

责任编辑：薛　治

责任印制：李未圻

图书在版编目（CIP）数据

润德堂丛书全编 . 1 /（清）袁树珊撰；谢路军主编.
—北京：华龄出版社，2018.5

ISBN 978-7-5169-1210-2

Ⅰ.①润… Ⅱ.①袁… ②谢… Ⅲ.①袁树珊－文集

Ⅳ.①Z424.9

中国版本图书馆 CIP 数据核字（2018）第 091788 号

| 书　　名：润德堂丛书全编 . 1 |
| 作　　者：（清）袁树珊 撰　谢路军 主编 |
| 出版发行：华龄出版社 |
| 印　　刷：三河市九洲财鑫印刷有限公司 |
| 版　　次：2019 年 1 月第 1 版　2019 年 1 月第 1 次印刷 |
| 开　　本：720×1020　1/16 印　　张：17 |
| 字　　数：250 千字 |
| 定　　价：38.00 元 |

地　　址：北京市西城区鼓楼西大街 41 号　邮　编：100009

电　　话：(010) 84044445 传　　真：84039173

网　　址：http://www.hualingpress.com

序　篇[①]

中国术数学简论

中国社会科学院教授、博士生导师　胡孚琛

　　三十多年前，不少自然科学家突然崇尚神秘文化，想从中国古代周易象数学中汲取营养。当时传说莱布尼兹的二进制是受中国的易图启发而创造的，还说《易·系辞》中早就有牛顿三定律的思想。其实这些说法都和历史事实不符，难以成立。近年来一些多年研读《周易》的学者又一反常态地崇拜西方早已过时的科学主义和技术主义，鼓吹工具理性万能，否定周易象数学的研究，将《周易》看成是纯哲学著作甚至是管理学、数学书，打着反"伪科学"的幌子将象数学斥为封建迷信。其实《易经》问世时中国的封建社会还未形成，《周易》若非有其占卜功能，很难想象它流传数千年而不衰。中国的诸子百家之学皆源于《易》，周易象数学流入道教，被道教占验派所宗，繁衍出许多占验术数。《易·系辞》云："圣人设卦观象。系辞焉而明吉凶，刚柔相推而生变化。是故吉凶者，得失之象也。""是故君子居则观其象而玩其辞，动则观其变而玩其占。""极数知来之谓占"。"易有圣人之道四焉。以言者尚其辞。以动者尚其变。以制器者尚其象。以卜筮者尚其占。"《易经》无象外之辞，否定象数，何言义理？周易为卜筮之书，不仅见诸《易·系辞》，甚至连宋代大儒朱熹也未否认。朱熹说："圣人作《易》本是使人卜筮，以决所行之可否？"（《晦庵先生朱

---

　　① 点校者注：《中国术数学简论》、《袁树珊先生传》为编者加入，与原书序、题辞等一并编为《序篇》。

文公文集》卷三十一）因而南宋易学家俞琰也说："朱子极论《易》为卜筮之书，其说详且明矣。愚谓以卜筮观《易》，则无所不通，不以卜筮观《易》，则多所不通者焉。""当知辞本于象，象本于画。有画斯有象，有象斯有辞。《易》之理尽在于画，拒可舍六画之象而专论辞之理哉？舍画而玩辞，舍象而穷理，辞虽明，理虽通，非易也。"（《周易集说·序》）中国术数学是道学文化的组成部分，它源于古代的象数易学，现归入道学之占验方术。因之我们探究道学方术中之占验术，首先从周易象数学谈起。

中国术数学本是周易象数学发展起来的分支，它最初奠基于战国时期驺衍为首的阴阳家学派，汉代兴盛一时，后流入道教，被道教占验派所宗。占验派道士皆精研易理，推崇象数易学，并将之用于社会、人事等未知事物的预测，创造出丰富多彩的占验术数。在一定意义上说，术数学乃是一种杂有迷信成分的社会、人生预测学。中国历史上由于家长制封建政权的压迫，民众中封建迷信思想盛行，缺乏现代科学实证精神和人文思想的启蒙，术数学著作中杂有大量非科学的迷信内容是毫不足怪的。然而我们知道，一些术数在中国流传数千年，必有其本身存在的价值和流传的社会原因。在这些社会原因没消除之前，社会上的术数占验活动根本无法禁断。追求预知社会、人生、事物的未知状态是人类一个永恒的目标。如果一些追求预知的术数活动要以是否应验来寻求在社会上的立足之地，必然被社会实践迫使它们暗中向科学靠拢。科学研究是没有禁区的。术数学必将成为中国科学史、哲学史与其他社会科学领域研究的课题。

一　中国术数学的由来

术数学的由来，可以追溯到氏族公社时代的巫史文化。人们对于复杂纷纭的社会前景和变幻莫测的人生命运、在自力难以掌握的时候，便本能地依靠他力趋吉避凶，寻求预测未来的方法。这种渴望预知的心理，无论是对于文明未开的古代初民还是科学昌明的现代人，实际上没有什么不同，社会文明的发展并没有消除人们对个人命运的困惑和对所受伤害的恐惧。例如现代科学可以把人载到月球以及探测火星，航天飞机足以使道教神话中的腾云驾雾成为现实。然而随现代科学发展而出现的火箭发射事故、电脑病毒乃至机毁人亡之祸也更加给人类心灵带来困扰。向使无有飞机，何来机毁人亡之祸？因之人类渴望预知休咎、趋福避祸的愿望并不会因现代科学的发展而消除。另外，根据文化人类学的研究，图腾崇拜、鬼神观念、前兆迷信等是人类氏族社会普遍的原始宗教信仰，而人类文明最初就起源于这种氏族社会的原始宗教。中华民族的童年思维也有前兆迷信和相信占卜预言吉凶，殷周甲骨文里那么多卜辞即是证明。直至战国时著名思想家墨子尚且反复论证宇宙间有鬼神之说，更何况中华民族的初始文明呢。《墨子·明鬼》云："故尚书夏书，其次商、周之书，语数鬼神之有也……以若书之说观之，则鬼神之有，岂可疑哉？"可知墨子所见三代之书及许多失传的上古文献皆倡鬼神之说。文化人类学和现代心理学的规律说明，人类任何民族中每个个体的人的心理中都包括着其民族群体童年的记忆，每个人童年的心理都要重演人类群体在历史进化中的文化和心理过程。从这个意义上说，人类生理和心理上的文化重演律适用于地球上每一个人，任何人都无法摆脱人类进化过程中留下的文化和心理轨迹，不可能彻底割断人类童年的思维。由此可知，那些将术数学打入学术禁区的伪科学家，自称已彻底无有信仰心理和有神论意识，实际上皆是自欺欺人之谈。道学文化本来源于母系氏族公社的原始宗教，原始宗教是一种巫史文化，巫史的职责就是进行人神交通，承担卜吉凶、祭鬼神、记灾异之类的事。这种原始宗教的巫史文化，至殷周之际，虽经过多次原始宗教革命，仍盛行不衰。《尚书·洪范》云："稽疑，择建立卜筮人，乃命卜筮。"《周礼·春官》云："大卜掌三兆之法，一曰玉兆，二曰瓦兆，三曰原兆。""上春衅龟，祭祀先卜。"《史记·龟策列传》也说："三王不同龟，四夷各异卜，然各以决吉凶。"殷周时国家遇到大的变故，必以卜筮占断吉凶，卜和筮应是中国流传最古的术数。卜是以灼裂龟甲占验吉凶，筮是以排列蓍草的方法画卦象占验吉凶，此外还有占梦之术，起源甚早，《汉书·艺文志》云"众占非一，以梦为大"，周代太卜掌"三梦之法"，并设有专职的占梦官。甲骨文中就有大量龟卜和梦占的记载。中国人类文明的开始，就是在术数学的发展中不断推进的。

中国先民原始宗教中占验术数的真实面目，现大多不得而知。甲骨文中虽然对龟卜、占梦多有记载，但具体操作方法已亡佚。清初学者胡煦著

《卜法详考》四卷，记下民间流传下来的灼龟占法，可由此略知古代卜法遗意。原始宗教中的巫史由直接降神到借用工具推测神意，由象卜到数卜，而后筮法又渐渐取代龟卜，有一个发展过程。《礼记·月令》记立冬之月，天子"命太史衅龟策，占兆，审卦吉凶。"注云："占兆者，玩《龟书》之繇文。审卦者，审《易》之休咎。皆所以豫明其理而待用也。衅龟而占兆，衅策而审卦吉凶，太史之职也。"《周礼·春官》云太卜"掌三《易》之法：一曰《连山》，二曰《归藏》，三曰《周易》。其经卦皆八，其别（卦）皆六十有四。"这说明占卜为周代原始宗教中最重要的宗教活动，由太史（相当于后世之辅相）亲自执掌《龟书》及三《易》等术数典籍。而今《龟书》及《连山》、《归藏》两种《易》书已失传，只剩下《周易》是唯一保存下来的氏族原始宗教的占验术数典籍。

三《易》的形成，应是先有卦画后有卦辞的。《连山》、《归藏》、《周易》皆以阴、阳二爻组成八经卦，又相互重合得六十四别卦，仅为卦序和卦辞不同。八卦卦画的创制，远在三代之前的氏族原始宗教中即开始，重卦亦在西周之前。卦辞和爻辞的创制，盖出于卜筮巫觋之手，至西周中期始定。《说文序》云："古者庖牺氏之王天下也，仰则观象于天，俯则观法于地，观鸟兽之文与地之宜，近取诸身，远取诸物，于是始作《易》八卦，以垂宪象。"《易·系辞》亦云八卦为"包牺氏"所作，《史记·太史公自序》说："余闻之先人曰：'伏羲至纯厚，作《易》八卦'。"由于三代以来我国史官皆实行父子相继的世官制度，看来八卦源自伏羲氏乃是历代史官承传的说法。伏羲氏乃畜牧业时代的氏族部落酋长，八卦始于那时先民对自然现象的观察应属合理。据考古资料，河南安阳殷墟出土的陶器，安阳四盘磨村、陕西张家坡出土的卜骨，歧山凤雏村出土的卜甲，宋代出土的周初中方鼎，湖北孝感出土的周初铜器铭文，都刻有形式不同的数字卦。张政烺推测四盘磨卜骨的卦画即失传的《连山》易。[①] 盖周代之前的原始宗教，保存着母系社会女性崇拜的遗俗较多，反映到易卦的筮法上，则有《归藏》、《连山》。《归藏》易以坤卦为首，释阴柔为吉，显然是母系氏族原始宗教传统，为道学的文化渊源。周代父权家长制氏族宗法政权巩固下来，原始宗教的传统为之一变，《周易》的卦序和爻辞便反映了周人

---

① 张政烺：《葛辨》，载《中国哲学》第14辑，人民出版社1988。

以乾卦为首、尊重君权、父权的特色。《连山》、《归藏》失传后，《周易》作为巫史文化的代表作，虽然崇尚阳刚的思想占据主导地位，但贵阴尚柔的思想仍有保存。阴爻在《周易》中并非全部代表"小人"和"不吉"，爻辞对卦象的解释也不一味崇尚阳刚。例如《周易》中的坤卦、谦卦多吉，而各卦之上爻多体现"物极必反"之理，显然都和道家思想暗合。因而周代的巫史文化成了后世诸子百家的总汇，学术界也有"诸子百家皆源于《易》"之说。

《周易》包括三个部分，其一是《易经》，包括古代原始宗教流传下来的卦画和西周巫史作的卦辞和爻辞。其二称《易传》，含《彖》、《象》、《文言》、《说卦》、《序卦》、《杂卦》，包括出土帛书《周易》的《二三子问》等，为战国时人所作。其三称《易图》，有《河图》、《洛书》、《先天图》、《太极图》等，宋代开始传出，据说是经由著名高道陈抟得来。清代儒学兴盛，儒生精于考据，力斥易图皆宋人向壁伪造，和伏羲氏、周文王等圣人毫无关系。1977年安徽阜阳县双古堆西汉汝阴侯墓出土一只"太乙九宫占盘"，盘上不仅刻有类似《灵枢经·九宫八风篇》的图形，且有《河图》、《洛书》刻在小圆盘上。这说明《河图》、《洛书》等易图入于占验术数，乃周易象数学的一种传统，宋人只不过在易图学上有所发展而已。另有一说，将《周易》划分为三个阶段的学术。其一是《易经》，是用于占筮的；其二是《易传》，是对经的解释，乃穷理尽性之书；其三是易学，乃历代学者对《周易》研究的学术。中国的术数学，就是以易学为根基发展起来的。

中国术数家的祖师，是战国时期齐国的驺衍。《易》以道阴阳而末及五行，《洪范》用五行而不言阴阳，驺衍倡导的阴阳五行学说成为术数学的基本理论模式，他提出的"类同相召，气同则合，声比则应"（《吕氏春秋·应同》）的天人感应原理也是中国术数学的理论基石。中国术数学以天文观象之学的发展为背景，以人事、国事应乎天象，而驺衍恰是天文律历学术的一代宗师。《史记·历书》云："幽、厉之后，周室微，陪臣执政，史不记时，君不告朔；故畴人子弟分散，或在诸夏，或在夷狄；是以其禨祥废而不统。""其后战国并争，在于强国禽敌，救急解纷而已，岂遑念斯哉！是时独有驺衍，明于五德之传，而散消息之分，以显诸侯。"周幽王、厉王之后，历书天官之学渐于失传，齐人驺衍独通晓此术，被时人

序篇

· 5 ·

誉为"谈天衍"。刘向《别录》云:"《方士传》言驺衍在燕,燕有谷,地美而寒,不生五谷。驺衍居之,吹律而温气至,五谷生,今名黍谷。"这说明驺衍还通晓音律,古代音律亦为术数学一大分支。《史记·孟子荀卿列传》说他"深观阴阳消息,而作怪迂之变,《终始》、《大圣》之篇十余万言,其语闳大不经,必先验小物,推而大之,至于无垠。先序今以上至黄帝,学者所共术,大并世盛衰,因载其機祥制度,推而远之,致天地未牛,窈冥不可考而原也。"驺衍以类比外推法将人生、国事、天象相互联系,由小见大,以近知远,就此推彼,为术数学奠定了方法论基础。现存的"大小九州"和"五德终始"之说即是关于地理、政治的术数学,但这远非驺衍学说的全部,他的学说是主要探讨阴阳变化之理、五行转运之机、天道玄远之事和推往知来之术的,有十多万言的著作,在战国时期显于诸侯。而后驺衍之学被秦始皇采用,传至汉世,和周易象数学派结合,形成了中国术数学发展的高峰时期。

中国术数学的支柱是天干、地支纪时法,而干支纪法又源于古代的天文历谱之学。干支纪法是中国先民的一个创造,它暗合了宇宙的某种根本节律,使以天干、地支建立起来的象数模型有一定的预测功能。中国至少在春秋末期(公元5世纪)就已使用四分历,这是当时世界上最先进的历法。在这之前,先民的原始宗教文化中有过以"大火"(心宿)授时法,后来又使用过北斗授时的十月制历法。十月制历法在《管子·幼官篇》("幼官"乃"玄宫"之误)中有记载,在《诗·豳风·七月》和《夏小正》中也可找到线索,现在仍保存在彝族地区的民俗中,《汉书·艺文志》云:"春秋时,鲁有梓慎、郑有裨灶、晋有卜偃、宋有子韦;六国时,楚有甘公、魏有石申夫",都是古代的天文历谱家,而《汉书·艺文志》将天文家、历谱家放在"术数略"诸家之首。实际上原始宗教文化中筮史观象授时,历来和星占、选择时日的卜筮活动密不可分。1975年湖北云梦出土《睡虎地秦墓竹简》,其中有甲、乙两种《日书》,约为战国时期作品。这两种《日书》皆采用干支纪法纪日、月,以四象二十八宿观象授时,按阴阳五行学说推断吉凶,从而选择出行、见官、谋事、造房的方向和时日,其中还有不少驱鬼、占梦、禁忌的资料,是当时术数活动真实情况的物证。这些传统的占验术数也被汉代术数家继承下来,逐步发展成熟。《四库全书总目提要》云:"术数之兴,多在秦汉以后。要其旨,不出乎阴阳五行，生克制化。实皆《易》之支派，傅以杂说耳。物生有象，象生有数，乘除推阐，务究造化之源者，是为数学。星土云物，见于经典，流传妖妄，浸失其真，然不可谓古无其说，是为占候。"占验术数早在道教始创之前，就被方仙道、黄老道、巫鬼道的方士、道士、巫觋所研习，在社会上流传不息。

二 术数学的发展

《周易》既为中国术数学之祖，则易学的发展显然和术数学的发展相关。秦始皇焚书，《周易》因是卜筮之书而未烧。汉代以来，儒家思想成了中国家长制宗法社会占统治地位的正统思想，《周易》也被儒家学者捧为六经之首，当成儒家的经典。这样，以孔子的政治伦理思想解《易》的著作，成了易学的"正传"，而以老子《道德经》思想为主体的解易之作，则是易学的"别传"。本来老子《道德经》就和易学相通，老子是《易经》的一个特殊传人。《易·系辞》说："《易》与天地准，故能弥纶天地之道。"《道德经》和《周易》都是对天地之道的探索和概括，二者的阴阳观、变化观、反复循环观、守中贵柔观等，皆相互承袭。《周易》由天道及于人事，这和道家究天人之际的传统相合，而和罕言天道的儒家伦理观念有别。《汉书·艺文志》称道家为"《易》之嗛嗛，一谦而四益，此其所长也"。显然也承认道家学者为《易》之传人。道学的易学，乃由秦汉方仙道、黄老道传来，是方士、隐士、道士之《易》。汉成帝时，刘向校书，发现各家易说皆祖田何、丁将军，是儒家的正传。惟有京房之易学，传自焦延寿，焦延寿之易虽托名孟喜，实际上传自隐士，是专明阴阳术数，推步灾异吉凶的易学。焦延寿和京房，为汉代有代表性的大易学家，其所著《焦氏易林》、《京房易传》现已收入《道藏》，为道教占验派所宗。《焦氏易林》将六十四卦分派到全年二十四节气之中，以卦值日。创立了新的筮法。同时又将各卦展开为六十四卦，系以繇辞，有四千条之多。京房得焦氏易说，将六十四卦分属于八宫，创立纳甲、飞伏、世应诸法，为后世火珠林占法的滥觞。汉代易学家还创立卦气说、纳甲说、爻辰说，丰富了周易象数体系，为道教占验派易学奠定了基础。

汉代是术数学高度发展的时期，驺衍的阴阳家学说渗透到所有学科，社会上兴起造神运动，使孔子偶像化，儒学谶纬化，儒生方士化，汉儒遇事必推步吉凶，连皇帝也信天象，讲灾异，学图谶，终汉之世社会上笼罩着一种神秘气氛。这样，周易的象数之学在汉代发展到顶峰，与之相关的术数学也盛极一时。汉成帝时诏命光禄大夫刘向校经传诸子等书，步兵校尉任宏校兵书，太史令尹咸校数术，侍医李柱国校方技。后来刘向之子刘歆汇总群书分为《七略》，有诸子略、六艺略、诗赋略、兵书略、术数略、方技略，术数俨然成为汉代学术和诸子并列的一大门类。《汉书·艺文志》云："数术者，皆明堂、羲和、史、卜之职也"，说明术数学实即古代巫史之学的沿袭。《史记·日者列传》记载汉代术数学界分为五行家、堪舆家、建除家、丛辰家、历家、天人家、太乙家和形法家（看相术士）等。《汉书·艺术志》又将术数之书分为六类，一天文，二历谱，三五行，四蓍龟，五杂占，六形法。由此可知，汉代术数学范围较广，周易象数学成为易学的主流，研习者非只道家学派和方士、道士，习五经的儒生博士也推波助澜。汉代天文历法学甚为发达，修正的四分历、太初历、乾象历皆在汉代完成。汉人信谶纬，习太一九宫之术，今古文经学家皆取卦气说解《易》，将天文历法和周易象数融为一体。孟喜、焦延寿、京房的易学，宋人称之为象数之学，以和儒家正统的义理之学相区分。象数之学以五行说、卦气说、纳甲说、爻辰说等解《易》，创立了世应、飞伏、归魂、游魂等术语，以卦爻干支五行生克占断吉凶，实为占验术数的一大革新。扬雄甚至模仿《周易》作《太玄经》，以八十一首表示一年四季的阴阳消息，提出了一套新的筮法，也是术数学史上的大事。

汉代周易象数之学盛极而衰，走向了自己的反面。魏晋之后，儒家的正统思想在易学研究中取得统治地位，将忠君孝亲的政治伦理放在首位，视和统治术关系不大的古代科学技术为奇技淫巧，占验术数更不能登大雅之堂。因之，周易象数体系为核心的术数学经过汉代四百年的繁荣时期，魏晋之后终于被排摈出正统的学术殿堂，为道教占验派所吸收。王弼注《易》，自称"得意忘象"，借易学清谈玄理，美其名曰"善易者不占"，被儒家奉为正统的治《易》方法，扼杀了象数之学发展的生机。尔后，儒家"正传"的易学变成义理之学，治《易》的方法是"扫象不谈"，有人甚至数典忘祖，否认《周易》是术数学的卜筮之书，使周易象数学几近失传。这期间，《周易》作为五经之首成了维护宗法礼教的伦理教科书，为求取功名准备科举考试的儒生所修习。幸有唐代李鼎祚著《周易集解》，将汉代象数之学的本旨保存下来，使宋代易学家能从中窥知汉易的真实面目。

汉代以来道学别传的象数易学，略有两大分支。一支入于术数，以卜筮占验为其所长。一支入于方技，被道教炼养家作为内丹、外丹的理论框架，魏伯阳的《周易参同契》便为其代表作。还有汉代严君平以《易》解老，著《道德经指归》。扬雄称其书为"观大易之损益兮，览老氏之伏倚；省忧喜之同门兮，察吉凶之同域。"（《太玄赋》）周易象数学自王弼扫象之后晦而不显，直至宋初经著名高道陈抟之手才复放光彩。据《佛祖统纪》，陈抟受《易》于麻衣道者，得所述《正易心法》四十二章，理根天人，历诋先儒之失。陈抟在《正易心法注》中推崇伏羲画卦所传象数之学，讥刺周文王、孔子立辞章所传义理之学。他说："学《易》者当于羲皇心地中驰骋，无与周、孔言语下拘挈。""周、孔遂自孤行，更不知有卦画微旨，只作八字说。此谓之买椟还珠，由汉以来皆然。《易》道胡为而不晦也？"陈抟精于道教中别传的先天易学，保存有一些秘传的易图，清初黄宗炎《太极图辨》论述"先天图"乃长生秘诀，曾由陈抟将其刻于华山石壁上。陈抟后学有张无梦、刘海蟾、张伯端、陈景元等，皆得内丹法诀真传，在社会上声名卓著。后来陈抟的象数之学和易图辗转传到刘牧、邵雍、周敦颐、蔡元定等人手中，开宋代易学之新风，讲河图、洛书、先天、后天、太极、无极之说，将内丹学的术语充斥于理学家著作之中。《四库全书总目提要》说："《易》之为书，推天道以明人事者也。《左传》所记诸占，盖犹太卜之遗法。汉儒言象数，去古未远也。一变而为京、焦，入于禨祥；再变而为陈、邵，务穷造化，《易》遂不切于民用。王弼尽黜象数，说以老庄。一变而胡瑗、程子，始阐明儒理；再变而李光、杨万里，又参证史事。《易》遂日启其论端。此两派六宗，已互相攻驳。"宋元以来，道教别传的象数易学给儒家正传的义理易学以极大冲击，理学家接受了陈抟的易图，大多变化失真，相互辩难，却并不否认来自陈抟。这是因为先天易图中隐有丹家秘诀，非局外人所能知，理学家不可能自己伪造这种易图。宋儒朱熹将河图、洛书、太极图等九幅易图置于他的《周易本义》、《易学启蒙》之首，而且并不否认《周易》是卜筮之书。朱熹知道学习道教象数易学不研习丹经是不行的，因之曾苦读《周易参同契》并为之作注。南宗道教易学家俞琰（1253～1316）赞同朱熹的观点，他著有《周易集说》、《读易举要》、《易外别传》、《古占法》、《周易参同契发挥》等，深得道教易学之旨。道教南、北宗道士精于易学者甚多，清代内丹家刘一明著《周易阐真》，将《周易》解释成一部内丹书，别具新意。宋元间天师道的雷思齐，曾著《易图通变》、《易筮变通》，发展了道教易学。周易象数学的发展同时也促进了占验术数的革新。

考查历代史书中的《方士传》，所记方士以习术数学的人数为多，唐代之后习长生方技的道士才渐增长。汉魏间方士多习京氏易、谶纬、天官、风角、星算、遁甲、六壬、望气、三元、太一、飞符、占卜、推步之类的术数，知名者有任文公、郭宪、高获、谢夷吾、郭凤、杨由、李南、李郃、樊英、唐檀、公沙穆、许曼、赵彦、韩说、杨厚、董扶、管辂等人。其中管辂之术数登峰造极，这是汉代四百年苦研占验术数孕育出来的花朵。《晋书·方技传》又记载陈训、戴洋、韩友、淳于智、郭璞、步熊、杜不愆、严卿、隗炤、卜珝、黄泓、台产等精于风角、星算、三棋、九宫、八卦、龟策一类占验术数，其中尤以郭璞名重一时。唐代占验术数亦甚兴盛，有著名高道袁天纲、李淳风等以天文、星算、相术等名世，还有李虚中的推命术，孙思邈的预知术，皆奇巧如神。唐人兴起金钱卦，简化了卜筮程序。宋代又有徐子平的四柱算命，传称邵雍的梅花易数。邵雍著有《皇极经世》等重要术数学著作，是继京房之后占验术数的一次重大革新。司马光创造的《潜虚》筮法，是对扬雄《太玄经》筮法的又一发展。明代重臣刘基亦精于占验术数，社会上流传的一些命书、图谶多托名他而作。然而因宋明理学兴起，儒臣鄙薄术数学，术数家的地位降低，能以应验轰动社会的名家渐少。清代修《四库全书》，术数学范围缩小，有数学、占候、阴阳宅、推命、看相、阴阳五行、杂术等。

术数学的发展曾经给中国科学技术的发明和创造带来动力。中国古代的教育没有自然科学的启蒙教科书，更没有专门的科学理论著作。由于《周易》被尊为儒家经典，周易象数体系实际上便成了对古代知识分子进行科学启蒙教育的教科书。同时，中国术数学中的那些阴阳五行、天干地支、四象九宫等象数模型也成了古代科学技术普适的理论框架。中国古代科学技术曾经走在世界前列，出现那么多创造发明，大都和方技、术数有关。火药本为炼丹家发现，指南针则为堪舆术士手中的工具，天文历法和星占术更是密不可分。术数同时又是中国哲学的文化背景。无论是东方文化或西方文化，实际上都有某种神秘的观念作背景，或隐或显地引诱着人类思维的发展。中国哲学史的演进是和易学的研究联系在一起的，术数学中的阴阳五行学说和天人感应原理同时也是中国哲学的支柱。术数学本身就是中国哲学形式化系统的分支，它和义理学好比是整个哲学系统的两条腿，缺少术数学研究成果的中国哲学史著作是不完善的。术数学是道教占验派的修持方术，它在道教文化中占有重要地位。《黄帝太乙八门入式诀》、《玄精碧匣灵宝聚玄经》、《邓天君玄灵八门报应内旨》、《太上六壬明鉴符阴经》等遁甲、六壬道书，《北斗法治武威经》、《天老神光经》等天象占书，《紫微斗数》、《灵台经》等算命书，《四圣真君灵签》、《洪恩灵济真君灵筮》等抽签书皆收入《道藏》，说明占卜术数为道教文化不可分割的内容。占验派道士以研习术数为宗，将推往知来作为道教修炼的神通。佛教更把预知未来的神通分为五种，即报通、修通、鬼通、妖通、依通，道教亦承认这种说法。报通为与生俱来的先天感应能力，佛教称由报身而来。修通称为由人身修炼而得的预知神通，道教内丹家可修至"出阴神"和"六通之验"。鬼通和妖通谓妖鬼附体，属宗教家的解释。依通即是依托卜筮而出现的预知神通，属于术数学的范围。所谓"善易者不占"，大多是由研读易理开发出灵感，达到报通或修通的境界，可以"不用占卜而断人吉凶，寻常人是没资格自称善易者"的。

三　术数学的流传

占验术数种类繁多，在社会上流传甚广。汉代以来，太乙、六壬、遁甲、堪舆、相术、推命、占卦、测字、梦占、星象诸术日益完备，促成了术数学的繁荣局面。今仅择一些流传较广的占验术数，略作分析。

一、谶　书

汉代称之为图谶，由谶纬之学流变而来。谶为占验之隐语，纬为经在术数学中的流变，汉代谶纬图书甚多，现在尚有易纬留存（日本学者安居香山、中村璋八辑有《纬书集成》），图谶则佚失殆尽。因为谶书实际上是政治预言书，上面多有图画，故亦称图书，中国历代统治者将其视若蛇蝎，怕政治家蛊惑民心危害政权安定，或故意篡改错乱，或干脆严加禁绝。现在社会上流传的谶书，有刘伯温《烧饼歌》、姜子牙《万年歌》、诸葛亮《马前课》、邵雍《梅花诗》《禅师诗》等，为宋明间预言家的托名之作。另有《推背图》，托名隋唐间占验派高道袁天罡、李淳风而作，每卦一图，配以谶言和谶诗，有金圣叹（1608～1661）批注本。《推背图》因流传太广，无法禁断，朱元璋则故意将其颠倒错乱次序，已失真。奇怪的是，《推背图》上竟载有可破译为预言世界核火战的图像和文字，甚至有"若要和平，直待彭、老"的话，可解读为对彭祖修道术和老子道学通行世界的谶语。现惟有邵康节所著《皇极经世》，未被错乱篡改，但这是一本讲社会周期律的历史哲学书，和一般谶书不同。邵雍为宋代术数哲学大家，其《皇极经世》中的"元、会、运、世"之说，为兼综道、释的术数哲学学说，可和先哲驺衍的五行终始之说相比拟，值得认真研究。

二、文王课

文王课是一种以钱代蓍的六爻卦法，又称五行易、火珠林卦法，为唐宋以来社会上最流行的断易方法，由汉代京氏易发展而来。现在社会上流传的筮书，如《卜筮正宗》、《增删卜易》、《断易天机》、《断易大全》、《文王课秘传》等，多是传播这种筮法。金钱卦是周易古筮法的一种流变，断卦时以六爻所配干支五行的生克制化论吉凶，结合占卦时间（日、月）的干支和神煞，而基本脱离《周易》爻辞。这种占法为民间术士所熟知，并积累了较多的占断经验。近有重庆霍斐然先生据《易传》推演出《小成图》占法，竟可超迈古人。

三、梅花易数

《梅花易数》进一步简化了易占方法，可以年、月、日、时的数目或其他可数之数起卦，以八除之余数定卦名，以六除之余数定变爻，结合爻辞及五行生克比合的关系以断吉凶。梅花易数占法十分注意断卦的灵感和观察事物的征兆，训练占卜者具备预测家的素质，因而不拘泥繁琐，独得周易预测事物的简易之理。

四、太乙神数

太乙统十二运卦象之术，也和《皇极经世》一样，是推算国家政治命运和气数、历史变化规律的术数学。周武王时以术数"卜世三十，卜年八百"推国运，后有驺衍五德终始之说，至邵雍形成历史哲学而大备。太乙神数推算较难。据《太乙统宗神数》，上古时有一年冬至日半夜，恰好日月合璧、五星联珠，定为甲子年、甲子月、甲子日、甲子时，称作太极上元，上元甲子以来的年数，叫太乙积年。由太乙积年再求出太乙流年和太岁值卦，以断本年各月的气运吉凶，预测一些重大政治事件和天灾人祸。每年值两卦（本卦和之卦），共十二爻，从动爻和变爻开始，每月值一爻。太乙数以子月为正月，即从上一年的农历十一月计起。例如太乙数推得丁丑年及以后所值之卦依次为履之乾、泰之临、否之遁、同人之革、大有之乾、谦之坤、豫之小过、随之震、蛊之巽、临之师、观之益等。太乙数推算国运要兼综年卦和卦爻的大运，这种术数因涉及政治，为历代统治者所忌，社会上很少流传。

五、太乙九宫术

太乙术本于《易纬·乾凿度》太乙行九宫法。太乙为北辰之神，又名太一，与六壬、遁甲合称三式。三式之名乃由秦汉初之栻盘占而来，后栻盘废弃不用，仍存其名。太乙式仿易而作，采用五元六纪。五元为甲子、丙子、戊子、庚子、壬子；六纪为六甲子。每元 72 年为小周期，每纪 60 年，六纪 360 年。一宫为乾，天门，主冀州；二宫在离，火门，主荆州；三宫在艮，鬼门，主青州；四宫在震，日门，主徐州；五宫曰中宫，太乙不入；六宫在兑，月门，主雍州；七宫在坤，人门，主益州；八宫在坎，水门，主兖州；九宫在巽，风门，主扬州，太乙每宫居三年，不入中宫，二十四年巡游一周，又分阳遁、阴遁而有顺行逆行，配以八将占断吉凶。现有汉文帝时文物"太乙式盘"，又《南齐书·高帝本纪》记太乙术推自汉高祖五年至宋祯明元年间治乱之事，可知此术汉代已传。《灵枢·九宫八风篇》《太乙金镜式经》等略记其法。

六、奇门遁甲

遁甲之学是用时间和方位占断吉凶的一种术数。它利用时间和空间因素趋吉避凶，以选择天时、地利、人和的最优方案为目的。遁甲之学的要害在排局布盘，其天盘为九星（天蓬、天芮、天冲、天辅、天禽、天心、天柱、天任、天英），人盘为八门（休、死、伤、杜、开、惊、生、景），地盘是九宫八卦。排局布盘时以顺仪（戊、已、庚、辛、壬、癸为六仪）

逆奇（乙、丙、丁为三奇）为阳局，以逆仪顺奇为阴局，按年份、节令、时辰将八门、九星、九神（直符、螣蛇，太阴，六合、勾陈、朱雀、九地、九天）在九宫八卦盘上布列成局。冬至到夏至之间阳气回升，用阳遁；夏至到冬至之间阴气渐长，用阴遁。为了将时间的干支和二十四个节气密切联系起来，布局时按正授、超神、接气、置闰的规律，将上元符头（十五日值一个节气，分上、中、下三元，每元五日，第一日为符头）和节气调整好。这样，就可以排出一种奇门遁甲的日历，从而用时间、方位占断吉凶。此术有"转盘"和"飞盘"两大系统，社会上广为流传。奇门遁甲是和古代天文历法之学联系最紧，综合性最强的术数，它将古代术数家创造的阴阳、五行、天干、地支、河图、洛书、八卦、九宫等学说都包容进去，并联系成一个有机的整体。因此，可以说奇门遁甲是中国的术数之王。

七、六壬课

六壬神课也像文王课一样是预测人事吉凶成败的占卜之术，先秦时已有栻盘占法，近年亦有西汉六壬栻盘出土，东汉以来才蜕变为符号程式。其法以占卜时日的干支为基准，先以占卜月的季节（月将）、占卜日的干支、占卜时的地支组成六壬课式，按五行生克关系配以六亲（父母、兄弟、妻财、官鬼、子孙）、十二天将（青龙、白虎、朱雀、玄武、螣蛇、勾陈、太常、太阴、天空、天后、六合、贵人），以三传（初传、中传、末传）、四课（第一课、二课、二课、四课）的生克关系而断吉凶。六壬课表面虽不用周易象数体系，实际上却和易象相通。例如其天盘、地盘仿两仪，四课如四象，三传似六爻，其中元首课、重审课、知一课等六十四种课体则和《易经》六十四卦相配。术数家称六壬之学为三式（太乙、遁甲、六壬）之最，根于天学，应于人事，为集阴阳、五行、干支、九宫诸术数之大成者。六壬课虽仅七百二十式，但断事须结合本人年命，错综复杂，变化万端，自隋代以来便受到一些著名学者的重视。另有《大六壬金口诀》，以时间、方位立断吉凶，为术数家之秘宝。

八、河洛理数

河洛理数是宋代兴起的一种推命术，但不像徐子平四柱推命术那样受印度星象学影响，而是和铁板神数等术数一样是汉代周易象数学的流变。这种推命方法是先算出人出生年、月、日、时的干支；然后以纳甲法求出天干的后天八卦数，地支的五行生、成数；随后将这些天干、地支的天数（奇数）相加起上卦，地数（偶数）相加起下卦；最后将上下卦相合得出人的本命卦以断吉凶。河洛理数是唯一以四柱起卦，以周易占断的推命术，利用了周易象数的卜筮经验。顺便介绍，铁板神数亦是以人出生之年月日时起数断人一生命运和遭遇的术数，有南北派之传。《皇极天书》载南派铁板神数断命法。

九、紫微斗数

紫微斗数、子平推命术、星平会海（又称果老星宗）都是推命的术数，其术数的层次依序增高。紫微斗数虽属初级的算命术，但流传较广，断语明确，不像徐子平推命术那样复杂难断。其术先查出人的出生年、月、日、时干支，继后画出人的十二宫图（命宫，父母宫、兄弟宫、夫妻宫、子女宫、财帛宫、疾厄宫、迁移宫、奴仆宫、官禄宫、福德宫、田宅宫），依出生图的五行局查出相应的星名（包括天文学上没有的天机星、天府星、文曲星、羊刃星等虚星）分别填入十二宫内，便可推出一生的命运。

十、四柱推命术

此术以人的出生年、月、日、时干支称为四柱，故名四柱推命术。《北史·孙绍传》中有推人禄命的记载，《北齐书·方技传》谓魏宁亦善推命。唐德宗时李虚中用生年四柱推命，至宋初徐子平加以完善，后人亦习称子平术。子平术以日柱天干为本，据其和年柱、月柱、时柱干支的五行生克制化关系及节气旺相状态，断人一生命运的吉凶祸福。有《渊海子平》、《命理探原》、《滴天髓评注》、《子平真诠》、《三命通会》、《命理约言》、《穷通宝鉴》等多种命书，皆讲子平推命术，为社会人士所熟知，社会上也把四柱推命作为命理学的代表。

十一、占星术

此术本为古代天文学之流变。《汉书·艺文志》云："天文者，序二十八宿，步五星日月，以纪吉凶之象，圣王所以参政也。《易》曰：'观乎天文，以察时变'。"说明古代天文学原初就是占星术数。其中包括日占、月占、五星占、恒星占、星变谴告等。古人以为天象下应人事，故天象之变，乃至自然现象的异常，皆预兆人间灾异的流行和国家的治乱。

十二、望气

《史记·天官书》记载不少省云望气之法："北夷之气如群畜穹闾，南夷之气如舟船幡旗。大水处、败军场、破国之墟、下有积钱金宝之上，皆有气，不可不察。海旁蜃气象楼台，广野气成宫阙然。"《吕氏春秋·明理》又记载望云能知国乱之兆："其云状有若犬，若马，若白鹄，若众车；有其状若人，苍衣赤首不动，其名天衡；有其状若悬釜而赤，其名曰云旗；有其状若众马以斗，其名曰滑马。"望气之术为历代兵家所重，故《晋书》、《隋书》多有记载。其他还有所谓战云、天子气等，《开元占经》有记。

十三、测字

将汉字笔画、字形、字义分开论证，以占断人事吉凶之术，称测字，又称相字、拆字。此术以求占者偶然一念所得之字而求占断，占者据字形、字意联想推理而决疑。相传邵雍精于测字，而后有谢石、朱安国、汪龙、胡宏、张九万、何中立、马守愚、范时行、沈衡章等人，皆精于此术。测字法有装头、接脚、穿心、包笼、破解、添笔、减笔、对关、摘字、观梅等具体解法。有《字触》、《神机相字法》、《测字秘牒》等书传世。又有以二字字画起卦的《一撮金》，以三字字画起卦的《诸葛神数》，是以字配易之占法。

十四、梦占

《汉书·艺文志》云："众占非一，而梦为大"，解梦为古代原始宗教巫史文化遗传下来的古法。《周礼·春宫·大卜》云太卜"掌三梦之法，一曰致梦，二曰觭梦，三曰咸陟"，乃古代解梦之书。占梦术有以易卦解梦者，有据梦象直解者。汉代将梦分为直梦、象梦、精梦、想梦、人梦、感梦、时梦、反梦、病梦、性梦等。有《周公解梦书》、《梦林玄解》等书传世。梦境反映了人的潜意识活动，近代东西方学者皆有研究。

十五、堪舆

堪舆原为汉代五行家推测天文、地理的五行气运之术，多用于选择墓葬、修房、卜居诸事。晋代郭璞著《葬经》，云"气乘风则散，界水则止。古人聚之使不散，故曰风水"，则堪舆术后人习称为看风水。古人亦将其包括在相术之中，看阳宅称家相，阴宅为墓相，周代有"相彼阴阳，观其流泉"的说法，为相阳宅，后来受儒家厚葬尊祖之习才盛行墓相，以龙、穴、沙、水、向为判断吉凶的条件。近世台湾和日本出版不少风水书，讲住宅修建、室内布置，称其术和地磁场的分布有关。相阳宅有"八门套九星诀",如房屋之门在北方坎位,则依次为五鬼(东北)、天医(东)、生气(东南)、延年(南)、绝命(西南)、祸害(西)、六煞(西北),定八个方位的吉凶。这是因为北方坎位属水,东方震位和东南方巽位皆属木,水生木,故东方、东南方为天医、生气之位,适于安置寝室或厨房。堪舆之术方法繁多,有以人的出生日期定方位者,有以奇门遁甲选方位者,皆不违八卦五行生克制化之理。现有《葬书》、《儒门崇理折衷堪舆完孝录》等书传世。

十六、相术

相术早在先秦时即已流行,其中包括面相、手相、人相、骨相之术,看人的五官、精气神、声音、步态、风度、气质、身材,断人命运。有《麻衣神相》、《柳庄相法》、《相理衡真》、《金面玉掌》、《神相铁关刀》、《冰鉴》等书传世。古人有摸骨之法,其巧入神。《北齐书·神武纪》载摸骨断人贵贱,称为暗相。相传袁天罡精于相术,为唐代高道。另有名相、印相及相马、相牛、相狗、相鸟之术,反映了古人的社会生活积累。

十七、扶乩

又称扶鸾、扶箕,为古代流行于知识阶层之间的通灵预测术。将乩笔缚在丁字形木架(乩架)上,请两名"鸾生"架乩在沙盘上写字,请神问答吉凶。以乩降神之术古今多有记载,许地山先生有《扶箕迷信底研究》一书传世。

十八、杂占

古代术数家为了预测世事人生,流传的占验之术种类甚多。《后汉书·方术传》云:"神经、怪牒、玉策、金绳、关扃于明灵之府,封縢于瑶坛之上者,靡得而窥也。至乃河洛之文、龟龙之图、箕子之术、师旷之书、纬侯之部、钤决之符,皆所以探抽冥赜,参验人区,时有可闻者焉。其流又有风角、遁甲、七政、元气、六日七分、逢占、日者、挺专、须臾、孤虚之术,及望云省气,推处祥妖,时亦有效于事也。"魏晋时风角、星算、望气、三元、六壬、三棋、八卦、九宫、龟策、太一、飞伏诸术数,亦大行于世,其中有术数家管辂和郭璞,断事如神。这些术数后世多失传,仅有少数民族地区的民俗中尚保留一些鸟卜、鸡卜、棋卜、竹卜、龟卜、动物内脏卜、太素脉、镜卜、筊卜、抽签等占法。现存有六朝时《灵棋经》二卷,可知古代十二棋卜的概貌。《道藏》、《佛藏》及其他类书

· 17 ·

中亦不时发现一些按人的生辰、属相、神煞推命和占卜的术数书及各种禁忌书，皆可归入杂占一类。现在社会上流传不少推命、看相、占卜杂书，文不雅驯，错谬百出，为江湖术士谋食赢利之用，亦多为杂占之术。

要之，中国术数学乃周易象数学发展起的学科，后世占验术数愈出愈繁，涉及人们社会生活的多种方面。占验术数的核心是由太极、阴阳、五行、四象、八卦、六亲、九宫、三才、天干、地支、二十四气等符号按生克制化关系组成的象数形式化系统，清代《钦定协纪辨方书》详细记载了这个系统错综复杂的运算程式。在这些流传的术数中，无疑掺杂着大量迷信和糟粕，也不可能有一算就灵的准确性。本来"易道广大，无所不包"，术数学更是包罗万象，特别是占卜之术乃积淀已久的民俗，江湖术士又赖以谋生，更难免混杂骗术流弊丛生；但术数学皆有一套理论体系，在没判定其运算程式之荒谬前亦非可以简单禁断。《四库全书总目·术数类序论》云："然众志所趋，虽圣人有所弗能禁"，就反映了这种社会现实。现在我们只有将其纳入学术研究的轨道，才能区分真伪去假存真。即使是术数中封建迷信的糟粕，也只有通过认真的学术研究，从理论体系上戳穿其骗术才能使人口服心服，真正起到弘扬科学破除愚昧的作用。

四 从学术观点看术数学

术数学在中国的民间社会风俗（民俗学）、民间宗教乃至道教（宗教学）等文化人类学及社会历史学科中，必然有其研究的价值，这自不待言。然而我们要论证的问题是，整个术数学体系在科学和哲学上是否存在真实的学术内容？这样，我们就必须探讨术数学的基本理论体系。总起来说，各类术数共同遵循的古代科学思想大致可以归纳如下。

一、阴阳互补的宇宙统一性原理

术数家把整个宇宙，都看作是一个阴阳互补的模型，其中大小事物，都呈阴阳互补结构。万事万物都有阴、阳之分，阴阳二者互为根本，相互制约和平衡。

二、天、地、人相互感应原理

术数学将人看作是一个小宇宙，和天、地的大宇宙相互交通。天体运行和演化规律，物体运动的自然规律，人生历史的社会规律，在术数家眼里是完全统一的，他们认为自然现象、社会现象、人体生命现象包括心理现象都处在一个相互制约的网络之中，能相互感应。宇宙间的物质世界、生命世界、精神世界是相互作用的。

三、不同层次间的五行同构关系网络

术数学认为，宇宙大系统及各个子系统之间，不同层次的主客体结构之间，都存在着一一对应的要素，这些要素之间的"关系之网"也是对应不乱的。这些要素都可以按金、木、水、火、土五行分类，并以五行间形成生、克、制、化的关系网，使不同层次的五行要素都分别处于相互制约的稳态体系之中。这些不同系统、不同层次的五行网络都是同构的。道家术数学以"三生万物"，又将万物分为五行，有着极为深邃的科学内涵。任何自然数的5次方，其积的个位数为底数；数学上存在五次对称轴；杂环化合物活性分子多以五杂环为主。《韩诗外传》云"草木花多五出"，人皆生五指，道家以"三五之道"奠基决非偶然。五行说实际上就是先将不同系统和结构都从纵的方向上剖析为五个子系统，然后再从横的切面上找出各层次上一一对应的五行同构要素，从而形成相互制约的五行网络。

四、易的时空观和宇宙象数模型

宇是空间，宙是时间，古代术数家将宇宙并称，以《易》的体系组成时空坐标系，认为宇宙处于生生不息的"变易"之中，而其运动规律却是"简易"明了的。术数家以"道生一，一生二，二生三，三生万物"，"无极而太极。太极生两仪，两仪生四象，四象生八卦，八卦相重为六十四卦，三百八十四爻，以类万物之情"来解释宇宙生成和演化图景，并竭力用太极、阴阳、三才、四象、五行、六爻、八卦、九宫、十干、十二支、二十四气、二十八宿等象数体系来建构宇宙的时空模型，模拟宇宙万物的演变规律。古代的天文历法之学是术数家建构宇宙象数模型的出发点，河图、洛书和周易象数体系是这些模型的基本框架，天干、地支等皆是载有宇宙信息的符号，以天干、地支组成的时空坐标系是进行术数预测的根据。各类术数活动，无不先选择一个时空坐标系，再建构一个象数模型，当输入了载有制约社会人生的已知特定信息符号后，由这个象数模型的变化来模拟和预测事物的真实变化，便可获得超前信息。

五、宇宙事物运动的同步律和周期节律性

术数学认为，字宙主体、客体结构之间的关系不仅符合同构律，而且符合同步律，即是说各结构发展和变化的速率基本是同步的。如果各要素间发展变化的速率失调，必然引起系统的振荡，发生天灾人祸和巨大变化，然后在相互制约中恢复同步。因此分析事物变化的速率和失调现象，便可预测重大事件的征兆。

术数家还认为，字宙间事物运动是有节律的，重大变故的发生也遵循某种周期律。9、12、60、64、81 等数字在术数学中之所以具有神秘性，恰恰是因为它们代表着某种变化节律。从社会上流传的大多数占卜预测活动来分析，术数学中最基本的节律是天干、地支的循环。天干、地支纪时法是我国古代科学之谜，它不知暗合了什么宇宙规律，致使许多自然现象和社会现象都和它发生着某种内在联系。

六、自然、社会、精神世界的规律性

占卜术数是先民原始宗教中遗存下来最占老的巫术文化，而原始巫术是人类童年时期非理性思维活跃阶段的产物，它是不能同迷信划等号的。在人类的童年时期，中华民族的先民面对着三个世界，一是由天、地、风、雷、日、月、山、河构成的自然界，二是由父、母、君、臣、夫、妻、子、女构成的社会界，三是由喜、怒、忧、思、梦、知、情、识构成的精神界。自然现象、社会现象、心灵现象此起彼伏，生灭相续，它们的产生究竟是必然的呢，还是偶然的呢？各类事物的出现是决定论的呢，还是非决定论的呢？宇宙、人生和心灵中的事件是否存在因果性和合目的性，或者说万事万物是否都毫无例外的有规律性即受铁的自然律制约？在这种必然性与偶然性、决定论和非决定论等古老哲学问题上，先民从事物发展的因果链条上确认规律性与合目的性的存在，相信事物的发展是可以预测的，人们能够获得超前信息。事件的必然性是自然律，偶然性是自由意志，术数家欲以自由意志推测自然律，争取趋吉避凶的主动权。术数活动的基本方法是利用偶然现象借类比推理来预测事物的必然联系。例如金钱卦随意丢钱呈现的卦象是偶然的，利用这种卦象类比占卜的内容，术数家断定具体事件发生的结论却是必然的。术数家从云气和筮草等自理现象推论人生的社会现象，又从梦境等心理现象类比社会和自然变异，认为它

们是必然事件发生的征兆。我们且不说任何事件发生是否都有预兆以及这些预兆可否把握？还有类比推理的可靠性如何以及各种术数的演算程式是否科学？只要我们不否认偶然中存在必然及人生、心理、宇宙事件的规律性，就难以否定通过某种术数程式预测未知事件的可能性，尽管真正完善的术数程式还有待筛选和寻找。因为自然科学、社会科学和心理学本身也是试图通过某种演算程式（或称公式）从已知事件预测未知事件。

七、宇宙全息律的普遍性

中国术数学中还有一种古老的思想观念，就是宇宙中普遍存在着全息现象，因之在中医学的诊断和治疗中，将人体某些器官看作是整个人身的缩影，有如全息摄影的照片，因之将这种现象概括为"全息律"也颇恰当，但须了解它同现代科学中的自然律不同，它是中国古代术数家的一种唯象的认识。例如中医诊断有脉诊、面诊、舌诊等从人体部分的症状获得全身疾病信息；在治疗上以耳针、头皮针、足底按摩治疗全身疾病，这显然是一种全息律的应用。全息律是中国术数家发现的古代科学思想，并不仅限于生物体，它认为不仅宇宙间主体、客体各层次间都包含着整个宇宙的信息，而且每一结构的相对独立部分也包含着整个结构的信息。① 由于信息交换和传递的普遍存在，宇宙间万事万物都是相关的，所以宇宙中任一部分事物必然包含着其整体结构的信息乃至全宇宙的信息。现代人们以全息律来解释无性繁殖。将人脑看作是宇宙的缩影，由人择原理来解释宇宙学等，都和古代术数家的思想相呼应。在道学中，术数学家的最高境界是"执一统众"，"知一，万事毕"，知一则无所不知，不知一则无所能知，这就是道学的信念。因之术数学的最终目标还是要归结到修道知一上去。

八、心灵潜能的开发和直觉、灵感等深层意识的应用

道学最奥秘的理论体系中隐藏着一个信念，就是相信这个宇宙中有一个和现实世界对应的隐形世界存在，而人类只有开发自己的心灵潜能才能突破现实世界的时空限制去和隐形世界沟通。道学相信人通过修道可以获得神通，神通就是这种突破时空界限的能力。人的心灵活动也是宇宙中的一种自然运动形式，而心灵在本质上是可以超越时空界限的。另外，术数

---

① 全息律属中国古代术数思想，因国内以全息摄影命名、行之已久，笔者姑借用之，但不同于山东大学推出的"生物全息律"，见下文注。

家又相信事物的运动必有前兆，而深层意识可以获得超前信息。

道教内丹学和佛教唯识学都肯定人类的深层意识具有预知功能，并在千百年的修炼实践中以人体为实验室进行着开发心灵潜能的实验。科学家也不否认"第一念"的直觉和灵感可以认识事物的本质，引发创造性思维。瑞士现代分析心理学家荣格（Jung）也断定人的心理是有感觉、思维、情感、直觉组成的四分结构（Quaternity），他说："心理上必然有一种功能，它使我们确知有什么东西存在着（感觉）；有第二种功能，它能确认存在的东西是什么（思维）；有第三种功能，它表明那东西是否适合我们的需要，我们是接受它还是拒斥它（情感）；以及第四种功能，它暗示我们那些东西从哪里来，到哪里去（直觉）。"（《荣格文集》第11卷，第246页）其中直觉是占据特殊地位的心理功能，荣格相信直觉具有前知的预测能力。

直觉是一种深层的心理意识，在佛教唯识学中，直觉属第七识（末那识）和第八识（阿赖耶识）的功能。唯识学认为阿赖耶识藏有"无漏种子"，为人类心灵底层的真如心体，不仅能遍知宇宙间一切因果，还具有心能转物的神通。佛教认为心物是一元的，修定止、修慧观、修寂灭禅那"三种妙法门"都是为了开发阿赖耶识，获得正等正觉的神通。道教内丹学更是一种凝炼常意识（识神），净化潜意识（可炼为阴神），开发元意识（元神）的心理程序和人体修炼系统工程。元神就是佛教唯识学的阿赖耶识，元神在内丹工程中凝炼为阳神也会获得突破时空界限的神通。道教内丹学中的出"阴神"阶段便具备了预知功能，而阴神实质上是弗洛伊德学说中的潜意识凝炼而成的。

道教占验派的术数活动，重点都在于以某种术数演算程式开发潜意识的预测功能，训练自己的直觉和灵感，占卜断辞实际上是靠直觉做出的。例如世传《梅花易数》，便有《三要（耳、目、心）灵应篇》，强调以灵感观察事物的先兆，否则那么简单随便的起卦法是难保必然应验的。《系辞传》强调卜易要"玩其辞"，这个"玩"字便是调动"第一念"（不经理性思维的潜意识萌发）进行占断的要法。实际上，术数活动本来是先民原始思维的产物，原始人是人类的童年时期，他们理性思维比较贫乏，但非理性的直觉思维却十分发达。

在科学和文明尚未开发的古代，先民的头脑并非比现代人愚蠢，他们在数十万年的生存斗争中必然有其高超的认识世界和交流信息的本领。人类取得的某一方面的进步，总是以另一方面的退步为代价的。在历史发展的长河中，人类的理性思维被开发，迎来了高度发达的科学文明，但直觉和灵感却因而退化，非理性的潜意识心理功能受到压抑，心灵潜能被现代文化教育所淹没。人们不应忘记，人类进入文明社会才数千年，现代科学的发展仅有数百年，而在这之前人类已经生活了数十万年，这数十万年人类遗存下的非理性思维的智慧是异常珍贵的。中国汉代以来兴起的术数活动，不过是利用祖先遗存下来的周易象数学工具对那种早已丢失了的预测本领的寻求，是借助古老的术数程式向祖先智慧的回归。各类占验术数的准确率往往以占卜者是否有灵感而异，这也反映术数程序不是纯客观的数学公式。占卜者能否获得前知的超前信息，术数能否应验，关键在于非理性深层潜意识的开发和应用。

九、现代科学新观念与荣格的共时性心理学解释

现代科学的研究使人们不得不接受一种新观念，即宇宙中我们所能感知的物质世界仅是全部物质世界的一小部分，而宇宙中的大部分物质人类尚无法感知，称作暗物质。由此可知，我们感知的显在世界背后有一个暗在的世界，这个暗在的世界是真实的，是整体的，是全部的，而人们的感知则是以人的感官过滤到这个暗在世界的一小部分，是这一暗在世界某一侧面的影像。理论物理学家比德·鲍姆称人的感官感受到的显在世界为"明在系（explicate order）"，而把其背后存在着的那个超越时空的全一性暗在世界称作"暗在系（implicate order）"。人们在这种被感知的明在系里建立起因果关系的同一性，从而形成一种顽固的决定论的观念，认为按因果关系发生的事物才是合理的，才能为科学所接受。然而现代科学的发展却一次次地冲击着人们的时空观和合理主义观念。在亚原子的微观世界里。海森堡的测不准原理和鲍尔关于电子、光子的波粒二像性的理论打破了机械论的物理观念。以波函数描述的基本粒子运动已使时间的先后失去意义，在空间上部分甚至可以大于全体，某一瞬间的运功轨迹仅是位置的几率。这样，人们要进一步探索暗在系里发生的事件，就需要打破因果律的合理主义观念，用直觉和情感的判断来补充理性思维的不足。荣格发现某些心灵现象和现实事件往往发生戏剧性的耦合，他由此抛弃了明在系里传统的因果律的思维模式，建立起一种非因果秩序的"共时性（Synchronicity）"理论。荣格的共时性理论类似于莱布尼兹的单子（Monad）论，它和因果律既根本对立又相辅相成。其时性抛开了因果律同一性的思维方式，以人们认为荒谬的非因果性解释暗在系的必然秩序。例如术数家把某种天象和政治动乱联系起来，把某一卦象和人事灾变联系起来，把心灵异常、幻觉、梦境和即将发生的事件联系起来，这都是合理主义的因果律思维方式难以接受的。但荣格认为这二者存在着共时性，即在一个暗在系的大背景（原型）下二者本来是同步发生的事件。共时性现象背后存在着一个原型（Archetypus），即一种前存在（Pre－existent）的先天心理结构。宇宙中的暗在世界（暗在系）和荣格的心理原型在丹道学中都是属于先天的范畴，而先天的世界是无法以后天的理性思维去认识的。每个人都是携带着他们人生行为的一种潜在的模本降生到世间的，这就像明在系背后潜藏着暗在系一样，共时性现象的发生是以原型为背景掀开幕布的两角而偶然显现出来的。荣格说："我选择了这个字眼是因为两件意义相近却没有因果联系的事件同时发生，这种现象在我看来是一种重要标志。因此我在下述特定的意义上使用共时性这个一般概念，那就是两件或更多没有因果联系的事物发生的时间一致，而且它们有着同样或近似的意义。这个词又可以区别于'同步性'（Synchronism）概念，后者只简单地意味着两个事件同时发生。"① 荣格以他发现的"共时性"心理学规律研究和解释了许多我们今天在道教术数学中碰到的特异现象。据说他的这一思想发表之前曾征询过爱因斯坦的意见并受到鼓励。

除了现代科学的新观念和荣格的心理学理论外，上述术数学所依据的阴阳五行学说、天人感应原理、天文律历知识、周易象数体系，实际上就是中国古代的科学思想。这些中国传统文化中的古代科学思想和现代西方科学类型不同，但是也绝不允许某些浅薄之徒轻易将它判定为"伪科学"。人们知道，古代中国的科学技术一直走在全世界的前列，而这些科学技术成果的获得则是以术数学中的科学思想为依据的。现代医学家谁也无法否定中国传统医药学的疗效，而中医学本身恰恰是术数学在医学领域的应用。中医的诊断学、药理学、病理学中纵横交错着阴阳五行、四象八卦的术数网络，致使世人诟病它像巫术，但其实际效用却无可争议地验证了这

---

① 《荣格文集》第 8 卷，第 441 页。

套术数体系的科学性。中医的诊断往往依赖医师的经验和灵感，这也是反映了术数学的操作特征。历代医家都承认医易相通，不知《易》不可以作名医，周易象数学在医学领域的应用是卓有成效的。术数学的体系既可医人，还可医国，即它在管理学等领域中也能应用。预测学本身是人类的追求和社会的需要，人脑有预知的能力以及事物可以传递超前信息也是当代科学正在研究的问题。建立数学模型来研究和推测事物的运动状态，这是现代科学常用的方法，这种方法和术数学利用象数模型预测社会人生的方法也颇为类似，而术数家依据的类比推理也是逻辑学推理方法的一种。术数家依据的那些宇宙节律，建立的那些象数模型，以阴阳五行为主的那套推理过程，究竟有多少科学性，有没有发展和完善的价值，这至少是有待于用现代电子计算机技术进行统计和验证的问题。中国古代所传各类术数，都是能制成程序输入电子计算机进行模拟的。然而需要人们回答的问题是，社会人生有没有某种近乎预定的程序？能不能建构一种预测社会人生的数学模型？究竟建构什么样的数学模型才是科学的？这些问题都是中国术数学向现代科学和哲学提出的挑战。

最后，顺便谈及我个人对预测学的不成熟想法，我推测在社会超巨系统中人类的个体、群体乃至国家和民族的历史命运很可能类似耗散式混沌理论中那种"分叉图"。这种"分叉图"中有许多最敏感的临界点，当事者或当权者在这些点上做出不同的分叉选择，即在所发生事件的处理上从多种可能的方案中选择一种分叉，整个系统也会由此产生不同的历史命运。智者巧妙地寻找系统的敏感点，将事件的选择推向临近期望值的动力学分叉，从而在尽可能长远的目标上掌握系统历史命运的大趋势。特别是有奇怪吸引子①的混沌系统中，据说会出现所谓"蝴蝶效应"，② 即甚至发

---

① 根据曼德布罗特（Benoit Mandelbrot）1975 年提出的分维学（Fractals），奇怪吸引子可以定义为维数是分数的吸引子，它拥有无穷多的可能性。一个动力学系统一旦吸入一个奇怪吸引子。该系统的长期未来行为就变为不可预测的了。另外指出，我国山东大学 20 世纪 80 年代初推出的"生物全息律"，也是分维理论早已研究过的课题，英国数学索图灵（Alan Turing）及以后牛津大学数学生物中心的詹姆士·默里（James Murray）教授等，对金钱豹、斑马身上的花纹图案作出解释甚至给出数学模型。美国加州伯克利的奥斯特（George Oster）等也以"力学——化学"方法进行了研究。我国学者由于科技情报闭塞，将这种从中医古代术数思想中唯象地归纳出的"全息律"鼓吹为"中国的达尔文"或仗势将它打成"伪科学"，在学术上都是不够严肃的。

② 由于洛伦兹方程对初始条件的极端敏感性，亚马孙森林里一只蝴蝶抖动一下翅膀，也会引起西印度群岛一场暴风雨。

生一个最微小的事件也可能导致整个系统出现翻天覆地的巨大变化。如此看来，虽然社会人生的选择总受某些必然要素的限制，然而原则上社会超巨系统中某些具体历史事件的发生及多种可能的选择方式是非决定论的，尚未发生的个人具体遭遇更有相当的不可预测性。由于整个分叉图中的所有可能性的分叉都潜在地影响着超巨系统的历史命运，因之我认为系统发展的大趋势在某种程度上还是可以预测的。这种微观上的随意性和宏观上的可知性，具体的偶然性和整体的必然性，使预测学无法逃脱统计学上的概率性质，绝对准确详细地预言每件具体的社会人事是理性根本不可能办到的。我的这个判断可以戏称之为"算不准原理"，由此给自然界和社会界留下一段秘密，也给宗教留下一块地盘。实际上，道学文化本身就将预测学看作自己的"题中应有之义"，因而是一种"前识"的学术。老子云"道生一，一生二，二生三，三生万物"，一就是元始的精、气、神，就是初始信息，就是"种子"，就是荣格所谓"原型"，就是"宇宙蛋"，就是"太极"，就是万事万物在发展中携带着的潜在"模本"。天下万事万物皆由"一"生化而来，故"一"亦含在万事万物之中，任何事物都含有"原型"。古人云"理一分殊"，"物物各有一太极"，盖本于此。故道学认为事物的发展是可知的，"天下事可运于掌"，"执于一而万事毕"。然而道学又主张"我命在我不在天"，不承认事物发展的宿命性，而在未知中求可知，是一种将科学、哲学和宗教相互交汇的学术。哲学家和科学家理性思维的智慧无法彻知无限的事物，而佛陀的智慧据说可以彻知暴风雨中每一滴水的因果。这就是说，科学和哲学只能研究有限事物和推测无限事物的运动趋势，只有非理性的宗教偏喜欢涉足无限的领地、声称可以管到无限事物的细节。

袁树珊先生传

郑同　撰

家学渊源

　　袁树珊，名阜，以字行，晚号江上老人。据《命理探原》记载，先生生于清光绪七年闰七月十五日（1881年9月8日）。① 其家世居扬州南乡袁巷，本是医卜世家，家学渊源。其父开昌，字昌龄，除深谙经术，更旁通诸子百家，尤精医术，后寓镇江城西，以医为业，著有《医门集要》、《养生三要》等，并辑有《中国历代卜人传》一书。② 叔父开存，字春芳，亦精医术。堂兄桂生，名焯，是民国著名医学家和医学教育家，不仅是我国开办中医教育的先驱者之一，还是我国实行中西医结合最早倡导者之一，清末曾与同仁创办《医学扶轮报》，并著有《桂生丛堂医案》。

　　袁树珊先生幼承庭训，学究岐黄，尤精命理，是闻名海内的医学家、星相家。先生早年随父寓居镇江，以医为业，兼以算命卜卦；后就学于北京大学，并赴日本留学，在东京帝大攻读社会学。学成归来后，先生受到

---

　　① 先生之生卒年月，未有准确说法。考察《命理探原》一书所载，其八字为：辛巳、丁酉、乙巳、戊寅，考察历法，当为清光绪七年闰七月十五日（1881年9月8日），而非俗传的清光绪七年七月十五日（1881年8月9日）。先生之卒年，有1952年说（按李植中文），1962年说（按叶尚鼎文），1968年说（按顾一平文）。本书采用用李植中先生之说法。按李植中先生《史勤丛稿》所载，袁树珊先生于1952年逝世。李植中先生既以治学严谨闻名于世，又长期在镇江从事文史资料的征集与编辑工作，且与袁树珊先生同乡，熟知其后人及其家族渊源，当然言之有据。另外，查传世文献，1952年后，并无任何关于袁树珊先生的活动记载，亦未见片言只语传世，这对于一位名满江湖、学富五车的星相家而言，是不可想像的。因而，1952年逝世之说当最为可靠。李植中原文见《史勤丛稿》，2000年9月第1版，第299页，《也说袁树珊》一文。

　　② 据《中国历代卜人传》序中所载，此书本是袁开昌所辑，后由袁树珊校订，可见袁开昌亦精通卜筮之术。

行政院院长谭延闿先生赏识，极欲网罗于门下。但袁树珊对于功名利禄并不热衷，坚辞其邀，返乡后专心于星相学的研究，并继续以医卜行世。虽然先生也算是一个职业的卜人，但他并不迷信，也不四处宣扬星相学之神异。他幽默地说："来向星相家请教的不外三种人：一是受重大刺激；二是迷于名利；三是有的走投无路，所以不得不察颜定色，善为指点。"[①]

雅人深致

据时人回忆，先生终年着一灰色长衫，秋冬束一腰带，左侧吊着罗盘玉珮，右侧插着烟管，走路时习惯将两手交叉在背后，儒雅潇洒，落落大方。先生虽以医卜名世，但熟读经史，精通国学，好与士大夫往来，"谈笑有鸿儒，往来无白丁"，谈吐浩浩落落，雅人深致，听者忘倦。其诊室悬有一副自书楹联，上联云"十亩栽桑，十亩种田"，下联云"半日诊病，半日读书"，可见其心境淡远，自非时人所能测。

据著名学者罗振常为《大六壬探原》一书作的序言中记载，1925 年仲冬，他已经是久闻其名，然而一直无缘谋面。直到翌年春，经友人鲍扶九之介绍，方于京口（今镇江）得识袁树珊。对袁树珊的学识和著作，罗振常作了高度评价，称其命理著作"辞旨明畅，可与俞曲园《游艺》诸录相撷颃"，"非术士之所能为也"。对袁树珊"卖卜所入，恒以赡亲族，济贫困，不事私蓄"的风仪尤加称赞，罗振常说："余重君之人，较之多君之术，为尤深且挚也。"

在袁树珊先生看来，卜筮相术本是中国的国粹，几乎是和中国文化史同步而生，源自上古，显于殷商，于今为盛。安阳出土的甲骨文，大量都是卜辞。西周时，管蔡作乱，君臣战栗，周公卜得"大吉"，众人方敢出兵平叛。孔子周游列国，始得人生真谛，故有"五十而学易"之说。当今之世，人有所惑，最先想到的也是占卜之事。可见，对卜筮之学视而不见，无异于掩耳盗铃。当然，出必问，行必占，亦属问道于盲。只有精研此术，破除神秘，直得本原，方可去除迷信，而得术数学之本来面目。

---

① 见盛巽昌、朱守芬编撰《学林散叶》第 304 条，上海人民出版社，1997 年 6 月出版。

天机神算

三十年代，袁先生学问已成，遂正式投身于星相界。因勤于钻研，学问广博，在镇江星相学界已属于佼佼者。各地社会名流，慕其高名，纷至沓来，求卜问命。

最先前来的是民国大员何应钦，求得批命后，何非常钦佩，并向蒋介石力荐。蒋公也是相信命相之学的，于是欣然前往。袁树珊先生不卑不亢，大大方方地接待了蒋公，直言批述，甚得蒋公欣赏。消息传开后，上至政界显要，下至富商巨贾，均以手持袁先生所批的命单为荣。据说北洋军阀吴佩孚亦曾派专人往求一卦，对袁先生所批的命单推崇备至，以至于派出一黄姓军官作为专使持其手书赶赴镇江，面见袁树珊，重金请其出山，作为自己的幕僚。袁先生得书后淡然处之，并不肯趋炎附势，书"吴威喜则树珊荣，吴威怒则树珊恐"十四字作复，婉拒了吴佩孚的邀请。对于其厚礼重金，袁先生分文不取，未开封便交由来使带回。

几年后，袁先生的"润德堂"从三仙巷迁入江上里，一时来人如织，门庭若市，几乎是"门限三易"，来求他看八字、批命单的人络绎不绝。少年得志的江苏省民政厅厅长缪斌，也驾临请批命书。自然，少年中年，富而且贵，一无差错。但最末一句，有"受累于吴"的话，众人不解，缪斌本人也未详加请教。抗战伊始，缪斌就投靠汪伪政府，作了汉奸。抗战胜利后，自然沦为阶下之囚。无奈之下，缪斌请夫人找无锡同乡国民党元老吴稚晖作说客，向蒋委员长求情。由于吴稚晖过于认真，一再通过多方面向蒋介石游说，反而使蒋介石起了疑心。当时有一种说法，缪斌之投汪逆，本是受蒋介石之秘令潜伏敌后，且代表重庆方面赴日与日酋秘密谈和。如此隐情，若有外泄，领袖颜面何在？国民政府下令立即枪决，以正视听。相比其他免于一死的大汉奸们，确应了袁树珊先生的"受累于吴"之谶矣！

抗日战争期间，镇江沦陷后，袁树珊为避兵火，赴上海英租界同福里避难。英国人哈同在抗日战争爆发后，逃离了上海。其代理人袁希廉将哈同原来的住宅——同福里哈同花园 12 号的洋房，做价 10 根金条，卖给袁先生。因仰慕袁先生的声名及为人，赠以全部家俱及日用物品。略事归置后，"润德堂"命馆在哈同花园挂牌开课。一时，沪上闻人听得消息后，纷纷前来求课。因来人甚多，只得一一预先登记，面谈后约期交付命单，再加以述释。当地的小混混们，见命馆生意甚好，意欲分点红利，不断前来寻衅滋事，搞乱排队秩序，袁先生甚是为此烦恼。恰当此时，青帮黄金荣也前来求卜，闻听此事后，便精制一幅《英雄独立》的图轴，派出一位金姓弟子，率四人军乐队，乘坐吉普车，吹吹打打，前往润德堂奉赠。小混混们见了大混混，甚是惊惶不安，遂一一前往润德堂告罪，祈求原谅。袁先生并无恶言，反而赠每人以两块大洋的酒资。此逸事不日传遍上海滩，润德堂从此再无门户之扰矣。

1938 年，国民党军官雎团长夫妇、营长郭岐、宗副官等一行四人，于南京兵败后，辗转来到上海，避居于法租界内，四处设法寻找机会逃离上海，归队继续抗日。四人中，雎团长一向非常相信星相之学，认为当此危机存亡之时，理当就近拜访命理大家袁树珊先生，以期得到指点。郭岐其时正当壮年，认为命运乃是自己奋斗创造而得之，算命看相，只不过是事后附会，没有意义。但其他三人坚持要前去一试，郭岐不便峻拒，只好一同前往。在为其他三人看完相后，袁树珊先生将郭岐双手仔细端详，继而略窥面相后，说："郭先生是军人，到四十岁时可升少将师长。后在沙漠中作战，因此战失败，将有性命之忧。不过，您最后仍能顺利脱险归队，从此一帆风顺，后福可羡。"对于袁先生的断语，郭岐并不相信，认为预知未来乃是一件不可思议之事，并没有放到心上。后来，四人顺利逃离上海，经香港到武汉归队，不时升调，果于四十岁时升为四十五师少将师长，戍守伊犁区精河县。1945 年上半年，伊犁、塔城、阿尔泰三区叛乱。下半年，三区的军队向精河、乌苏进攻。自 9 月 3 日起，不明国籍的飞机轰炸乌苏、精河，叛军以重炮、燃烧弹等不分昼夜集中攻击，四十五师几乎全军覆没。战事发生之地，正是沙漠之中。因为缺水，郭岐渴至昏死，后为敌人救活，于战后交换战俘时，始又归队。后郭岐赴台，一生顺利，子女多有所成就。至此，袁树珊之言一一应验。郭岐晚年，回忆其事，甚是感慨，在其著作中辟专章以纪其事。①

---

① 《陷都血泪录》，郭岐著，2005 年 7 月第 1 版，第 169 页。

1948 年底，袁树珊旅居香港。章诒和《伶人往事》记述了袁树珊先生为马连良批命的旧事。书中写道：1951 年 10 月 1 日，马连良夫妇由周恩来派人从香港接回北京。离港之前，马连良请一位家住堡垒街的星相家算命卜卦。卜算的结果，这位星相家对马连良说："你还有十五年大运。"站在马连良身旁的夫人陈慧琏追问："那他十五年以后怎样呢？"心有所悟的马连良不等对方回答，拉着夫人说："你就别问了，只要有十五年好运也就行了。"是年，马连良 51 岁，正是他表演艺术炉火纯青的最佳时期。1966 年 12 月 16 日，一代名伶，在"文革"中，受尽折磨，遽然长逝。掐指算来，从他离港北返，到猝然而去，不多不少，整整十五个年头。写到这里，章诒和感慨地说："这令我陡然领悟了什么，识透一切世间相。对我们这些辛苦而无望的人来说，时与空、生与死，本无多少差别和意义。"

兴办义学

袁树珊先生既然名满江湖，来往的又都是达官贵人，自然收入不菲，但他既不爱财，也不聚财。先生晚年，虽然影响力巨大，但自谦为"薄负时誉，饘粥有资"，对于资财，并不为意。略有所得，甚至于还准备重修汉司马季主之墓和严君平之宅，"一以发潜德之幽光，一以保固有之国粹"。袁树珊平生最崇拜的就是武训①和伏羲②，他的理想就是兴办一所义学和建一座伏羲庙。在有了一定的收入并积聚了一笔金钱后，他便学习武训，在家乡小袁巷，以袁家祠堂的房屋作为校舍，兴办义学。为了激励学生们刻苦求学，袁树珊取"袁安卧雪"的典故，命名为"卧雪小学"。这个义学是一个六年制的完全小学，原有的四年制初小毕业的学生均有继续升学的机会。学校不收取学费，还免费发给学生们笔墨纸砚等学习用品。

---

① 武训先生（1838～1896 年），行七，字蒙正，自号义学症，谥号义学正。山东省堂邑县（今冠县柳林镇）武庄人。中国近代群众办学的先驱者，享誉中外的贫民教育家、慈善家，名训则是清廷嘉奖他行乞兴学时所赐。

② 伏羲，中华民族人文始祖，是我国古籍中记载的最早的王，所处时代约为新石器时代早期，他根据天地万物的变化，发明创造了八卦，成了中国古文字的发端，也结束了"结绳纪事"的历史。他又结绳为网，用来捕鸟打猎，并教会了人们渔猎的方法，发明了瑟，创作了《驾辨》曲子，他的活动，标志着中华文明的起始，也留下了大量关于伏羲的神话传说。

为了让孩子们上学免遭风雨之苦，每人还发一只竹斗蓬。入学儿童并不仅限于本村，附近各乡村儿童均可申请入学就读。为了使学校经费有长期保证，袁先生还出资购买了 20 亩地作为校产。其中，16 亩地租给附近农民耕种，所得租金充作学校日常经费；另外 4 亩地则作为学生的实验园地，供学生栽种、养殖等实习使用。义学的举办在当地影响很大，各界均非常欢迎和支持，群众和学生家长们纷纷自发前往义务施工，修整道路和校舍。可惜后来由于日寇侵入，镇江百业萧条，学校于第三年的暑假后被迫停办。但学校对于学生们的成才，仍起了重大作用，至今为当地民众所钦赞。

袁树珊本想在镇江云门山门外的小码头东侧建一座伏羲庙，但在卧雪小学停办之后，他改变了初衷。1941 年，他把建好的伏羲庙的庙房改为校舍，创办了"伏羲小学"。由于日寇侵华后，社会经济崩溃，袁树珊财力不济，难以独力支持学校的开支，伏羲小学也不得不向学生们收取一定的学杂费用。为此，袁树珊非常愧疚，特地为学校做了一块匾额，亲书"不如武训"四字，以表自责之意。岁月沧桑，此学校虽几度易名，但至今仍存。

学究天人

在民国的通论命理学著作中，第一要属先生所编著的《命理探原》一书。原书出版于 1916 年，一时洛阳纸贵。1952 年，作者又重加整理，以《新命理探原》的书名，再版于香港。在原序中，作者写道：夫唐以前之命书，吾不得而见之矣。唐以后之命书，如徐子平、徐大升、刘青田、万骐、王铨、张神峰、万育吾、陈素庵、沈孝瞻、沈涂山诸先贤之著述，吾得而见之读之矣。然其中有有起例而无议论者，有有议论而无起例者，有失之繁芜而不精确者，有失之简略而不赅博者，非惟初学难以入门，即久于此道者，亦多不明其奥窔。余之所作，由浅入深，分门别类，采撷众长，摒除诸短，间有古人义理未明、起例未备者，则妄参管见以补足之，非敢谓羽翼先贤，要不过为知命之君子尽忠告焉耳矣。

在这里，作者申明写作此书的目的是"由浅入深，分门别类"，是为一般民众入门而作。原书共分八卷，前五卷以《本原》、《起例》、《强弱》、《神煞》、《宜忌》、《用神》、《化合冲刑》、《评断》、《六亲》、《妇幼》、《杂说》等为纲领，而将古代命理典籍中的有关论述，一一择要而收录其间。间有古人未有论及或不易理解之处，则加以按语，予以说明，既表现了作者尊崇先贤的严肃学术态度，又为初学者提供了明白的进阶途径。第六卷为《先贤命论》，第七卷为《润德堂存稿》，收录包括作者自己在内的三十多则命照，详加解说，以便得初学。第八卷为《星家十要》、《星家事实丛谈》。八卷之外，尚有《补遗事实丛谈》。此书是近代第一本有价值的命理通论性著作。

民国十七年，当时的国民政府有意取缔星相医卜之业。先生得知后，著《中西相人探原》一书。此书引经据典，寻流探原，列举各国星相学之书目，并详细解析各国星相之学，得社会各方之赞许。时任行政院长的谭组安非常推崇此书，袁先生遂得机会为星相界人士辩白，挽回了星相业被取缔的命运。此举遂为星相界人士传为美谈，奠定了先生在星相学界的地位。

袁树珊先生既精术数命理，一时名满江湖，但其为人正直，不蓄私财，每有所得，往往倾囊资助族中贫苦，故多为时人所称赞。其得意之作《命谱》出版时，清末状元陈夔龙为之题诗，名士陈陶遗、沈恩孚、高万吹为之题辞作序。书中共评论了历代 64 个命造，上自春秋时代的孔子，下至清末人物，既有帝王将相，也有乞儿寒士。作者在每个命造后，又附录了相关的大量史实、诗文、嘉言、楹联、轶事、医药秘方，引证书目竟达176 种，充分表现了他对中国古代文化所具有的深厚根底，也说明了大师之所以是大师，并不是没有缘由的。

先生一生勤于著述，传世颇丰，命理著作有《命理探原》、《六壬探原》、《选吉探原》、《历代卜人传》、《中西相人探原》以及《命谱》、《标准万年历》等；医学著作有《妇科准绳》、《生理卫生》、《诊断汇要》、《行医良方》、《图翼治法》、《针灸治疗方法》、《中医序跋撷英》、《本草万方撷英》和《十二经动脉表》。

1948 年底，袁树珊旅居香港，香港各界，纷纷慕名而登门造访。甚至于不时有台湾政要、富商世贾专请他赴台指点迷津。先生后迁台湾，于1952 年仙逝，终年 71 岁。其子德谦，字福儒，早年留学日本，后侨居美国纽约，开设中国医院，著有《妇科精华》、《中国针灸医药准绳》，1979年11月11日病逝，终年66岁。

参考书目：

（1）叶尚鼎撰《袁树珊其人其事》一文，见《扬州郊区文史（第一辑）》，扬州郊区政协文史资料委员会编，1994年12月出版，第203页。

（2）顾一平撰《春暖杏林　风高枯井——扬州郊区名中医小传》一文，见《扬州郊区文史（第一辑）》，扬州郊区政协文史资料委员会编，1994年12月出版，第183页。

（3）李植中撰《也说袁树珊》一文，见《史勤丛稿》，李植中著，2000年9月第1版，第299页。

（4）李植中撰《闲话袁树珊》一文，见《镇江文史资料》，镇江政协文史资料委员会编，2003年9月出版，第56页。

（5）《中国五术名人录》（上中下），台湾王家出版社，郑景峰编，1985年5月出版，第85页，第383页。

（6）《新命理探原》，香港上海印书馆印行，袁树珊著，1979年出版。

（7）《外国的月亮》，上海古籍出版社，柳存仁著，2002年5月出版，第225～227页，《袁树珊》一文。

（8）《艺缘》，美国长青文化公司，刘冰著，2003年出版。

（9）《袁树珊其人其事》，《扬州时报》，顾一平著，2006年12月18日。

潘　序

　　余友袁子树珊，今秋撰《述卜筮星相学》一书，已经付手民排印。或谓其不合近世潮流，仅堪糊窗覆瓿，袁子愤而废版中辍。余闻而惜之，乃索观其稿，并取正于聂云台先生。先生阅之终编，慨然谓余曰："此非袁子之书。乃'十三经'、'二十四史'之绪余；'九通'、'百子'诸家文集之羽翼也。其宗旨正大，命意深远，言天道者而归之人事，尤注意于忠孝廉洁诸大端，是其有益于世道人心。非唯治卜筮星相学者首当知此，即非治卜筮星相学者，亦宜浏览及之。君何不为之印行？俾世人知小道可观，东西所同，而亦成袁子之美。与鄙人之印行《感应类钞》、《寿世新编》，不亦殊途同归欤？"余以先生之言邮告袁子，袁子复我书，既欣且感，有曰："不图区区小著，海上有知音也。"余遂亟付梓人，鸠工排印。兹幸全书告成，谨缀其刊发经过之故于简端。明达之士，当不致以余为阿好也。

　　　　　　　　　　　　民国十七年阳历十二月初五日
　　　　　　　　　　　　休宁潘孝钧伯衡甫
　　　　　　　　　　　　谨序于沪江聂氏家言旬刊社

吴 序

河洛图书，乃格物致知之祖；江洲弦管，多穷形尽相之辞。有先天自有后天，元探龙马；唯君子亦唯公子，化启雎麟。悔吝吉凶，事理则察来彰往；盛衰治乱，人生则原始要终。发挥者则六爻，讴咏者则六义。适情则游息藏修，淑性则兴观群怨。刚柔动静，作《易》者其有忧患乎？善恶贞淫，为《诗》者非无惩劝也。甚矣夫！卜筮星相之书，胡可废哉！润州有袁先生树珊者，悟彻三才，包罗万象。读群书而搜二酉，谈数理而贯六壬。仰溯大挠，诏黄帝四千年之正统；俯思至圣，广素王七十子之真传。辨是辨非，振缨希古；知兴知废，奋袂论今。烛照无遗，明燃犀火；鉴观有赫，朗映蟾轮。经史具存，原原本本；鬼神如在，见见闻闻。岂古人之说为无稽，而后进之言皆有据耶？

况新政府，多旧通儒；道德长民，文章寿世。既申明乎国粹，复寅亮乎天工。鸣凤岐山，跃鱼灵沼。卜休咎而营郇室，相阴阳而观流泉。天作高山，地分清渭；周京永定，幽馆不荒。并蓄兼收，九流不弃；周咨博访，六府孔修。税桑田而凤驾星言，行草野而征车宿学。有见夫祖龙帅暴，诗易犹存；司马好奇，律文俱载。吾想袁先生于此，博引繁征，借书于手；旁稽远绍，成诵在胸。订坠拾遗，妙艺振千秋之绪；抱残守缺，大同呼三代之英。

中山固灵爽式凭，下土亦生成攸赖。赤伏曾经卜兆，四七运而合符；紫阳特著筮仪，十八变而成卦。牺爻综错，象纬循环；龟鉴推行，鸿钧运动。外身正而内心正，上德成而下器成。甚矣夫！卜筮星相之书，询有裨于天下后世之有国家者。五行洪范，推之即五宪大纲；三略阴符，广之即三民主义。卜商言小道，虽远泥而可观；管辂辨老生，虽常谈而有识。鬼幽鬼躁，望气先知；邦乱邦危，观天先觉。八门变化，以利行军；九野周围，以资定位。治则进，乱败退，明哲之卜疑；观所由，察所安，至人之相士。离黄笃实，晨戒日中；贲白文明，化成天下。万物皆备，备自五材；两仪既参，参于八卦。民生之穷达，国运之隆污，年岁之歉丰，寒暑之来往，生才之消长，必视阳阴。潮汐之虚盈，必随朔望。麟经灾异，属辞所以警愚；鸿宝默玄，知足所以免辱。谓天命不足畏，著拗相之奸。谓神道有可凭，设周官之教。四时经纬，职重義和；七政玑衡，书传太史。抉十三经之精蕴，搜念四史之名言。风后握奇，天文有志。分厘八卷，愿诸君视勿弁髦。合综一编，愧老悖序犹冠首。

戊辰仲秋古歙东园弟吴承烜拜撰

汤 序

曩者道出京口，与袁君树珊晤谈。袁君谓富贵利达不足恃，唯卓然有以自见，乃为可贵。此其淡于荣利，乐道自得，略可想见，非寻常星相家所能道及也。近著《述卜述筮星相学》一书，原原本本，殚见洽闻，嘱为之序。济唯卜筮之起源甚久，卜者灼剥龟甲与契刻牛羊骨等，寀其纵横之兆，以断吉凶。筮字，许氏《说文》未见，仅有葬字，从竹从巫。巫，古文巫字。而口部有噬字，水部有澨字，其为漏夺可知。否则筮字笔画较为简单，不应转孳乳于后也。筮者揲扐蓍草，以立变化之数，要其原皆出于《易》。我国学者研究经籍，率不能得其精要，实为退化之一确证。如《尚书》记言，《春秋三传》记事，《诗》采风谣，而后人论史，仅知记述形式上事实之一法。三《礼》深切日用，除琐屑不合现时社会情状外，大有讨论余地，而注重者，寥若晨星。《论》、《孟》谨于庸言，《孝经》行乎庸德，率不知身体力行。《尔雅》中言诂训之界域，至严至广，亦复少所阐发。至《易》则为群经中之尤古者，据数理以推断方来，执简驭繁，寓至变于至常之中，可谓诸学术之总学术。

"易"之本字，即蜥蜴之蜴，篆作 𢀳。上象其首，下象四足，俗所谓四足蛇者是也。其尤大者为龙，《说文》"龙"字下说："能幽能明，能细能巨，能短能长。"西人谓地层中三叠系层有极大之恐龙、蝠蝠龙、鱼形龙、蛇颈龙等，盖古有今无之动物，中西学说一也。古人用动物名书者，已不经见，足以表示其导原于初民状态之理想。所以举似其外形者谓之《象》，探索其内蕴者为之《彖》，皆取义于动物矣。而卜筮所用之蓍龟，则一为植物，一为动物。《左氏传·僖四年》，乃有"筮短龟长，不如从长"之说，一一可以印证之也。济尝谓求学之方，贵乎虚心怀疑，则取材富而进步速。近人动辄执主观以抹倒一切，所谓贤者不免，良用叹惘；甚或任情破坏，唯恐古器物、古载籍之或有遗留，此与蛮族之蹂躏文明国境何异？要知真正迷信，无须用此种手段破除；而学术因之日益肤浅，大足为国脉与民族之殷忧。尤可笑者，闻西人有催眠术、有化学，则曰"此精深之科学也"，崇拜之不遗余力；读我国《龟策传》、《丹汞书》，则痛斥之，笑为迷信。实则同出一原，视研究之适宜与否而已。

先总理定考试为五权之一，使凡在国民名一艺者，必令精研；而考试之如唐制，各种技术之皆可选考。知方技者流，亦必与他种学术互竞猛进，日益昌明，自不至入于迷信一途，否则一如柔术、围棋然，创自我国，转不若日本人造诣之深，可耻孰甚！至星象入于天文学之范围，本在教学之列；相术与用才取友有密切关系，稍有常识之人，本不至绝对摒弃。东西各国亦有"骨相术"、"手相术"之名词，其理视卜筮等为显著，较易说明。要之，与社会上事业有益，可以促学术之进化，不宜无所别择，一并斥绝。若夫为个人之祸福利害计，专求趋避之方，而移祸害于他人者，此则为道德上、法律上所不许，自宜力予以制裁者尔。

中华民国十七年十二月三十日吴兴汤济沧序

姚 序

  阴阳五行之学，肇于河洛，而其本在天，夫孰能毁之？然而今之所谓学者，皆将以为妄而毁之矣。呜乎！此所以争乱之未已也。《中庸》曰："思知人，不可以不知天。"天既不知矣，则其威何往而不可侮哉！此争乱之所以未已也。镇江袁君树珊，精卜筮星相，既闻名于天下，乃述其学为一书，而索序于予。予于斯为无所得，将何以应之？虽然，卜筮星相，皆阴阳五行之显于用者也。阴阳五行，予之所习焉者也。阴阳五行自孔子而前，伏羲、神农、黄帝、尧、舜、禹、汤、文、武、周公，与夫苍颉、大挠、歧伯、风后、力牧、伶伦、玄女、地典、鬼臾区、契、稷、皋陶、尹、说、箕、比、太公望、散宜生，无或敢侮之。自孔子而后，周秦诸子、汉经师以及魏晋之玄谈、隋唐之词章、宋明之理学，亦无或敢侮之。予自束发受书，既略睹其大要，盖深信而不疑。夫既信阴阳五行之必然，乃知天不可见，而见之于卜筮星相。虽阴阳五行之所流露者不囿于此，而此固亦所以用阴阳五行通天道之捷径也。予所见如此，则袁君之索，乌可以无应？夫不知阴阳五行而毁之，是自绝于天也。又从而侮之，则天威何畏，争乱无已焉。学者傥能稍留意于卜筮星相，吾知其不敢毁矣。袁君此书，其亦救世之所必取者夫！呜乎！今所谓学者，孰不知声光化电之为通自然之邮，其能触类而旁通焉，庶不河汉吾言欤！袁君学有本源，予故序之以为天下告。若夫江湖糊口之徒，将拾阴阳五行之牙慧以惑人，则谓之迷信。迷信在所必诛，固非予之所誉也。

岁在丙寅上海姚明辉叙

董　序

天下之事，未有有利而无弊，及有弊而无利者。故《汉书·艺文志》所载九流，曰儒家，曰道家，曰阴阳家，曰法家，曰名家，曰墨家，曰纵横家，曰杂家，曰农家。班氏各述其利弊，缕晰条分，至平至允。镇江袁君树珊，方技士也。于阴阳家之利弊，知之独详。用是不惮烦劳，节录"十三经"、"二十四史"、"九通"、"百子"诸家文集中关于卜筮星相学之事实及理论，又旁搜博采，远及于东西各国卜筮星相等书，提要钩玄，踌躇满志，撰《述卜筮星相学》八卷，盖为应时世之潮流。俾国人知斯学之弊，其末流实近于迷信；知斯学之利，其本源有不妨于讨论者。观其征引之书，《礼记》谓："卜筮须分义志。"汪氏《述学》谓："左氏之言卜筮，未尝废人事。"纪氏《阅微草堂笔记》谓："人之一身穷达，必须安命。至国计民生之大事，则不可言命。"《宋稗类钞》谓："某相士劝人悔过，仍得甲科"云云，非唯无孟坚所谓牵于禁忌、泥于小数之弊，其指陈凿凿，莫不利于人事之推行。至若季主、君平劝忠勖孝，导惑教愚，其有裨于人心风俗者，尤为宏大。又推论斯学与物理相通，与科学相通，并言预测吉凶，皆本诸天人相感之理，议论渊雅，考证详明。苟非好学深思，读书有得，岂能道其只字？编末谓东西各国之卜筮星相学，皆发源于河洛八卦，说亦有本。善夫邱菽园叙《骨相学》有云："讵意吾之所弃，或为邻之所珍。"余独谓吾道不孤，此犹幸事；第恐彼之所弃，或为吾之所珍，则不智甚矣。兹因树珊索序于余，余谨就其原书之大意略缀数语，还以质之树珊。余愿读是编者，讨论斯学，当因其利而祛其弊，庶不致蹈末流迷信之失，而亦不负著者之苦心也。世有知者，傥不致河汉斯言。

戊辰仲秋武进董康叙于黄歇浦之大东书局

张 序

近世物质文明，率多摈斥迷信。不知"迷信"二字，亦大有辨。好怪僻之行者，"迷"也，非"信"也。悟庸常之理者，"信"也，非"迷"也。何也？怪僻则虚而且妄，无凭以信之，迷而已矣。庸常则确有可见，确有可指，自能深信而弗疑，迷云乎哉！吾乡袁君树珊，精研理数，《述卜筮星相学》编纂成书，问序于余。余于此学，未经涉猎，不敢言及精邃，谨就人所共见、事可指明者，推勘庸常之理，以还质诸树珊。

夫卜筮星相之学，不外乎阴阳五行。有阴阳即有五行，有五行即有生克，而理与数之或盈、或虚、或消、或长胥现焉。于何现之？于卜筮星相现之。人生两间，天为阳，地为阴；日为阳，月为阴；昼阳而夜阴，晴阳而雨阴，男阳而女阴，此实据也。据阴阳之理以阐发卜筮星相，此可信也。倘斥为迷，试问人能不为天覆，不为地载，不为日月所照乎？试问人能不分昼夜，不历雨晴，且不辨男女乎？金木水火土，五行生克，无可易移，此实据也。据五行生克之理以阐发卜筮星相，此可信也。倘斥为迷，是必水火不相济，废除烹饪而后可；是必金木土一无所用，废除矿冶宫室、一切器具、菽粟布帛而后可。呜乎！两间之形形色色，皆天然之物质。无一能离乎阴阳，无一能离乎五行。此谓天地之大文，此谓天地之开明。卜也，筮也，星相也，其理基于天地间至大至宏之物质文明，而变化错综，蕲于深奥。实则人所共见，事可指明，而为至庸至常之语耳。

惜河洛图书以后，精此学者如管辂、严君平、李虚中、袁天罡、麻衣僧辈，虽代有闻人，而世俗以小道弗为，真传渐失，积久就湮。即偶有其才，亦孤立无援，群相掩耳惊骇，遂使庸常之理与怪僻之行，同目为迷信，而弗提倡而昌大之，是可慨已！今树珊以是编行世，意在延已坠之绪，泄久秘之玄，其功何可没欤？至若化学、数学、电学、地质学、生理学，凡科学与卜筮星相学息息相通者，均融贯为一。经史子集，先哲评论，暨东西各国书籍，凡有关于卜筮星相学者，均引证详赅。此一十九篇中，穷原竟委，备陈可信之据，力避迷信之讥。洋洋巨观，洵称杰作。读者自能领悟，兹不赘言。

戊辰仲冬同里张恩寿拜序

钱　序

卜筮星相之学，世俗咸谓不及科学之名贵，甚至有痛斥之者。余不敏，不敢谓世俗之论为非是。然考诸《尚书》"谋及卜筮"、《孝经》"卜其宅兆"、《诗经》"我辰安在"、《新论》"命相贤愚"，可见卜筮星相之学说，由来尚矣。再考诸《命理商榷》，历言干支二十二字，如化学之符号；阴阳五行生克，莫不与数学、电学、地质学、生理学息息相通，是卜筮星相学已具有各种科学也。近读聂云台先生所著《耕心斋随笔》，详载与谈组庵先生畅论星命证验数事。既言命定之有据，复言星命与代数同一理，星学直同于科学。以此证之，益信《命理商榷》之言尚非侈论。而况《骨相学》一书开宗明义，即谓卜易星相之术流传甚久，东西所同；又谓派脉流传，均发源于"河图"、"洛书"。夫"河图"、"洛书"，乃我国先圣之创作，非东西各国所发明。今彼之发源于河洛者，其学术即昌明；我之发源于河洛者，即谓为不及科学之名贵，而痛斥之。天下不平之事，孰有过于此者？镇江袁树珊先生精研此道，垂三十年，学理经验，兼而有之。曩著《命理探原》、《六壬探原》、《选吉探原》等书。出版以来，莫不风行海内，近复不惮烦劳，焚膏继晷，发平生之蕴蓄，费匝月之光阴，撰《述卜筮星相学》一书，以饷学者，问序于余。余反复浏览，见其征引赅博，慨乎其言与管见不谋而合。吾敢谓此书不独使求斯学者，知所闻津；即不求斯学者，略一批阅，亦可尽释疑怀。而知我国之国学，亟应讲究保存者，未尝不在于此。爰不辞谫陋，谨缀数言，以告世之读是书者。

戊辰八月之望，四明开明居士钱季寅谨序

冷 序

卜筮星相之理，予虽未尝学问。然读《易》至孔子曰："河出图，洛出书，圣人则之。"固深信伏羲则图书以画卦，是贯一天地人之大道也。孔子又曰："易有太极，是生两仪。两仪生四象，四象生八卦。八卦定吉凶，吉凶生大业。"推圣人卜筮之本意，欲人知吉凶生于善恶耳。故春秋时，南蒯将叛，季氏虽筮得"元裳元吉"，而子服惠伯曰："忠信之事则可，不然必败。"后蒯果败。[①] 卜筮如是，星相何莫非然。盖其术虽异，其理则皆推本夫易道。而圣人之作《易》也，将以顺性命之理，是以"立天之道，曰阴与阳；立地之道，曰柔与刚；立人之道，曰仁与义"。仁义者，天爵也。天爵为贵，人爵次之。故孔子有"不知命，无以为君子"之语。然则卜筮与星相之有益于世道人心，由可推知。惜学之非其人，语焉而不择，遂蒙世诟，贻诮儒林。前得儿子福田家报，述"得同学袁德谦之尊甫树珊先生，近著有《述卜筮星相学》一书，海上名人所赞许，特索其稿，付诸铅印，以广流传"云。袁君树珊精研星命之理，有名于吾乡，历有年所，予固久耳其名，惜未尝闻其言。日前法君审仲，邮赠斯编，并索一言为序。浏览一过，见其溯源图书，征引弘博，而全书宗旨，首在教忠教孝、教慈教信，不仅为彰往察来、时日衰旺之论，乃知袁君由术数而几于道矣。其识见之高远，洵有为世俗所不可及者。爰述所见，以质袁君。袁君见之，以为知言否也？

辰戌冬月同里冷遹序于北平客次

---

① 编者注：南蒯之将叛也，其乡人或知之，过之而叹，且言曰："恤恤乎，湫乎，攸乎！深思而浅谋，迩身而远志，家臣而君图，有人矣哉！"南蒯枚筮之，遇《坤》䷁之《比》䷇，曰："黄裳元吉。"以为大吉也，示子服惠伯，曰："即欲有事，何如？"惠伯曰："吾尝学此矣，忠信之事则可，不然必败。外强内温，忠也。和以率贞，信也。故曰'黄裳元吉'。黄，中之色也。裳，下之饰也。元，善之长也。中不忠，不得其色。下不共，不得其饰。事不善，不得其极。外内倡和为忠，率事以信为共，供养三德为善，非此三者弗当。且夫《易》，不可以占险，将何事也？且可饰乎？中美能黄，上美为元，下美则裳，参成可筮，犹有阙也。筮虽吉，未也。"

林 序

　　旧历去年的腊月，镇江袁君树珊来南京找我，说是他著了一部《述卜筮星相学》，请我给作一篇序。前几年我对于卜筮星相，觉着有点好玩，所以闲空的时候，常去研究研究，而且因为了一时的兴致，写了一部《人鉴》，很风行一时。当下我的朋友，有许多不以为然，他们说："你是相信唯物史观之一人，为甚么提倡这些，岂不是自相矛盾吗？"后来看见《语丝周刊》，钱玄同居然骂我浑蛋，我也只付之一笑。依我的意思，卜筮星相一类的学说，如果单就五行的基础上来研究，倒不一定与唯物史观冲突的！因为五行的作用，就是由物质而来。随着一定的时间，相当的数量，而发生变化。并非呆板的！要净像中国历来所说，五行的生克——金克木，木克土，土克水，水克火，火克金；金生水，水生木，木生火，火生土，土生金，好像是固定的一般，那就大错而特错了！至于以五行的生克，来推定人类的吉凶休咎，这个理由，虽然在可解不可解之间，但是拿地理与人种的关系做一个比例，那么也说得过去。讲到中国几千年以来，无论哪一个阶级，统统迷信这个，那又另有几种原因！一种是由于封建政治的势力，利用卜筮星相为保障——所谓"真命天子，富贵前定"之类。一种是由于宗法社会之下，各阶级对于宗法的观念迷恋得很——所谓"贵子福地，相由心改"之类。一种是由于中华民族性所含的消极成分居多，人们的自信力十分薄弱，环境一有变迁，观察跟着摇动，于是不得不求之卜筮星相。一种是由于人类共同的侥幸心，人们有了侥幸的心理，自然要相信卜筮星相了。这不但在中国，欧美日本，亦复如此！从这些看来，世界上金力、军力，一天没有打破以前，人类一天没有绝对的平等自由。随便谈谈卜筮星相，比那些专门制造杀人机器的科学家，或者还有功于社会一点吗？袁君树珊，读书很多，与普通的江湖术士，异其旨趣。他这一部著作的用意，不必与我相同。可是在这革命的过程中，也就可以想见现代中国的政治上，社会上的状况了！

中华民国十八年一月十五日林庚白

凌　序

　　镇江袁子树珊，术而侠者也。其端居深念，视人之祸福穷通，若有诸身，谋必策万全，于以充其侠之量，而神其术之用。敏刚尝谓以袁子之侠而谋国，能矫今日诈虞虚伪之风，而登斯民于康乐和亲之域。其隐于术者乎？迩者敏刚迁新居苏州，袁子自里中来，为谋所以神其术者，若庖若寝，若牖若户，从则吉，违则否，视敏刚之祸福穷通，为袁子一身所有，何其侠欤！敏刚不习阴阳家言，不能尽如其术之所云，然益有意于其人。故人之重袁子者其术，敏刚则以其侠。濒去，手所撰《述卜筮星相学》一书留示敏刚，谓有怵其触忌者，乞一言弁诸简端，以广赞者之意，敏刚受之不敢辞。昔唐韩愈氏辟佛以尊儒，而于浮屠文畅之出游，赠之以文，美其墨名而儒行。今袁子固术其技而侠其心者，然则敏刚之叙是书也，亦犹韩子之于文畅也。

凌敏刚谨识

缪　序

慨自东西学术流入中国，凡论学者，鲜不趋之若鹜。一似中国无一学术，而唯东西有之。于是医必外医，餐必外餐；居必外居，服必外服；壹是言行，胥必东西，乃至卜筮星相而亦然。在东西崇之为科学，而以名贵称之，在中国斥之为虚玄，而以迷信贬之。夫卜筮星相，源于大《易》。《易·系辞》云："以卜筮者尚其占。"又云："成天下之亹亹者，莫大乎著龟。"是卜筮也，而《大衍》一节，又言著筮之法綦详。至星，《易》虽未言，而观《象》云："观乎天文，以察时变。"又《系辞》云："仰以观于天文。"星，天文也，是星未尝不言也。若"舟楫取诸涣，弧矢取诸睽，臼杵取诸小过，宫室取诸大壮"，则相之见于物用者，是其浅焉者也。而究其深，"广大配天地，变通配四时。阴阳之义配日月，易简之善配至德"，何莫非相也。呜呼！大《易》一书，伏羲氏观河、洛而演之，《传》云"河出图，洛出书，圣人则之"是也。然则卜筮星相，固本于《易》，即本于河、洛，既非虚，亦非玄也。何得以迷信贬之耶！顾《中庸》云："虽善无征，无毁不信。"矧今类多辩言，以淆是非耶。然而史乘太博，不胜其征。《左传》亦经之一，姑引一二，以概其余。齐懿氏卜妻敬仲，而曰"五世其昌"，厥后果然。晋平公有疾，卜人曰："实沈台骀为崇，祀之而瘳。"此卜之真实有征也。晋献公筮嫁伯姬于秦，遇归妹之睽。史苏曰："不吉。"断至姪从姑弃家逃归，明年其死。后怀公果弃怀嬴而归，越年而死。崔杼见棠姜之美，欲取之。筮得困之大过。陈文子曰："不可娶。"断以所恃伤，无所归。杼不听而果应。此筮之真实有征也。若夫晋悼公与鲁襄公宴，问襄公年，闻季武子之对，而曰："十二年矣。"是谓一星终也。唐叔虞初生，邑姜方震，梦帝谓命曰虞，将属诸参，遂命曰虞。此非星命之真实有征乎？子贡观邾隐公执玉高，鲁定公受玉卑，而决为二君皆有死亡，而言悉验。单子会韩宣子于戚，叔向见其视下言徐，而决其将死，而言亦验。此非相之真实有征乎？若之何斥为虚与玄，而以迷信贬之也？且风萍生曰："卜易星相之术，流传甚久，东西所同。均发源'河图'、'洛书'。"是东西此学，亦我河洛之绪言也。何于彼即名贵，于我即迷信，是不可解也。今夫中国自三代而下，学之不精者有之。然责其不精可也，讵得因不精而概谓其不实而虚、不真而玄也？而东西学者，亦何尝皆精耶？岂一隶东西，即不精亦名贵耶？顾即如所言，其科学名贵矣，其仅得《易》"取诸物"一言耳。我中国之卜筮星相，固所关甚广，观《传》所征可知矣。袁君树珊潜心于此也久，尝著《命理探原》、《六壬探原》、《选吉探原》，已不胫而走。每恫世之学者，往往略涉门径，辄眩于人，遂致贻人口实，而真若不逮东西。乃殚匝月之光阴，发平生之蕴蓄，食不甘味，夜不甘寝，发愤而述古今卜筮星相学，成书八卷，都十万余言，俾学者可人人升堂而入室，即非学者亦一览而悉其原委，决非虚而不实、玄而不真也。书成，勾序于余。爰鉴树珊之苦心，而书数言以畀之。是为序。

岁次戊辰秋八月既望，月华山逸叟缪潜撰

自　序

卜筮星相，小道也，亦末学也。夫道既曰小，何足述？学既曰末，何足云学？兹编所述，不过就余曩所学者，为门人略述之。非若吾乡先达汪容甫先生所述之学，为弘博渊深之大著也。故余所述仅十九篇。述释名者，顾名思义也。述源流者，不忘所自也。述物理、述科学者，形上形下，一以贯之也。述天人相感、预测吉凶者，言皆有物，不同妄发也。述东西各国卜筮星相学皆效法我国者，喜吾道之不孤也。述国史及先哲评论者，具见在朝在野人同此心也。述与国家、社会之关系者，因导惑教愚，不容忽略也。述得庙享、为名臣，及毁家济人、《列传》逸民与夫品端学粹者，见仁见智，观感由人也。述太史令，必须兼通卜筮星相学，及吾国惜无专校者，一则为职责攸关，一则为人才缺乏也。述我国卜筮星相学书籍，收入《四库》，文渊阁著录者，俾古人名著，流传益广，不致湮没也。殿之以述东西各国卜筮星相学之书目者，具见地无中外，其学理莫不大同也。若谓余之所述不止末学而已，则吾不敢承。若谓余之所述，虽曰小道，而与大道亦不相背驰也，则幸甚幸甚。

　　丙寅冬月十五日，镇江袁树珊自序①

---

　　①　曩刻《命理探原》、《六壬探原》、《选吉探原》，皆署名江都袁阜。频年以来，辱承四方人士，谬采虚声，函商旧学。竟有只书江都袁阜，以致邮局无从投递，或辗转多日始达者。盖著者侨寓润州，垂四十余年，已有著籍，又向以字行，若询及贱名，转鲜知者，故本编直称镇江袁树珊云。

述卜筮星相学

戊辰冬

莊蘊寬題

採輯宏富

舉古彌新

節錄

內政部趙部長致 尌珊仁兄書中語

弟薀澗寬篆

述卜筮星相學

趙戴文題

探原立論

戊辰冬日

邢震南題

邢震南印

树珊先生大鉴

因果分明

吴兴王震题

樹珊仁兄同道大著

道通天地

學貫中西

弟王顾如敬題

袁樹珊先生大著

言皆有物

语不離經

陳渡敬題

袁樹珊先生大著

恭奥探源

神乎技矣

陸龍翔謹題

诚则明矣

萧园

樹珊仁兄先生大著

辨五行五常大義

述三才三綱微言

愚弟馮曜敬題

题　辞①

一

南陵　朱乃庚韵笙

虚中不作子平古，坠绪茫茫谁继武。

袁君经术具渊源，河洛图书阐奥府。

五百年闻名世生，博极群编传法乳。

千秋绝学一线延，照世订明光四吐。

觥觥著作比都京，铁网珊瑚能自树。

二

镇江　杨鸿发子棨

大道无奇术，前知本至诚。六爻参易象，四库载书名。

后世薪传广，先几烛照明。如何人不识，视等弁髦轻。

此事合推袁②，研究四十年。宏文称作手，坠绪赖仔肩。

典籍罗今古，精神瘁简编。钦君绵绝学，浏览一欣然。

---

① 谨以奉到先后为序，倘有赐寄较迟者，容再续刊。
② 用古诗"当今此事应推袁"句。

三

镇江　杨邦彦振声

大著殚见，洽闻言皆有物，名山盛业，传世何疑？卒题四截句，藉志佩忱。

家学渊源自有真，图书河洛悟根尘。
垂帘设肆殷惩劝，卖卜君子得替人。
声名鹊起震京江，手不停披健笔扛。
趋吉避凶宏觉路，几人到此不心降。
群伦同在五行中，克化生扶贯始终。
独善更宏兼善量，著书立说启愚蒙。
指迷翻说入迷途，时局更新诩破除。
述古称先言有物，艺林声价重璠玙。

四

镇江　孙珩伯钧

昏昏浊世罔谈玄，空有君平在眼前。
背道离经长作闹，焉知一画是先天。
生成命数岂无因，造化相参笔有神。
姬孔羲文都不作，四千年后得传人。

五

镇江　胡容健春

袁君树珊以所著《述卜筮星相学》八卷见贻。综十万余言，古今中外融江贯通，非儒者曷克臻此，未可仅视为星学家也。谨附五律二首，以志钦仰。

系出君山后，恂恂儒者风。遁居甘隐豹，豪气贯长虹。
著述当时重，天人一脉通。潜心四十载，名满大江东。

语小莫能破，此中具隐微。灵心参造化，妙境悟玄机。
至理言多中，迷津指所归。古人有邵子，君或其庶几。

六

镇江　李丙荣树人

大集觥觥世所称①，吉光片羽每搜征。
书家几重东西晋，佛法如参上下乘。
分路扬镳存轨范，缀衣成衲杂缣缯。
惭予耄老无他技，探厥根源独未能。
虞卿著作遣穷愁，彦伯清才孰与俦②。
把臂已嫌迟廿载③，及身早自有千秋。
能将巨制开生面，合放斯人出一头。
香火因缘文字契，独邀青眼有公侯④。

---

① 谓《命理探原》等书。
② 袁宏字彦伯。
③ 树珊与学儿友善。
④ 谓庄蕴宽、赵戴文、邱菽园、王震、邢震、南陆、龙翔、陈复诸公。

七

镇江　胡光发荣卿

是学通科学，当今有解人。言之殊奥突，辑者却艰辛。

负笈来闾里，挑灯达晓晨。秘函求契友，奇字问芳邻。

经史搜罗毕，中西荟萃频。武侯铭墓志，季主荷陶钧。

鲍照曾联咏，君平有后询。但教三处合，却遇九方甄。

莫漫嗤迷信，须知返朴淳。青乌当可证，白马悟前身。

磨蝎宫归命，枪星运极屯。钞胥存国粹，数典聚家珍。

卖卜爻曾演，趋庭训可遵。岂为谋食计，聊使夙情伸。

讵料熏莸别，应将泾渭分。娇修矜自饰，谗谮化同仁。

编集传今古，题辞动缙绅。枣梨夸木寿，桃李满门榛。

赞助群成美，吹嘘众遇春。无邪思孝友，下笔教忠纯。

莫谓雕虫技，休同尺蠖论。当教消诟谇，兼可醒聋聩。

去取分贤圣，从违辨主宾。吉凶循习惯，著述本天真。

八

镇江　苏涧宽硕人

我闻大易说，君子玩其占。立卦而生爻，六古皆从谦。

詹尹端厥策，君平下其帘。所言忠与孝，所业清且廉。

又读日者传，大言何炎炎。所论今昔理，远瞩复高瞻。

宣尼重知命，孟轲善言天①。圣贤有机括，明哲事窥觇。

至如相者术，从古以为然。食子与收子，叔服识何淹。

老父相刘季，语岂谬为甜。荀卿非相篇，无乃挟猜嫌。

卜宅至于洛，阴阳流泉兼。辨方以正位，建国所当先。

---

① 如吾之所遇鲁侯天也。

宅兆卜安厝，教孝义精严。程子论五患，口又安容箝。
大哉太史谈，陈义何其玄。阴阳与儒墨，名法道德全。
一致而百虑，殊途同归焉。江都有袁子，董相三策传。
天人一以贯，九流咸寻研。绪余成著述，卜筮星相编。
引经更据典，大笔奋如椽。要使智者服，要使愚者贤。
千古不传秘，要以一身肩。嗟哉袁子志，为世下针砭。
匪为己身谋，忧世心如煎。先德昌龄公，医隐居市廛。
著书自成集，醒俗意拳拳。君乃善继述，遗书付雕镌。
手泽喜未泯，幽光发德潜。闭门举剑南，史笔仿涑川。
钩玄提其要，潜水抉真诠。书当不胫走，价贵洛阳笺。
贱子忝知好，服君志气坚。大人先生者，奖藉加丹铅。
会当行万里，海国广传宣。

九

镇江　钱亚栋毅质

大展扶衰手，深藏拨乱心。泰来期否极，述古为匡今。
参透穷通理，能成著作林。浮云犹待扫，天象尚昏沉。

十

镇江　陶绍莱蓬仙

君平卖卜记当年，如市门庭岂偶然。
微理能将周易阐，非徒邹衍漫谈天。
星巫命相遍人间，术士江湖太等闲。
独子儒书能贯彻，研经不出圣贤关。
早见丛书万里行，忽传述学又刊成。
等身著作高千古，艺苑谁人敢抗衡。
年来文献重江乡，篇什曾经萃李唐。

鼓吹休明徒抱愿，媿君哲学演阴阳。

十一

镇江　道受章晋之

吉凶悔吝生乎动，趋吉避凶有常规。

为善者吉恶者凶，善与不善必先知。

卜筮之学古所尚，列圣相承始伏羲。

星在于天相在面，隐秘所藏表白之。

微显阐幽不容伪，征兆毕露如蓍龟。

龟为枯骨蓍枯草，灵应如响果何为。

础润而雨律灰飞，鸢先风翔蚁潦移。

天地万物一鼓铸，人事天理无纷歧。

袁君述之明大道，道大不可须臾离。

离道即出火车轨，天崩地坼满疮痍。

可怪世人善矫饰，深沉城府谁能窥。

岂知诚中已形外，揠苗助长病难医。

筮短龟长无掩蔽，立竿见影复何疑。

客星犯座谁见来，故人卧起天象垂。

救蚁阴隲纹忽现，大贵推许券操持。

卜筮星相不外求，子舆所贵毋自欺。

口是心非人受骗，自问实已先心亏。

纵使鬼神皆不怕，破除迷信笑愚痴。

其如逢凶不化吉，天心鉴赫遇灾危。

何妨表里皆一贯，人爵天爵自相随。

磊落光明无隐匿，必得富贵寿维祺。

十二

镇江　于树深筱川

　　袁先生树珊，绩学士也。著有《述卜筮星相学》一书，实隐寓保存国粹、述而不作之至意。书首得诸君子为之叙，其言綦详，固无俟余之赘语。乃辱不弃，犹谆谆以题词见属。余不敏，爰掇俚言以报先生，兼以告世之善读是书者，词曰：

　　猗欤袁君，卓荦不群。邗江名士，业精于勤。原探理数，缕晰条分。
　　笃信好学，弹见洽闻。卜筮星相，国学之一。先天后天，渊源洞悉。
　　博采旁搜，经史子集。八卷分编，汇为巨帙。证今援古，言匪无征。
　　谰语必斥，异说弗腾。譬之烛暗，此为明灯。譬之说法，此为上乘。
　　会观其通，阴阳奇偶。神明古人，非取墨守。嘉惠后学，道期悠久。
　　君之命名，永垂不朽。

十三

镇江　蔡蔚霞云孙

　　家学渊源溯鲤庭，差同伏胜解传经。
　　天人三策江都董，不失先民旧典型。
　　保存国粹岂无端，小道如斯尚可观。
　　薄技生机多系此，不妨苦口写忱丹。
　　旧学商量见苦心，吉光片羽胜兼金。
　　一斑自可窥全豹，便是随园著作林。
　　笑我长沙作寓公，得观大集发群蒙。
　　传钞应贵洛阳纸，估屈俱虚一扫空。

十四

镇江　法德新溁斋

袁君树珊为**度男**益友。间尝接其风采，恂恂有儒者风。聆其言论款款，具牖世意，久钦其为人。近著《述卜筮星相学》一书，探河洛之本源，阐性命之閟奥。其示人趋吉避凶之方，不外福善祸淫之理。则斯编之有裨世道人心，不其伟欤！爰赋俚句，以志佩忱。

干戈扰攘既频年，兴仆无端总惘然。

成败早知皆有数，好教弭乱力回天。

大地今余劫后身，群盲莫再昧前因。

从来知命为君子，幸指迷途盍问津。

渊源家学绍仓山，著作争传岂等闲。

识在几先能觉世，长篇端赖醒愚顽。

术数还将大道凭，祸淫福善理堪征。

易言消长经参透，一片婆心劝与惩。

十五

镇江　姜焕昌洛茨

焕昌由云阳就幕归来，访袁君树珊叙旧时，以付梓《述卜筮星相学》书见示。焕昌因忆《龙门记》：商瞿年长无子，其母为取室，孔子使瞿之齐，母请之。孔子曰："无忧。瞿年四十后，当有五丈夫子。"已而果然。《家语》亦载其事甚详，谓"卜遇大畜，应有五子"。[①] 是当日尼山孔氏亦

---

① 《家语》云："瞿年三十八，无子，母欲更娶室。孔子曰：'瞿年过四十，当有五丈夫子。'果然。"《中备》云："鲁人商瞿，使向齐国。瞿年四十，今复使行远路，畏虑恐绝无子。夫子正月与瞿母筮。告曰：'后有五丈夫子。'子贡曰：'何以知？'子曰：'卦遇大畜，艮之二世。九二甲寅木为世，立五子景水为应。世生外，象生象来，爻生互内，象艮别子，应有五子，一子短命。'"颜回曰：'何以知之？'内象是本子，一艮变为二丑三阳。爻五，于是五子，一子短命。'何以知短命？'他以故也。'"

颇精星术。彼此相谈移时，袁君谓此事本书未载，属为补出，并索题诗。

焕昌糊口四方，笔墨久荒。是书引证颇博，不愧学者，要难仅以星家视之也。勉成七律一章，以志景慕。

> 道消君子亦胡然，正是先生养晦年。
> 闭户著书深入奥，焚香读易静参玄。
> 眼看几变沧桑世，指点何殊道德篇。
> 漫把虚无轻命术，成都卖卜至今传。

十六

镇江　李正学崇甫

> 粤稽皇古搜往事，藉笔抒怀破寂寥。
> 由来豪杰多忧患，手口卒瘏羽翛翛。
> 缘何燕台多击筑，莫教吴市听吹箫。
> 甄录编成饾饤学，公旦多才未敢骄。
> 虞卿述作穷愁遣，一篇元箸得超超。
> 纵观宇宙殊寥廓，人生何苦取烦嚣。
> 世间岂少地仙出，马迹山中访王遥。
> 进退升沈有天定，君平悟理问荣凋。
> 管辂郭璞通神鉴，手持杯珓掷不桃。
> 一马得失祸福倚，恍惚梦中鹿覆蕉。
> 武侯用兵圆八阵，阴阳向背智慧饶。
> 名将古推班定远，虎头燕颔想丰标。
> 吾家邺侯有仙骨，笑他皮相皆哓哓。
> 安得国粹赖保存，缥缃罗列尽琼瑶。
> 丈夫显世有知己，自古留侯全藉萧。
> 天人三策江都董，随园家学数楚翘。
> 周易一卷不释手，研经耽道国恩邀。
> 当代知音多珍赏，题跋纷纷引同僚。

序
篇

鸿通最爱师刘向，博雅还希步郑樵。

四部六阁穷搜览，长把青灯夜夜挑。

精金在镕须大冶，家有良工璞可雕。

庭训相承名父子①，走笔千言风潇潇。

六经不用巾箱载，便便边腹岂愁枵。

肯将架上一万轴，辜负平生三万朝。

吁嗟乎！神州荡涤疮痍色，采风使者感征轺。

举世民生望宝筏，迷津得指理孔昭。

贱子清狂难自抑，块垒常须浊酒浇。

彭泽觅食非得已，五斗难堪一折腰。

馈贫粮向君多乞，至理名言尚可要。

君不见，天工缺处人工补，德盛从来能胜妖。

---

① 谓世丈刻《养生三要》，著述亦多。

《述卜筮星相学》凡例

一、卜筮星相学各有专书。唯卷帙浩繁，初学无从问津。即有好之者，亦莫不疑信参半，谓为凭空结撰，毫无根据。以致固步自封，不求深造，良为可惜。本编所述力矫此弊，以物理证明气数，以简易解除琐烦。更参以经史良规、古今粹语，不厌精详，务求赅备。庶初学阅之，有入胜之妙；好之者阅之，亦有逢源之乐。斯则著者之微意也。

一、本编所述一十九篇，质言之，可分四步。述释名、述源流、述物理、述科学、述天人相感，为研究学术也。述东西各国、述历史评论、述先哲评论，为增长阅历也。述国家、述社会、述庙享、述名臣、述济人、述逸民、述品端学粹，为藉资观感也。述太史令、述无专校、述四库书、述东西各国书目，为欲求进化也。有志斯学者，若本此旨而探讨之，安见今人不古人若耶？

一、本编述源流分上下二篇，一论河洛，一论气象，为全书要旨。述物理、述科学，不过为河洛气象之佐证而已。其实气象本乎河洛，果能明乎河洛之理，错综其数，则气象可测，而天地间之形形色色，亦莫不可测。岂独物理科学已哉！

一、经史子集所载卜筮星相之事数见不鲜，凡为本编所征引者，俱载明书名，或著者姓氏，俾可考证。唯涉及军国大事者，概不采录。

一、本编所载卜筮星相学之书目，系据《四库全书提要》，文渊阁著录者，计五十部，四百四十四卷。尚有附诸存目者，百四十八部，九百八十九卷，未及具载。唯《日本书目志》所载方技四类，八十七种，一一备录。盖该书目载有《西洋判断术》、《西洋独见天眼通》二书，俾国人阅之，知东西各国，俱有卜筮星相学，且皆效法于吾国也。

一、本编征引之书，上自周秦，下迄今兹，计百五十八部。历史先后，本不容紊。唯限于卜筮星相之事实，有不得不古今陵躐、次序颠倒者。如历代先哲之评论，妄以《困学纪闻》冠首，而以《孝经》列后。此类甚多，识者鉴谅。

一、《唐书·方技传》云："士君子能之，则不迂不泥，不矜不神。"兹特将拙刻丛书四种《序目》附录于本编之末，俾阅者略知拙刻之大凡，及宗旨何在，即可辨此道是否有迂泥矜神之说。若谓眩奇标榜，则吾岂敢。

一、余家藏书不多，见闻弇陋。编述是书，时与同里朱君彦卿**德高**、法君审**仲度**、苏君硕人**涧宽**、支君志箴**敏政**、李君崇甫**正学**相商榷。并承朱君冒暑假观《二十四史》全部。盛意热心，令人钦佩。至钞录之不惮烦，则江都李君雨**田雷**尤为可敬。谨书于此，以志不谖。

一、本编着手于丙寅十月丙午，至十一月庚午，仅一十五日，草草脱稿，手爪粗疏，必多舛误。尚希博雅君子，不吝教正，以匡不逮，毋任企感。

《述卜筮星相学》征引书目

《易经》	《孝经》	《书经》	《诗经》
《周礼》	《礼记》	《大戴礼记》	《春秋左传》
《论语》	《尔雅》	《易学启蒙》	《六经天文编》
《经义述闻》	《尔雅翼》	《史记》	《汉书》
《后汉书》	《魏志》	《晋书》	《宋书》
《南齐书》	《后魏书》	《北齐书》	《周书》
《隋书》	《旧唐书》	《新唐书》	《五代史》
《辽史》	《金史》	《明史》	《吴越春秋》
《周书时训》	《象纬》	《通典》	《续通典》
《通志》	《文献通考》	《续文献通考》	《清文献通考》
《历代职官表》	《通鉴外记》	《帝王世纪》	《云南志》
《广信府志》	《江宁府志》	《扬州府志》	《镇江府志》
《苏州府志》	《婺源县志》	《路史》	《黄帝宅经》
《老子》	《庄子》	《列子》	《管子》
《晏子春秋》	《尸子》	《素书》	《吕氏春秋》
《白虎通》	《淮南鸿烈解》	《杨子法言》	《潜夫论》
《天台县志》	《国语》	《江西通志》	《异苑》
《论衡》	《抱朴子》	《葬经》	《图经本草》
《新论》	《梦溪笔谈》	《酉阳杂俎》	《贵耳集》
《睽车志》	《东坡志林》	《困学纪闻》	《瑞桂堂暇录》
《岁时广记》	《青箱杂记》	《太平御览》	《太平广记》
《己疟编》	《蠡海集》	《制义科琐记》	《宋稗类钞》
《辍耕录》	《通俗编》	《曲洧旧闻》	《孔子集语》
《林泉随笔》	《西溪丛话》	《岭表录异》	《适来子》
《致富全书》	《群芳谱》	《石室奇方》	《遁甲书》
《种树书》	《羽毛考异》	《春渚纪闻》	《郁离子》

《本草纲目》　　《海沂子》　　　　《事物原始》　　《调燮类编》
《齐东野语》　　《唐骈剧谈录》　　《遁翁随笔》　　《书影》
《七修类稿》　　《日知录》　　　　《三才发秘》　　《澄怀园语》
《四库全书提要》《图书·艺术典》　《协纪辨方书》　《河洛精蕴》
《阅微草堂笔记》《求阙斋日记》　　《测字秘牒》　　《字触》
《壬学琐记》　　《秋灯丛话》　　　《寄蜗残赘》　　《客窗闲话》
《茶香室四钞》　《艺术笔记》　　　《日本书目志》　《日本大正历书》
《日本姓名学》　《骨相学》　　　　《手相学》　　　《命理商榷》
《耕心斋随笔》　《鸡肋偶谈》　　　《王叔师集》　　《诸葛丞相集》
《陈思王集》　　《稽中散集》　　　《王右军集》　　《颜光录集》
《鲍参军集》　　《江醴陵集》　　　《陶隐居集》　　《刘户曹集》
《全唐文》　　　《笠泽丛书》　　　《昭明文选》　　《朱子文集》
《白香山长庆集》《韩昌黎集》　　　《宋文宪集》　　《茶山文钞》
《述学》　　　　《俞俞斋文集》

目　录

述卜筮星相学卷一

一　卜筮星相学之释名

释卜筮

卜，《礼记·曲礼》云：“龟为卜，筴为筮。”《疏》引《师说》云：“卜，覆也，以覆审吉凶。筮，决也。”《易·蒙彖》云：“初筮告。”注：筮者，决疑之物也，唯决故信也。《诗·杕①杜》云：“卜筮偕止。”《左传·襄公七年》云：“孟献子曰，‘吾乃今而后知有卜筮’。”《吕览·举难》云：“卜，择也。”《礼记·丧大记》云：“卜葬卜日。”又《冠义》云：“筮日筮宾。”《尚书》曰：“汝则有大疑，谋及卿士，谋及庶人，谋及卜筮。定天下之吉凶，成天下之亹亹者，莫善乎蓍龟。”《白虎通·蓍龟疏证》云：“卜筮者，先圣王所以使民信时日、敬鬼神、畏法令也。所以使民决嫌疑，定犹与也。”又云：“圣人独见先睹，必问蓍龟何，示不专也。”《礼·中庸》云：“至诚之道，可以前知。”树珊谨案：始皇燔书，独存卜筮。据事物原始所载，伏羲始造龟卜，神农始以蓍筮。殷巫咸作筮，汉张良始造棋卜，京房始以钱卜。然龟卜之道，久经失传，蓍筮尚有娴者，惜又甚渺。近世唯棋卜、钱卜及奇门、六壬之类，其理差可相通。即数以观象，即象以论事。阴阳消长，进退存亡，不难于是占之。至卜葬卜日，即婚葬选择吉日之义。此道专书，今尚不少，古法犹存，亦生民之幸也。

---

① 杕，从木从大，俗从犬，非。音第，木独生也。

释星相

星，《书·洪范》云："四曰星辰。"《淮南天文训》云："星辰者，天之期也。"《吕览》云："星，宿也。"《周礼·保章氏》云："星谓五星。"《汉书·艺文志》云："探知五星日月之会。凶厄之患，吉隆之善，其术皆出焉，此圣人知命之术也。"《晋书·天文志》云："众星列布，体生于地，精生于天，庶物蠢蠢，咸得系命。"《诗·小星》云："实命不同。"又《蝃蝀》云："不知命也。"又《小弁》云："我辰安在。"注：岂我生时之不善哉。《字典》云："星为术数之一种。古以星象占验吉凶，谓之星家。后又以人生年月日，按天星推算运数，谓之星士。"相，《尔雅释诂》云："相，视也。"《诗·相鼠》云："相鼠有皮，相鼠有体。"《左传·文公元年》云："公孙敖闻其能相人。"《庄子·徐无鬼》云："曰为我相吾子；孰为祥。"《礼记·月令》云："善相邱陵。"《书·召诰》云："唯太保先周公相宅。"《诗·公刘》云："相其阴阳观其流泉。"《文选·东京赋》云："召伯相宅。"《周礼·大司徒》云："相，占视也。以相民宅，而知其利害。"树珊谨按：星辰者，天之期也。此一语，属之星命家言，最确。盖人禀天地之气以生，而年月日时所以可纪者。亦唯星辰是视，否则无寒暑晦明之可言，安有所谓年月日时哉？至"相鼠有皮，相鼠有体"二语，足证形法之可凭。何则？鼠之为物，渺乎小矣，其皮其体尚有可相者，而况人为万物之灵，得天独厚，其贵贱寿夭有不特现之于身体发肤、五官百骸者乎？刘勰《新论》云："人之命相，贤愚贵贱，脩短吉凶，制气结胎，受生之时。其真妙者，或感五帝三光，或应龙迹气梦。降及凡庶亦禀天命，皆属星辰。其值吉宿则吉，值凶宿则凶。受气之始，相命既定。则鬼神不能改移，圣智不能回也。"此诚有道之言，若夫相宅相墓由来尚矣。证以善相邱陵、召伯相宅二语，不更斑斑可考乎？

珊按：《阅微草堂笔记》云："世传推命始于李虚中。其法用年月日，而不用时。盖据昌黎所作虚中墓志也。其书《宋史·艺文志》著录今已久佚，唯《永乐大典》载《虚中命书》三卷，尚为完帙。所说实兼论八字，非不用时。然考《虚中墓志》，'以人始生年月所直日辰支干，推人寿夭利不利'云云。按天有十二辰，故一日分为十二时，日至某辰即某时也。故时亦谓之日辰。《国语》：星与日辰之位皆在北维是也。《诗》：'跂彼织女，终日七襄'，孔颖达疏，'从旦暮七辰一移，因谓之七襄'。是日辰即时之明证。余撰《四库全书总目》，亦谓虚中推命不用时。尚沿旧说，今附著于此，以志吾过。观此足破世人误谓虚中论命不用时之惑。故前按有所谓年月日时之语。似与《字典》所云：'以人生年月日，按天星推算运数'。微有不同。其实《字典》亦沿旧说也。"

　　珊又按：《列子》云："一体之盈虚消息，皆通于天地，应于万物。"《管子》云："一言以贯万物，谓之知道。此可为卜筮星相学'象法天地，鉴别人事'之明证。"《老子》云："知人者智，自知者明。"《庄子》云："知其不可奈何，而安之若命，唯有德者能之。"此可为通卜筮星相学利己利人之明证。《晏子》云："圣人千虑，必有一失。愚人千虑，必有一得。"《礼》、《中庸》云："凡事豫则立，不豫则废。"《意林》引《尸子》云："敬灾与凶，祸乃不重。"此可为卜筮星相学有益于世之明证。善夫！《汉书·艺文志》云："观九家之言，舍短取长，则可以通万方之略矣。"又曰："诸子十家，其可观者，九家而已。"兹将《汉书》九家节录于后，俾读者知其各有短长。即可知不得因噎而废食也。九家史称九流，即自流溯源之义。与世俗所谓九流绝不相伴。若以九流为贱简而轻忽之，则儒家者流，法家者流，名家者流，亦莫不贱简，莫不轻忽。岂独一阴阳家流哉！

　　《汉书·艺文志》云："儒家者流，出于司徒之官。游文于六经之中，留意于仁义之际。然惑者既失精微，辟者又随时抑扬，违离道本，以哗众取宠，此辟儒之患。[①]

　　道家者流，出于史官。清虚自守，卑弱自持。及放者为之，则欲绝去礼乐，兼弃仁义。[②]

　　阴阳家者流，出于羲和之官。敬顺昊天，历象日月星辰，敬授民时。及拘者为之，则牵于禁忌泥于小数，舍人事而任鬼神。[③]

　　法家者流出于理官，信赏必罚，以辅礼制。及刻者为之，则去仁爱，

---

①　惑乱也，迷也，疑也。辟读曰僻。非平正通达人所共由者，谓之僻。如地之偏僻，荒僻行为之怪僻，邪僻皆是。

②　弃，古文棄字。

③　昊，胡老切。音皓。凡称天曰昊天，言元气博大也，泥滞也舍废也。

任刑法。至于残害至亲，伤恩薄厚。

名家者流，出于礼官。名正言顺，此其所长。及訾者为之，则苟钩釽析乱而已。①

墨家者流，出于清庙之官。贵俭、兼爱、右鬼、非命、上同。及敝者为之，见俭之利。因以非礼推兼爱之意，而不知别亲疏。②

纵横家者流，出于行人之官。权事制宜，此其所长。及邪人为之，则上诈谖而弃其信。③

杂家者流，出于议官。兼儒墨，合名法。及荡者为之，则漫羡而无所归心。④

农家者流，出于农稷之官。播百谷，劝耕桑。及鄙者为之，以为无所事圣王。欲使君臣并耕，悖上下之序。⑤

小说家流，出于稗官。街谈巷语，道听途说，然亦弗灭也。⑥

---

① 訾，吉吊切，音叫，訐也。釽，匹历切，音霹，乱也，破也。

② 墨子有《节用》、《兼爱》、《上贤》、《明鬼神》、《非命》、《上同》等篇。

③ 谖，许元切，音喧，诈也，欺也。

④ 温放也，羡溢也，贪欲也。

⑤ 赞蒲没切，音勃。又步昧切，音佩，义同，与悖通乱也，乖也。

⑥ 稗，傍卦切，读如排去声。粟类有水稗、旱稗二种。又小也，小说曰稗说。

二 卜筮星相学之源流①

河图、洛书、八卦，五行之原始

《资治通鉴·外纪》云："包牺氏，风姓，生于成纪。象日月之明，谓之太昊。取牺牲以充包厨，号包牺。后世音谬，谓之伏牺，或谓之虚牺。一号皇雄氏，都陈。上古之时，人民无别，群物不殊。未有三纲六纪、衣食器用之利。民人但知其母，不知其父。卧则吘吘，起则吁吁。饥则求食，饱即弃余。茹毛饮血，而衣皮革。"② 伏牺德合上下，天应以鸟兽文章。地应以"河图"、"洛书"，则而象之。③ 仰观象于天，俯观法于地，中观万物之宜，造八卦。④ 始作三画，以象二十四气。⑤ 因而重之，爻象备矣，筮之。⑥ 纪阳气之初，以为律法。⑦ 建五气，立五常，定五行。⑧ 始名

---

① 上篇论河洛。

② 《白虎通·德论》曰："'三纲'者，何谓也？谓君臣、父子、夫妇也。'六纪'者，谓诸父、兄弟、族人、诸舅、师长、朋友也。"故含文嘉曰："君为臣纲，父为子纲，夫为妻纲。"又曰："敬诸父兄，'六纪'道行。诸舅有义，族人有序，昆弟有亲，师长有尊，朋友有旧。何谓'纲纪'？纲者，张也，纪者，理也。大者为纲，小者为纪。"

③ 侯果曰："圣人法'河图'、'洛书'，制历象以示天下也。"

④ 荀爽曰："观象者，震巽为雷风离，坎为日月。"九家易曰："观法者，艮兑为山泽也，地有水火、五行、八卦之形者也。"又曰："谓四方、四维、八卦之位，山泽高卑，五土之宜。"

⑤ 《春秋内事》曰："伏羲氏，以木德王天下之人。未有宅室，未有水火之和。乃仰观天文，俯察地理，始画八卦。定天理之位，分阴阳之数。推列三光，建分八节。以文应气，凡二十四。消息祸福，以制吉凶。"注曰："天地开辟五纬，各主其方。至伏羲乃合，故以为元。"

⑥ 《淮南子·要略》曰："八卦可以识吉凶，知祸福矣。然而伏羲为之六十四变高。"诱曰："八八变为六十四卦，伏羲示其象。"

⑦ 此续《汉书·律历志》文本，文曰："宓义作易，纪阳气之初，以为律法建日。冬至之声，以黄钟为宫，太簇为商，姑洗为角，林钟为征，南吕为羽，应钟为变宫，蕤宾为变征。此声气之元，五音之正也。"注引《月令章句》曰："律，率也，声之管也。上古圣人本阴阳，别风声，审清浊，而不可以文载口传也。于是始铸金作钟，以主十二月之声。然后以放升降之气云尔。"

⑧ 《易乾凿度》曰："伏羲，八卦以建，五气以立，五常以行。"《白虎通·德论》又曰："人生而应八卦之体，得五气以为常，仁义礼智信是也。"又曰："五行者，何谓也？谓金木水火土也。言行者欲言，为天行气之义也。"

官，而以龙纪，有甲历五运。[①] 象法乾坤以正君臣、父子、夫妇之义。[②] 继天而王，为百王先。度时制宜，作为网罟。以佃以渔，以赡民用。制嫁娶，以俪皮为礼。于是人民乃治，君亲以尊，臣子以顺，群生和洽，各安其性。

珊按：《象纬》云："天皇氏始制干支之名，以定岁之所在。"《三皇纪》云："地皇氏定三辰，分昼夜，以三十日为一月。"《帝纪》云："伏羲作甲历，定岁时，起于甲寅。支干相配，为十二辰。六甲而天道周矣。"《晋志》云："黄帝命羲和占日，尚仪占月，车驱占风，鬼萸蓝占星，斗苞授规。于是始有星官之书。"《事物原始》云："命大挠作甲子，支干相配以名日，而定以纳音。"又云："黄帝立子午十二辰，以名月。又以十二兽名属之。"《帝纪》云："颛顼作历，以孟春之月为元。鸟兽万物，莫不应和。故颛帝为历宗。"《尚书》云："尧命羲和置闰法，定四时成岁。"以上诸说，较《通鉴·外纪》尤为详备，谨志于此，俾读者知卜筮星相学渊源有自也。

河洛略论

《河洛精蕴》引汉孔安国云："'河图'者，伏羲氏王天下，龙马出河，遂则其文以画八卦。'洛书'者，禹治水时，神龟负文，而列于背，有数至九。禹遂因而第之，以成九类。"按：此孔氏《论语》注及《尚书·洪范》传也。

又引《易》曰："河出图，洛出书，圣人则之。"今幸有河洛二图传于世，朱子易本义取之以冠篇端，又作启蒙以发明之，可谓万世之幸矣。相传河图出于伏羲之世，则圣人之作易也，必于河图为最先。易卦之作，所谓易有太极，是生两仪，两仪生四象，四象生八卦者也。

---

① 《易稽览图》曰："天地开关五纬各在其方，于伏羲乃合。故历以为元春秋纬。"宋注曰："五运，五行用事之运也。"
② 《易乾凿度》注曰："天地阴阳，尚有尊卑、先后之序。而况人道乎？"《易》序曰："有天地，然后有万物，然后有男女。有男女，然后有夫妇。有夫妇，然后有父子。有父子，然后有君臣。有君臣，然后有天下。"

河洛生成之数

《六经·天文编》引正义曰："天一生水，地二生火。天三生木，地四生金。天五生土，此其生数也。地六成水，天七成火。地八成木，天九成金，地十成土，此其成数也。"《系辞》曰："天数五，地数五。五位相得，而各有合，谓此也。"

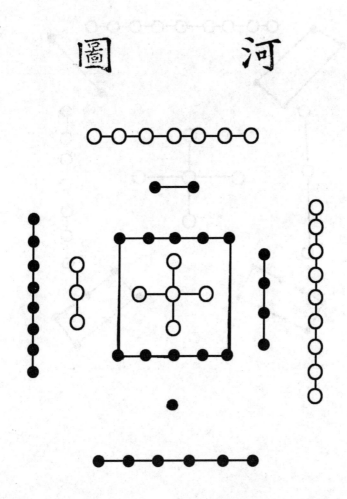

河　　圖

书　　　　　洛

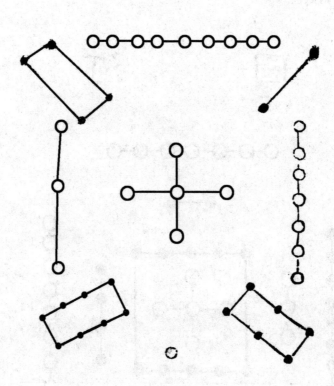

圖幹天行五卦八合圖河

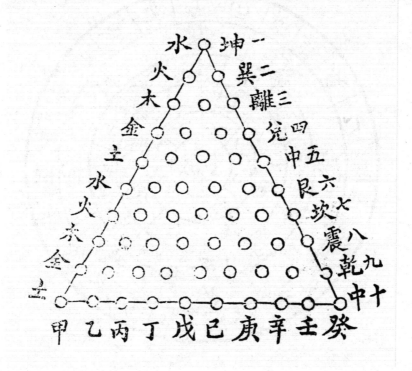

河圖
金八
斡四維
二十枝
二十
四向
圓圖

納音五行母子數圖

母數八屬木　木生火

母數七屬火　火生土

母數六屬水　水生木

母數五屬土　土生金

母數四屬金　金生水

子數一屬火

子數二屬土

子數三屬木

子數四屬金

子數五屬水

十干阴阳本乎数之明证

《河洛精蕴》云："河图十位，而卦止有八。四象成八卦，五十居中，为不用之用也。四生数为阴卦，母居先，而长女、中女、少女之卦继之。阴以少者为尊也。四成数为阳卦，少男、中男、长男之卦为次，而父居后。阳以多者为尊也。五为半，而中隔之。十为全，而中统之。得奇数者根于天，得偶数者根于地。三角之右方列之，水火皆气也。水最清而内明，故居一。火次清而外明，故居二。木金土皆质也。木柔而体轻，故居三。金坚而体重，故居四。土则最广大，故居五。五者有生有成。生者在先，成者在后。故自五以后，一得五为六，二得五为七，三得五为八，四得五为九，五得五为十。复为水火木金土焉。三角之左方列之。五行各分阴阳，古人制十干以名之。干本为干，如木之有干。若十二支，则由干而生者也。十干分五行，甲乙为木，丙丁为火，戊己为土，庚辛为金，壬癸为水。十干分阴阳，甲丙戊庚壬为阳，乙丁己辛癸为阴。以数配之，甲三也，丙七也，戊五也，庚九也，壬一也，乙八也，丁二也，己十也，辛四也，癸六也。此数含于左方五行之中。而十干之次，顺五行相生之序，以东方甲木为先。盖五行有生出之序。一水为先，有流行之序，一甲为先，二者相为用，并行不相悖。此依其流行之序，则一甲、二乙、三丙、四丁、五戊、六己、七庚、八辛、九壬、十癸。列于三角之下方，积数浑然之中，森然粲然者已具存。"

十二地支本乎数之明证

《精蕴》云："河图之数，五十有五。五十有五者，五其十有一也。谓十与一，九与二，八与三，七与四，六与五也。'洛书'如前图分布支辰律吕，则相合者有六焉。《周礼》曰：'奏黄钟，歌大吕。子与丑合，九与二合为十一也。奏太簇，歌应钟。寅与亥合，七与四合为十一也。奏姑洗，歌南吕。辰与酉合，五六合为十一也。奏无射，歌夹钟。戌与卯合，亦五与六合为十一也。奏蕤宾，歌函钟。午与未合，三与八合为十一也。奏夷则，歌小吕。申与巳合，宜为十与一'。而洛书无十，则假四为十。以其四与九相连，犹十与九相连。夫地支六合，应乎月建与日躔者也。而'洛书'自相符，益知前图配十二辰、十二律之妙。"

八干四维二十四向皆本乎数之明证

《精蕴》云："'河图'无八干，而有八干之理。一即壬水，六即癸水。三即甲木，八即乙木。七即丙火，二即丁火。九即庚金，四即辛金。阳得奇数，阴得偶数。分居四方，而五为戊土，十为己土，居中央，以为不用之用也。'河图'以先天之体，而藏后天之用。壬癸皆为坎水，丙丁皆为离火。甲乙皆为震木，庚辛皆为兑金。四正卦居四方之正位，则必有四隅焉，乾巽坤艮居之，是'河图'无四维，而有四维之理也。八干四维，得十二位矣。地支又有十位焉，隐藏于'河图'之中。观《论声律篇》，以方圆相函，而有十二律之长短在其间。隔八相生，亦有十二律在其间。十二律应十二月，然则河图虽无支，而十二地支之理，不已在其中乎？合干维与地支，而分其位。子午卯酉即坎离震兑也。壬癸夹子，则壬之前有亥，癸之后有丑。甲乙夹卯，则甲之前有寅，乙之后有辰。丙丁夹午，则丙之前有巳，丁之后有未。庚辛夹酉，则庚之前申，辛之后有戌。戌亥夹乾者也。丑寅夹艮者也。辰巳夹巽者也。未申夹坤者也。是为二十四向，如天之有二十四气，人之有二十四经脉，自然之理也。壬子癸，共一坎。丑艮寅，共一艮。甲卯乙，共一震。辰巽巳，共一巽。丙午丁，共一离。未坤申，共一坤。庚酉辛，共一兑。戌乾亥，共一乾。是为一卦统三向，以'洛书'八方之数配之。是'洛书'有二十四向之理也。"

纳音五行本乎数之明证

《精蕴》云："纳音五行，合两干两支。依《太元经》之数，总计之。视其零数，以定五行。零一属火，零二属土，零三属木，零四属金，零五属水。如甲子乙丑，甲九乙八，子九丑八，合得三十四数。是零四数，故属金。丙寅丁卯，丙七丁六，寅七卯六，合得二十六数。凡十与五皆去之，余一数故属火。他皆仿此。此母生子之理也。子金者母为土，子火者仍为木。观前图各列九数，以黑识母，以白识子，而五行之源可知矣。"

五行八卦皆合乎数之明证

《启蒙附论》曰："造化所以为造化者，天地水火而已矣。易卦虽有八而实唯四。何则？风即天气之吹嘘，而下交于地者也。山即地形之隆起，而上交于天者也。雷即火之郁于地中，而搏击奋发者也。泽即水之聚于地上，而布散滋润者也。道家言天地日月，释氏言地水火风，西人言水火土气，可见造化之不离乎四物也。故先天以南北为经，而天地居之，体也。以东西为纬，而水火居之，用也。后天则以天地为体，而居四维。以水火为用，而居四正。雷者，火之方发，故动于春。及火播其气，则王于夏矣。泽者水之未收，故散于秋。及水归其根，则王于冬矣。水火为天地之用，故居四正，以司时令也。乾巽相对而为天纲。坤艮相对而为地纪。天地为水火之体，故居四维，以运枢轴也。天地、水火、体用互根以生成万物，此先后天之妙也。若以卦画论之，则震即离也。一阴闭之于上则为震，兑即坎也。一阳敷之于下则为兑，巽即乾也。一阴行于下则为巽，艮即坤也。一阳互于上则为艮，是以六十四卦始乾坤，中坎离。而终于既未济，则造化之道，天地水火尽之矣。"《精蕴》云："按道家言天地日月，日即火也，月即水也。释氏言地水火风，风即天也。西人言水火土气，土即地也，气即天也。各随所见言之，共实一也。释氏以地水火风为四大，人身亦是四大之合，形骸地也，津液水也，温暖之气火也，鼻息呼吸风也。要之天亦是火，地亦是水。西人言三际，近地为温际，温际之上为冷际，冷际之上为火际。天之行，神速不可思议，非火而何？地虽是土，其初本是水融结而成。故'河图'一六水，水成卦则为坤艮土。先天乾坤之位，后天离坎居之。然则四物止两物而已，太极生两仪，原是一阴一阳也。"

五行三才皆合乎数之明证

《精蕴》云："图之一六水同根于老阴。成卦为坤艮，坤艮皆属土，何也？土从水化也。土何以从水化观人身可知。人身之初为精血，精血皆水也。由胚胎而渐成肌肉，肌肉则为土矣。由胎生而推卵生，卵壳中皆水也。得母之气，孚化之而成形，成形则为土矣。由此以推天地，则大地之初皆水。及其久也，渐凝而为土。水何以能成土？山水中先有火也。精血之水，有真元之火在其中，乃能成胎成肉。天以一而生水，一是阳数，阳数即为火。一六之合为七，七亦是火，可知水中先有火。其水本是混浊之水，如卵中之黄白。以真元之火融炼，重浊者凝而为地。其坚者为石，隆起而为山。观山之起伏，本象波浪荡漾之形，而高山上或有螺蚌壳，亦可验山本是水也。一本奇也，而为生数，以成坤之阴土。六本偶也，而为成数，以成艮之阳土。此以柔为阴刚为阳，而阴阳恒互根。地之平坦者为阳，其本是奇数。山之隆起者为阴，其本是偶数也。

图之九四金，同根于老阳。成卦为乾兑，乾兑属金。不变何也？金最坚，屡经火铄而质不改。是以五行唯金不变也。然此有形之金也。若金主气，凡气皆金。天之性纯阳是火，其体则金，天何所变哉！然而书之位，金与火互易，何以变其常也？十一点相合之理也。西之九，南之二，合为十一。南之七，西之四，合为十一。是以金乘火位而居上，火入金乡而居下。人之肺在心上，心在肺下，此其验也。先天卦乾九居上，与坤一相对，以定天地之位。兑四居东南，与艮六相对，以通山泽之气。后天兑本四金也，则仍居正西之位，以复其常。乾本九金也，则来居西北之位，以次其类。正西为坎，而泽为水之钟，则以气类从之。西北为艮，而天在山之上，则以象类从之。后天乾兑之所为变也。

图之二七火，同根于少阳。成卦为巽坎，巽为木，坎为水，何也？火丽于木，乃炎。故二火遂从木化，水火互为其根。一六合七以为火，则七遂从一六而化为水。二为火，巽为风，风自火出也，风鼓则火益炽。七为火，坎为水。水从气化，气即火也，火极则复为水。天之雨，山石之泉，釜甑之汗皆火蒸郁而成。气焦者色黑，味苦者性寒，海咸者夜光，水火之变易常如此。二七本同根，坎水气寒，巽木风寒，仍复同类而聚也。后天巽既为木，则木归于东南，以就生养之方。坎既为水归于正北，以从阴盛之位。巽坎之所以易也。

图之三八木，同根于少阴。成卦为离震，震为木，离为火。八仍是木，而三变为火，何也？火无体，以木为体。故三为阴木，遂为离阴火，而居东方之木位。震为阳木，而阳火丽之。象为雷，为龙。龙电之火，阳火也，亦相火也。而本体为木，后天离火往南方，归其火盛之位以为君。而阳木之阳火归于东方以相之。东方是木之本位，苍龙亦东方之神也。人身有心胞络以裹心，心为君主之官，暗中为臣使之官。膻中即心胞络，此相火代君火行事也。"

五星七政高下次序皆合乎数之明证

土 十五中 **木** 八三东 **火** 七二南日 **金** 九四西 **水** 六一北月

《精蕴》云："七政各丽一重天，月天在下，水次之，金次之，日次之，火次之，木次之，土最高。在经星天之下，河图以右旋观之，水北、金西、火南、木东，则土居中者宜在后。而五星之自下而高者，正应之。'河图'与五星，皆自然之位置也。月为水之精，故在水之下。日为火之精，故在火之下。则南北二方，隐有日月在其间。而日天在中，又为月与五星之君，犹人之有心君也。更详论之。西人言："四大元行，水火土气，而无金木。"盖以金木皆生于土，是亦二物，而非所以生物之本也。然而在天成象，实有五星。在地成形，实有五材。在人则五藏应之，则五行固不可易也。五行有生出之序。水火木金土有相生之序。木火土金水有相克之序。水火金木土，而五星高下之次，自上而下，则土木火金水。自下而上，则水金火木土。独与彼三序不同，何也？盖五行土最浊，木次浊，火在清浊之间。金次清，水最清。故土木无影，火外影，金水内影。五星以清浊为位置，浊者在上，清者在下。浊者在外，清者在内。与地上之轻清上浮、重浊下凝者，相反而相对也。五行土最大，为四行之基，分列五方则居中。其气流行，则在火金之间。而星次则移其在中之位，特出居上。包乎四星，土之所以为大也。试使土星天移而居中，在火金二星之间，自上数之，木火土金水，正得相生之序。今之异乎相生之序者，由土往而居上，以包四星也。五行金水一家，木火一体。土既往而居上，则其下四星：金与水，木与火，各以母子相聚而相依也。'河图'之位，北方、西方，太阳居一连九，太阴居四连六。星位水在下，金次之。即一六与四九之相连也。'河图'南方、东方，少阴居二连八，少阳居三连七。星位火次金，木次火。即二七与三八之相连也。土在上，即'河图'中宫五十也。左旋则土在中，今以右旋，故土在后也。五行生出之序，金位在四，试使金星天移在木土之间，自下数之，水火木金土，正得生出之序。今之异乎生出之序者，由金下而居二也。金在木火之上，火燃木以铄金，金畏之故下就水，藉子以自救也。不唯自救而已，又以解水火之战。受炎火之革，释金木之仇，固木土之根也。五行之初，水火并生即相战。水胜则火灭，火胜则水涸。有金以为之隔，而水火之战息矣。金性从革，畏火而亦喜火，来居火天之下，且在太阳天之下。二火锻之，而金愈精。唯从故能革也。木为五行之生机，金木相克，生机将息，金移其位，则木之仇去，而生机畅茂矣。木生于土，焚于火。金移其位，则木就土，著根者固，火焚之而不尽矣。'洛书'与'河图'三同二异，由西南火金易位也。五行相克之序，火在二，金在三。此则金在二，火在三。所谓金乘之位，火入金乡也。试使金火二天互易，则水火金木土，如相克之序矣。五行生出之序，本然之次第也。相生之序，气之顺行也。相克之序，性之逆制也。五星之序，则合三序而变之。兼有图书之理，自成清浊之次。而'河图'五方之位，实为之根。今禄命家以子丑属土，寅亥属木，卯戌属火，辰酉属金，巳申属水，其序正如五星之序。午属日，未属月，则太阳太阴二天，自相配也。"

二十八宿属七曜皆合乎数之明证

《精蕴》云："二十八宿之属七曜，以角木为首，四方之宿，皆以木金土居前，火水居后日月居中。从来地理家、演禽家、禄命家未有能言其故者。今发明之二十八者，四其七也，是因七政之高下次第，而以宿配之。一宿值一日也。每一日分为二十四分。二十四分者，二十四小时也。东方苍龙七宿，以角为首，故角属木。自上而下第二曜也。每一小时历一曜，三七二十一至土，二十二至木，二十三至火，二十四至日，则一日周偏。次日是亢，值日至金，故亢属金。木火日金隔四曜，后皆隔四曜数之，次土、次日、次月、次火、次水，而复于木也。中国有甲子，而不知以宿值日。西国唯以宿值日，不知有甲子。后来中西合为一，故今历亦有宿值日之法。西人谓开辟之初，一日为角宿也。地理家又以二十八宿分诸天盘之二十四向。乾坤艮巽属四木，辰戌丑未属四金，乙辛丁癸属四土，子午卯酉属君相火，甲庚丙壬属四火，寅申巳亥属四水。用之拨砂立向，亦有至理。宿有二十八，向止二十四。是子午卯酉，兼得四日四月也。月本是水之精，而以为相火亦有至理。先天离为日，坎为月。坎之数七，七本'河图'之火，故月为相火也。"

河图为物理根源一览图

河图数	一六	二七	三八	四九	五十
方位	北	南	东	西	中
五星	辰星	荧惑	岁星	太白	镇星
五行	水	火	木	金	土
五行之性	润下	炎上	曲直	从革	稼穑
五行之味	作咸入肾	作苦入心	作酸入肝	作辛入肺	作甘入脾
五时	冬	夏	春	秋	长夏中央土
五气	寒	热	风	燥	湿
日干	壬癸	丙丁	甲乙	庚辛	戊己
时①	藏	养	生	杀	该
五事②	听	视	貌	言	思
五用③	聪	明	恭	从	睿
五撝④	谋	哲	肃	乂	圣
庶征	雨	旸	燠	寒	风
休征	时雨	时旸	时燠	时寒	时风
咎	狂	僭	豫	急	急
咎征	恒雨	恒旸	恒燠	恒寒	恒风
五性⑤	智	礼	仁	义	信
五伦	夫妇有别	兄弟有序	父子有亲	君臣有义	朋友有信
五脏	肾	心	肝	肺	脾
五窍	耳	舌	目	鼻	口
五养	声	味	色	臭	饮食
五欲	欲声	欲味	欲色	欲臭	欲安佚
五音	羽	征	角	商	宫

① 出《太元》。

② 出《太元》。

③ 出《太元》。

④ 撝，佐也。出《太元》。

⑤ 出太元。

五声①	呻	笑	呼	哭	歌
五色	黑	赤	青	白	黄
五臭②	朽	焦	膻	腥	香
五体③	骨 华在发	脉 华在面	筋 华在爪	皮 华在毛	肉 华在唇四白
五脏④	志	神	魂	魄	意
五液	唾	汗	泪	涕	涎
五恶	肾恶燥	心恶热	肝恶风	肺恶寒	脾恶湿
五志	恐	喜	怒	忧	思
志伤 志胜	恐伤肾 思胜恐	喜伤心 恐胜喜	怒伤肝 悲胜怒	忧伤肺 喜胜忧	思伤脾 怒胜思
气伤 气胜	寒伤血 燥胜寒	热伤气 寒胜热	风伤筋 燥胜风	热伤皮毛 寒胜热	湿伤肉 风胜湿
味伤 味胜	咸伤血 甘胜咸	苦伤气 咸胜苦	酸伤筋 辛胜酸	辛伤皮毛 苦胜辛	甘伤肉 酸胜甘
变动	慄	呕	握	欬	哕
药养⑤	咸养脉	苦养气	酸养骨	辛养筋	甘养肉 滑养窍
五虫⑥	介	羽	鳞	毛	倮
五谷⑦	菽	黍	麦	麻	稷
五牲	豕	羊	鸡	犬	牛
五器⑧	准	绳	规	矩	度量

　　婺源江永曰："天下事物,皆出于五行,则皆根源于'河图'。事物不可胜图,举其目之最著者列之,亦足以该无穷之事物矣。"本编五事、五用、五摄之次序,悉从太元改正。

---

① 本《素问》。
② 本《月令》。
③ 本《素问》。
④ 以下皆《素问》。
⑤ 见《周礼》。
⑥ 见《月令》。
⑦ 本《月令注》。
⑧ 本《太元》。

述卜筮星相学卷二

一　卜筮星相学之源流^①

演纪作历之考证

王应麟《六经天文编》云："古法以纪蔀为宗，从伏羲先天甲寅。蔀，积周一千八百一十四纪，再入十五纪人元，一十有二蔀。当癸酉蔀岁在己丑，而生帝尧。至甲辰，岁十有六即位。越二十有一岁，得甲子。而演纪作历。是年天正冬至。日在虚一度。"按《易乾凿度》、《皇极经世》，及汉皇甫谧所载，并然。^②

《六经天文编》引汉上朱氏曰："昔者黄帝迎日推策，始作调历。阅世十一，历年五千。而更七历，至汉造历。岁在甲子，乃十一月冬至甲子朔，为入历之始。是时日月如合璧，复会于牵牛，距上元太初十四万三千一百二十七岁。盖日月盈缩，与天错行，积久闰差。君子必修治其历，以明四时之正。所谓四时之正者，冬至日月必会于牵牛之一度。而弦望晦朔分至启闭，皆得其正矣。"

依据太阳升降成岁之说明

《三才发秘》云："中华地面，在中天赤道北，三十六纬度下，实在天

---

①　下篇论气象。
② 蔀，音簿。古历法以十九年为一章，四章为一蔀，七十六年也。

中之北也。"太阳南下赤道外，二十四纬度，止而复起，[①] 是谓阳生。故仲冬为一阳之月，因太阳降极复升也。阳气一升，是为发生之始，故立为一岁之首，历一百八十二转有零。[②] 而进于赤道内二十四纬度，止而复南。行降下之令，是谓阴生。故仲夏为一阴之月，因太阳升极复降也。又露天中之月，爰为一岁之中也。历一百八十二转有零。又出于赤道外二十四度，止而复北。如是一升一降，为之一岁。然一升一降之期，遍历周天经度。故一岁定为三百六十五转四分转之一。将一岁之期，二十四分之，定为二十四气。四分之，定为四时，以合乎东南西北。春三月合乎东，夏三月合乎南，秋三月合乎西，冬三月合乎北。然阳生乎子半，子居正北之中，故南至在于仲冬之中气。正北方，子牛之机也。阴生午半，午居正南之位。故北至在于仲夏之中气。正南方，午半之理也。春秋二分，适平阴阳。故仲春、仲秋之中气，谓之两分。方在东西、卯酉之正也。故子午卯酉，为之四正。万物生旺收藏之机，悉从太阳旋转之气。故凡作用，当考真太阳历数，自然获福。"

四时、十二月、二十四气、七十二候皆本一气之说明

《六经·天文编》引黄氏曰："二十四气，本一气也。以一岁言之，则一气耳。以四时言之，则一气分而为四气。以十二月言之，则一气分而为六气。故六阴六阳，为十二气。又于六阴六阳之中，每一气分其初、终，则又裂而为二十四气。二十四气之中，每一气有三应。故又分而为三候，是为七十二候原其本始，实一气耳。自一而为四，自四而为十二，十二而为二十四，自二十四而为七十二。皆一气之节也。"

依据太阳成日定时之说明

《三才发秘》云："太阳圜转地周，谓之一日。将圜周分为十二分，立

---

① 地圆如球，中华在天中之北，故以南为下也。
② 转，即日也。古人以太阳周转为一日。

子、丑、寅、卯、辰、巳、午、未、申、酉、戌、亥十二字，以别之。子午定上下之中。卯酉居东西之正。丑寅住东北之维。未申安西南之位。戌亥分守西北。辰巳位列东南。北方属水，故亥子丑三辰之五行为水。东方属木，故寅卯辰三辰之五行为木。南方属火，故巳午未三辰之五行为火。西方属金，故申酉戌三辰之五行为金。土为天之中炁，附于四方之末。故辰戌丑未又为土。然四辰之土，非全土也各有相兼之性。丑土兼乎水，辰土兼乎木，未土兼乎火，戌土兼乎金。于中作用，当兼参其性，方得理气之真。以太阳所到某字，即为某辰。以正子时为日首者，阳起之机也。以夜子时为日尾者，阴极之义也。能明是理，十二支辰用其名，亦可。易其名，亦可矣。"

或谓支辰不过记四方之气耳。若以四行论之，东西南北四字，足以尽之矣。若以中气所寄，以五行论之，定二十字方可以精明其用。今不于四，而亦不于二十，必止于十二者，其故何欤？余曰："圣人定法不于四，而亦不于二十者，因太阳圜周三百六十五转，四分转之一。而与太阴交会者，则唯十有二焉。先圣止用十二字以别之。原夫阴阳会合之机运循环之妙，岂随意而设立者哉！"

依据太阳定时各国不同之说明

《发秘》云："一日十二时，皆从子正而定。因太阳一转之气始升也。然我方域之正卯，即东土之正午。西土之正子，下土之正酉也。我方域之正午，即东土之正酉。西土之正卯，下土之正子也。我方域之正酉，即东土之正子。西土之正午，下土之正卯也。我方域之正子，即东土之正卯。西土之正酉，下土之正午也。故上之阴极阳生，即为下之阳极阴生。东之阳极阴生，即为西之阴极阳生。此皆以太阳升降之气而定子午，非以我之子，上下东西皆子；我之丑，上下东西皆丑也。欲审干支者，此理宜明。古人有云："明察阴阳升降之机，方识干支消长之理。义当如是。"

珊按："能明乎此，不独中国人命可推，即东西各国人之命亦可推。盖五行衰旺，皆以时为准绳，中外虽殊其理则一也。

岁首从仲冬，年首从孟春之说明

《发秘》云："岁首者必取乎子之半，以子半为阳气初生之地也。三冬皆为北方之气，唯仲冬为正北之候，其中气乃正北之正中也。故岁首必定乎仲冬之中。或谓仲冬既可为岁首，也即可为年首。今年首不于仲冬而必于孟春者，何也？然春夏秋冬，即东南西北之气也。春令即东方之气，得寅卯辰之三支。寅卯辰乃太阳所出之地。① 阳气之所起，万物因之而生，故立为一年之首。取其气能为之发生也。夏令即南方之气，得巳午未之三辰。巳午未，乃日光之正位，阳气最盛之地也。故万物因之而茂。秋令即西方之气，得申酉戌之三辰。申酉戌，乃太阳入没之乡，阳气所收之地也。故万物亦因之而敛。冬令即北方之气，得亥子丑之三辰。亥子丑，乃不见日光之位，为太阳所藏之地。故万物亦因之而藏。虽子中有阳生之机，而不立于明地。不能有长生之功，故不立为年季之首也。"

又云："太阳所起处，为一岁之首。太阳所出处，为一年之首。故仲冬之月令子，孟春之月令寅，为万世之则法，理之不可易者也。"

陈耕山曰："夏以寅月为年首之正月，体天地之正气也。其后，周以子月为正月，乃仲冬之月而书春，非天时之正。"故夫子书之曰："春王正月。"言此春正月，乃时王之正月，非天时之正月也。孔子又曰："行夏之时。"亦示人当以寅月为年首矣。

周时数月实用夏正建寅之说明

《六经·天文编》引夏氏曰："春秋所书，乃孔子尊王，故以周正数之。其实周时数月，实用夏正。今七月、四月之诗可见矣。兼秦本纪亦以十月为岁首，则岁首但以十月为之而已，非改十月为正月也。"

---

① 夏至前后，日出寅入戌。两分前后，日出卯入酉。冬至前后，日出辰入申故云然也。

夏正建寅中有至理之说明

《天文编》引朱氏曰："阳气虽始于黄钟，而其月为建子，然犹潜于地中，而未有以见其生物之功也。历丑转寅，而三阳始备，于是叶风乃至，盛德在木，而春气应焉。古之圣人以是为生物之始，改岁之端。盖以人之所共见者言之，未有知其所由始也。至商周始以征伐有天下，于是更其正朔，定为一代之制，以新天下之耳目，而有三统之说。然以言乎天，则生物之功未著。以言乎地，则改岁之义不明。而凡四时五行之序，皆不得其中正。此孔子所以论考三王之制，而必行夏之时也。"

珊按：夏正建寅之理，朱氏言之最详。南海康氏《日本书目志》有云："日本近改用俄历，然是建丑。泰西以冬至后十日为岁首，是建子。仍不出孔子之三正也。缅甸建四月，马达加斯加建九月，今皆灭矣。天下无出三正外哉。信乎孔子之制远也。"由是观之，我国三正之制非同泛设，从可知矣。唯按诸日本大正丁卯年历书，载明一月一日乙未，乃是建子并非建丑。其二十四节气仍以建寅为主，可见日本改用俄历建丑之说至今并未实行也。

依据天正宿度定十二月建之说明

《发秘》云："月建者，乃十二月节令之名。古圣定于天正月躔宿度，非从斗构昏指宫辰为法也。天正一阳来复，天体始定。故即以太阳所躔宿度为之准。[①] 然天道左旋，日环地一周。而天左进一度，三十日有零，而左进一宫。故三十日有几，而易一建。三百六十五日有几，而易十二建也。南至乃子月之中气，得子辰之半也。历十五日有零，而天正建宿，则左进十五度，移于丑舍，故交小寒节而月建丑。再三十日有零，而天正建度，又进于寅矣。故交立春节而建寅。是皆以天正日躔宿度所建为定，曷

① 如唐虞月躔虚度，虚度即为建度。今清朝日躔箕，三箕即为建度是也。

尝以杓星所指为建哉。"

依据太阴成月之说明

《发秘》云："天之周，因太阳所躔，而定为三百六十五度，四分度之一。然太阳环地一周，而天左进一度。太阴右退十二度有几，太阳环地二十九周零。而太阴共退三百六十五度四分度之一，而复与日会，谓之一月，故太阴名之曰月。"

置闰之说明

《发秘》云："夫岁者，因太阳南北升降、东西旋转所由定也。太阳每周转，而列宿左进一度。凡三百六十五转四分转之一，而列宿复原会之所。却与升降之气合，谓之一岁。故一岁定为三百六十五日四分日之一。夫年者，以十二月而定四时者也。太阴每日不及太阳十二度有余。迟二十九日五零，而复退与日会，谓之一月。每十二月实止三百五十四日。当不及岁十日有零，但四时生杀之机悉由岁气而然，非从年月也。凡历三十四月，却差二十九日有零。将此二十九日零闰去，方与岁运合。则四时生长收藏之机，原与二十四气相配者也。不然，则寒暑贸易，四时舛错。九年后而夏为之春，再九年而秋亦为之春矣。生旺收藏岂能合于四时乎？故圣人置闰，原以齐岁日也。"

地支五行气有生旺衰之说明

陈耕山曰："无而有者谓之生，有而盛极谓之旺，盛极渐消谓之衰。此生旺衰三字之理义也。以时气论之，春为之生，夏为之旺，秋冬为之衰。以四隅论之，东为气之生，南为气之旺，西与北则为气之衰。以一日之气而论之，晨为气之生，昼为气之旺，昏为气之衰。此数者，举大体言者也。若夫五行之生旺消衰，天地亦有一定之机。木居其东，所统之支，乃寅卯辰之三位。寅居水位之界，叨北气之施生，为东方始生之气，当为木之生也。卯居东之正位，得本方正盛之气，故为木气之旺。过其正位，其气渐消。况南离之火欲窃其气而施生，故辰为木之衰。火位乎南，所统之支，乃巳午未之三辰。巳与木邻，仗东方母气而生，为南方始生之气也。故巳为火之生。午位离宫，本方正气，火旺可知。未临南方之末，气消体弱，又欲生中土，而泄气于西方。故为火之衰也。余西方之申酉戌，北方之亥子丑，理可类推矣。然此木火金水四行得天之阳气，已循环顺生，有旺衰之论矣。而土位乎中，其气之生旺消衰，又当从何字也。土位乎中，寄于四行之末，故辰戌丑未四辰之末半皆属乎土也。但此四支之土，其气有不同。辰土也，前虽受木之克，而辰初之木气已衰，后叨受火气相生，巳之机正发。故辰当为土之初气。未土也，虽气泄西方，适当盛火之余，其气之旺，唯斯为盛，而未当为土之旺。至于戌也，泄气在于前，克战临于后，而戌当为土之衰。至丑土也，克战在于前，受克临于后。其气至此，力何以堪，为衰之极也。故寅申巳亥辰为五行之生。子午卯酉未为五行之旺。辰戌丑未丑为五行之衰。此五行生、旺、消、衰之理气也。至于申为水生，亥为木生，寅为火生，巳为金生，此又乃合三正玄机之理，隔八相生之义，三合连珠之妙用。又不可执此而废彼也。"

三元运气之说明

陈耕山曰："元运之机，发于'洛书'。以花甲一周曰元，'洛书'飞吊曰运。花甲有干有支，'洛书'有数无名。故圣人以'洛书'之数而命名。曰：一白、二黑、三碧、四绿、五黄、六白、七赤、八白、九紫之称。即将文王后天又配为一坎、二坤、三震、四巽、五中、六乾、七兑、八艮、九离之卦。以便易于轮推也。然以干支而配'洛书'之数，必三周花甲、两运'洛书'而适齐。故花甲有上元、中元、下元之别，洛书有一白、四绿、七赤之运。干支首曰甲子，'洛书'初曰一白。故上元甲子六十载为坎卦统运。气旺于北，重初卦，为元运之首也。天道每岁顺行逆差，故'洛书'每岁顺飞逆运。运至六十，而终于五黄。故中元甲子起巽，而四绿为中元之统运也。又逆运六十，而止于八艮。故下元甲子起兑，而七赤即为下元之统运也。虽重元首卦为六十载之统运，然每岁中又各有主气也。如上元甲子，乃一白。坎卦主气，其岁气旺于北。乙丑则九紫。离卦主气，其岁之气又旺于南矣。然九紫虽旺南离，无奈一白坎水统运，气无所伸。故虽旺而不为旺也。又如中元甲子，乃四绿巽卦统运，其气旺于东南。乙丑则三碧，震卦主气，其岁之气，又旺于东矣。兼之统运同气，其旺可知。又如下元甲子，乃七赤，兑卦统运。其岁气旺于西，乙丑乃六白，乾卦主气，其岁气旺西北。更兼统运相同，亦气之最盛者也。然举此数卦，余可得而类求矣。总之，流年主气，合统运者为旺气。为统运所生者为生气，生统运者为失气。为统运所克者为死气，克统运者为煞气。此数语足悉元运理气之大旨矣，又奚烦多言哉！"

述卜筮星相学卷三

一　卜筮星相学与物理相通

格物致知十事

　　刘伯温《郁离子》云："天地之呼吸，吾于潮汐见之。祸福之素定，吾于梦寐之先兆见之。同声之相应，吾于琴之弦见之。同气之相求，吾于铁与磁石见之。鬼神之变化，吾于雷电见之。阴阳五行之消息，人命系其吉凶，吾于介鳞之于月见之。祭祀之非虚文，吾于豺獭见之。天枢之中，吾于子午之针见之。巫祝之理不无，吾于吹蛊见之。三辰六气之变，有占而必验，吾于人之脉色见之。观其著以知微，察其显而见隐，此格物致知要道也。不研其情，不索其故，梏于耳目而止，非知天人者矣。"①

　　珊按：此篇所论十事，曰天地，曰祸福，曰同声，曰同气，曰鬼神，曰阴阳五行，曰祭祀，曰天枢，曰巫祝，曰三辰六气。即证之以潮汐、梦寐、琴弦、铁石、雷电，及介鳞与月、豺獭，与夫子午针、吹蛊、脉色。一问一答，确凿无移。谓为足破不研其情，不索其故，梏于耳目而止者之大惑。不亦善乎？

---

　　① 蛊，公五切，音古。毒害人之物也。《左传》四虫为蛊，痴如蛊。吹蛊，鲍照歌"含沙射流影，吹蛊痛行晖"是也。

动、植、矿三物皆可为五行生克合冲之佐证

江都史念祖《俞俞斋文稿》云："阴阳五行，向背生克之说，君子不溺而信之，其理则宜参也。自来诋其说者，以宋仁宗'东家之西，即西家之东'二语称极智实至愚之论耳。天地之大也，万类处其中。方无定向，向各为方。虱不南，磁石之针不东西。然而，南行之人虱不死。挟针，而驰东西针不变。朝于东墙而避日。问诸东邻之西墙，有杲杲而已。苟必欲统大地远近，而合论之。则泰山未必东，太华未必西，祀事不必南郊，投畀亦无所谓有北也。国朝袁简斋以干支无义理，无殊一二三四之代数，诚代数也。羲卦亦代数，数成而义理见，义理见而吉凶生。祷子而得一三，求偶而遇二四。能谓其非证乎？且夫五行之气毋万类，纯杂厚薄，则变化而难穷矣。积油自燃，积水自苔，积火自灰，水贮金则不涸，金入土则自行。五金蕴而高山童，草种落而坚城崩。湿虫避燥土，木虫僵西风。鸡以冲而鸣卯，鼠以合而动丑。再胎之豕食赤蛇。貘貘惧火，蛟螭之属畏金。或强而慑弱，大而畏小，柔而破坚。大抵得气纯而厚者，其征专。得气杂而薄者，其征错。有难言之理，无无理之物。非博学不能知，徒博学不能尽知。吾尝浏览术数之书矣，未始不叹自古日星相卜、堪舆奇遁诸家，其至神奇者，亦仅得阴阳五行之蹉涔，而更不能无欲无尤乎？蒯通、华陀、郭璞、郭馨、李虚中辈，往往以用非其道而祸身。苟有人焉，静观万有，由万返一。超离乎吉凶祸福，而参阴阳五行自然之奥。则数不外道，固一格致天人之学也。君子唯当鉴其所得小，而所用不正。若以筝琶媚人，而疑五音之不能通神。文章欺世，而诋经传之不足致治。不亦俱哉！"①

珊按：此篇以虱不南，磁石之针不东西，朝于东墙而避日，问诸东邻之西墙，有杲杲而已。足破仁宗"东家之西，即西家之东"二语之愚。以羲卦亦代数，数成而义理见，义理见而吉凶生。祷子而得一三，求偶而遇二四，能谓其非征乎？足破袁简斋干支无义理，无殊一二三四代数之惑。

---

① 貘，音轧。貘貐类貙虎，爪食人迅走，貘，音陌，兽名。体小于驴，皮厚似犀。毛短、颈粗，眼小。鼻突出，长于下唇，屈伸自由，常食水芽果实之属，柔易驯。螭，音痴。旧说若龙而黄无角。亦作彲。

以积油自燃，积水自苔，积火自灰，水贮金则不涸，金入土则自行，证明五行相生。以五金蕴而高山童，草种落而坚城崩。湿虫避燥土，木虫僵西风。证明五行相克。鸡以冲而鸣卯，鼠以合而动丑。证明地支合冲。此等议论，斑斑可考。非格物致知读书明理者，不能道其只字。至于蒯通、华陀、郭璞等，用非其道而祸身，亦是平允之论。末谓以筝琶媚人，而疑五音之不能通神。文章欺世，而诋经传之不足致治。尤为精辟。立言如是，可不朽矣。

岁有三百六十日之物候

《空同子》云："时甲子，五日一周，周六而成月。月甲子，两月一周，周六而成岁。岁甲子，六十岁一周，周六而为三百六十。裸虫三百六十，而人长之。毛虫三百六十，而麟长之。羽虫三百六十，而凤长之。介虫三百六十，而龟长之。鳞虫三百六十，而龙长之。皆六之则也。"

岁有四时之物候

徐铉《图经本草》云："象胆随四时，春在前左足，夏在前右足，秋后左足，冬后右足也。淳化中，一象春毙。太宗命取胆不获，问铉，铉以此对，果得于前左足。"

岁有十二月之物候

《本草纲目》云："诸畜肝数皆定，唯獭肝一月一叶，十二月则十二叶。"

十二月次序之物候

段成式《酉阳鸡俎》云："鹧鸪飞数逐月。如正月一飞而止于窠中，不复起矣。"①

月建大小之物候

《埤雅》云："蝌蚪，月大尽先生前两足，小尽先生后两足。"

岁有闰月之物候

《埤雅》云："黄杨木，性坚致难长。俗云：'岁长一寸，闰年倒长一寸'。"

又云："藕生应月，月生一节，闰辄益一。"

《尔雅翼》云："牡丹遇闰岁花辄小。"又云："茈菰种水中，一茎收十二实。岁有闰，则十三实。"《调燮类编》云："茨菰一根环十二子，闰年十三子。"

《羽毛考异》云："凤尾十二翎，遇闰岁，生十三翎。今乐府小调尾声一十二板，以象凤尾。故曰尾声，或填四字，亦加一板以象闰。"

《石室奇方》云："棕榈俗名棕披，其本最堪为屦。其木应月生片棕，过闰则生半片。岁长十二节，闰年增半节。"

《云南志》云："和山花树，高六七丈。其质似桂，其花白。每朵十二瓣，应十二月。遇闰辄多一瓣，俗以为仙人遗种。"

又云："优昙花、在安宁州西北十里，曹溪寺右。状如莲，有十二瓣。

---

① 鹧，之夜切，音柘。鸪，攻乎切，音孤。鹧鸪，鸟名，形似斑鸠，胸有白色圆点，背有紫赤色波纹。

闰月则多一瓣，色白气香。种来西域，亦娑罗花类也。"

岁闰何月之物候

《遁甲书》云："梧桐可知闰月。无闰生十二叶，一边有六叶，从下数，一叶为一月，有闰则生十三叶。视叶小者，则知闰何月。"

正月之物候

《周书时训》云："立春之日，东风解冻。五日蛰虫始振，后五日鱼上冰。雨水之日獭祭鱼，后五日鸿雁北，后五日草木萌动。"

二月之物候

又曰："惊蛰之日桃始华，后五日仓庚鸣，后五日鹰化为鸠。春分之日元鸟至，后五日雷乃发声，后五日始电。"

三月之物候

又云："清明之日桐始华，后五日田鼠化为鴽，后五日虹始见。谷雨之日萍始生，后五日鸣鸠拂其羽，后五日戴胜降于桑。"①

---

① 鴽，音如，鸟名，鹌鹑之别称。

四月之物候

又云："立夏之日蝼蝈鸣，后五日蚯蚓出，后五日王瓜生。小满之日苦菜秀，后五日靡草死，后五日麦秋至。"

五月之物候

又云："芒种之日螳螂生，后五日鵙始鸣，后五日反舌无声。夏至之日鹿角解，后五日蝉始鸣，后五日半夏生。"①

六月之物候

又云："小暑之日温风始至，后五日蟋蟀居壁，后五日鹰乃学习。大暑之日腐草为萤，后五日土润溽暑，后五日大雨时行。"

七月之物候

又云："立秋之日凉风至，后五日白露降，后五日寒蝉鸣。处暑之日鹰乃祭鸟，后五日天地始肃，后五日农乃登谷。"

八月之物候

又云："白露之日鸿雁来，后五日元鸟归，后五日群鸟养。秋分之日

---

① 鵙，音决，鸟名，伯劳也。体长七八寸，嘴短。上嘴如钩而尖，其侧缘有齿，状缺刻，尾极长，止则上下摇动，亦名百舌，或作鴂。

雷始收声，后五日蛰虫坏户，后五日水始涸。"①

九月之物候

又云："寒露之日鸿雁来宾，后五日雀入大水为蛤，后五日菊有黄花。霜降之日豺乃祭兽戮禽，后五日草木黄落，后五日蛰虫咸俯。"

十月之物候

又云："立冬之日水始冰，后五日地始冻，后五日雉入大水为蜃。小雪之日虹藏不见，后五日天气上腾，地气下降，后五日闭塞而成冬。"

十一月之物候

又云："大雪之日鹖旦不鸣，后五日虎始交，后五日荔挺出。冬至之日蚯蚓结，后五日麋角解，后五日水泉动。"②

十二月之物候

又云："小寒之日雁北向，后五日鹊始巢，后五日雉雊。大寒之日鸡乳，后五日征鸟厉疾，后五日水泽腹坚。"③

---

① 坏，音培，盆也。以土封隙也。
② 鹖，音曷。旦，音旦。鹖旦，状如蝙蝠而大，亦名寒号虫。展翅达二尺余，尾小，头及腹部带赤色，余皆黑色。
③ 雉，音豸，鸟名。形状习性与难相类，雄者甚美丽，目赤，尾甚长，雌则否。栖息山野，食谷类嫩菜及虫，侵及禾嫁，故为害鸟。雊，音购。雉鸣也。

月令阴阳之物候

孟康《汉书注》云："冬至先三日，垂土炭于衡之两端，轻重适均。冬至，阳气至则炭重。夏至，阴气至则土重。"

《六经·天文编》引张氏曰："阳生于子，实兆于亥，故十月荠麦生。阴虽生于午，实兆于巳，故四月靡草死。"

朔望弦晦之物候

《大戴礼记》云："朱草日生一叶，至十五日，生十五叶。十六日，一叶落，终而复也。"《路史》云："朱草者，百草之精，状如小桑。栽子，长三四尺，支茎如珊瑚。生名山石岩之下，刺之如血。其叶生落随月晦朔，亦如蓂荚之类耳。"

《帝王世纪》云："尧时阶前蓂荚，每月朔日生一荚，至月半生十五荚。至十六日后，日落一荚，至月晦而尽。若月小则余一荚，厌而不落。故王者不必按历而知朔。"

《种树书》云："菠薐，过月朔乃生。今月初一、初二种，与二十七八日间种者，皆过来月初一乃生。验之信然。菠薐国菜名。"

《吕氏春秋》云："月也者，群阴之本也。月望则蚌蛤实，群阴盈。月晦则蚌蛤虚，群阴亏。"

《林泉随笔》云："婺州之属邑，曰浦江。其地有泉，名曰月泉。其水晦日则涸，月生明则渐泻出。未望则长，既望则满也。"

《埤雅》云："驴、马、驹，随母行。有在前者，有与母并者，有随后者。此由生时尔，月初生者在前，月半生者处中，月末生者居后。"

《西溪丛话》云："《会稽碑·论海潮》云：'随日而应月，依阴而附阳。盈于朔望，消于朏魄，虚于上下弦，息于辉朒'。"①

---

① 朏，音斐，月未盛之明也。

日有十二时之物候

《群芳谱》云："十二时竹，产蕲州。其竹绕节凸生子丑寅卯等十二字，点画可数。"

《岭表录异》云："十二时虫五色者，身尾长丈余，脑上连皆有髻鼠。草树上行极迅速，亦多在人家篱落间。"俗传云："一日随十二时变色因名之。"《埤雅》云："蜥易，日十二时变色故曰易也。"

《汉书·五行志》云："鸡者小畜，主司时，起居人。"注：至时而鸣，以为人起居之节。《埤雅》云："易曰巽为鸡，兑见而巽伏，故为鸡。鸡知时而善伏，故也。"《读书录》云："丑前鸡先鸣者，阳气动也，午中鸡亦鸣者，阴气动也。"

《陶朱公书》云："金钱，一名子午花。午开子落，吴人呼为夜落金钱。"

戊己二干之物候

《抱朴子》云："鹤知夜半，燕知戊己。"宋朱翌《猗觉寮记》云："燕作巢避戊己日。"白乐天《禽虫诗》云："燕违戊己，鹊避岁初。"明郎瑛《七修类稿》云："燕水鸟也，故名玄鸟。其来去皆避社日，不以戊己日取土为巢。《书》：戊己于巢则去，皆因土克水也。"

十二生肖之物候

《酉阳杂俎》云："十二辰虫，状似蛇医。脚长色青赤，肉鬛。暑月时见于篱壁间。俗云：'见者多称意事，其首倏忽更变为十二辰状'。"①

---

① 鬛，音猎，长须也。

珊按：《岁时广记》云："蛇医即蜥蜴，又名蝘蜓。"《字典》云："蜥音锡，蜥蜴，脊椎动物之一。长六七寸，有四脚，似壁虎，俗名四脚蛇。雌褐色，雄青绿色。舌短，尾易断。常栖石壁之隙，捕食细虫。蝘音偃，蝘蜓，脊椎动物之一。一名守宫，俗谓壁虎，状如蜥蜴。而体尤扁平，灰褐色，有四足。善缘墙壁，并不螫人。捕食昆虫，为有益动物。"据此则蜥蜴与蝘蜓似同实异，兹并录之，以俟博物家考证。

《本草纲目》云："象具十二生肖肉，各有分段。唯鼻是其本肉，胆不附肝，随月在诸肉间，如正月即在虎肉也。"

珊按：己酉秋，晤宋午庭先生。询以贵处东台，滨海之地，物产必饶。渠云："东海出产，以动物占多数，而尤以闰鱼为最奇异。盖寻常之鱼，无论巨细，形状不更，每年应时而出。闰鱼则非闰年不可见也。且形状不一，按所闰之年支生宵而变更焉。如子年则鼠首鱼尾，丑年则牛首鱼尾。推而至于寅年虎首、卯年兔首，无不酷肖。"光绪甲申闰月，余曾亲见闰鱼之形状：猴首鱼尾，身长十余丈，肋骨几及丈余者。但此鱼非人力所能捕获。必待海潮骤落，自毙沙滩。乙卯秋，又与叶子实先生纵谈及此，所见亦同。据二君之言，则海隅动物，有若此之灵异。地支生肖，有若是之明证。谁谓干支假设生肖无凭耶？[①]

火能克金，金能克木之物候

空同子云："麦种于秋，而焦于夏，火克金也。麦穗直而芒，有兵象焉。谷种之春，而焦丁秋，金克术也。谷穗垂而毛，有木象焉。"

① 此按会载拙著《命理探原》。

二 卜筮星相学与科学相通

五行之气合天地之气

五行，气也。气不可见，不可量，不可状。欲其易知，则姑以性情相似之水木火金土为名。老子所谓道不可道，无以名之，强名为道是也。执泥于实物，妄求其关合，是为不知神化，局拘于偏见，武断其虚无，是为未测高深。天地之气，蕴而未显者多矣！蠡测管窥，宁知广大？彼冷光死光未发见以前，又何尝可见可量可状耶！

得天地之气独厚者谓之人

人禀天地之气以生，而得气独厚者也。识者疑吾言乎，则试与求地球，尚在星云时代，何当有动植物种子之存在？其后以次而生，何一非气之所结？特禀受有所不同，则形状莫能不异。达尔文创为进化之说，遂开今日弱肉强食之风。其罪甚大，其见亦误。彼谓人实猴之进化，不知人自人，猴自猴。若谓形状相同，组织相同，则虎与猫皆肉食类[①]，大小虽不一，外表实相同，谓虎即猫之进化，岂不嗔乎！则人之得气独厚，与非猴之进化，亦可以悟矣。

① 动物家以猫虎为同科。

干支二十二字如化学之符号

干支二十有二，有为考据之学者谓即古之字母，并谓与欧文字母通。如甲（古文令）即 A，丁即 T 之类。吾未研字源，莫知究竟。要之古人以干支代表五行之阴阳正气杂气，正如今日之化学符号。然八字是一分子式，既有分子式，是其中之成分业已明布。据八字以断人一世之荣枯，谁谓其根据薄弱？独惜未精斯道者，不免有曲断误断之处。

十干阴阳之理证以电学、数学益明

甲为一数，为阳始，在干中为至尊。奇门遁甲（遁之为言隐也）隐之而不敢用也。凡数莫不始于一，穷于九（十复变为一）。无一则无二，又安得有九？一生二，二生三，生之不已，数逐繁赜。则一之为至尊，又岂待言？夫一生二，阳生阴也。二生三，阴复生阳也。阴阳相生之理，以电学证之即悟。至一生二，事似无稽，而实有至理。物有实体，亦必有影体。影体者，对体也。达摩面壁，影深入壁。方孝孺之血，沁入石中。至今犹留影像。其例不一，要之皆自实体传来。故今之相对论者，于第二空间之外，更倡第三、第四空间之说，即悟此理。物之影射，久后凝为别一物，势有固然（俗谓茯苓为松影凝结而生，吾幼时尝于松树下得之。小而易碎，虽不敢遽下断语，谓即松影所生，然终未释其疑。若科学家则必断言无此理。虽然今之科学未达止境，以后来所得取消前说者多矣。镭锭传光，别金属得之，亦具有发光之性质。虽小可以喻大也）。以次蜕变，不难自二而三，而四而五矣，又何疑焉？

一三五七九，阳数；二四六八十，阴数。阳奇阴偶，诸数之中，唯一之数，体用兼备。其自乘再乘数，虽永不再变，而为点、为线、为圆、为平方、为立方。莫不以一己之力，无得于外来之数。他数不能也。如二自乘为四，成平方矣。若欲成为立方，非以六乘之不可。十百千万亿，以迄秭归，皆一也。特方位不同耳。一进为十（阳变阴，复返于阳）。两十相乘，斯百矣。再乘一十，斯千矣，万亿犹是法也。而平方、立方各具焉。虽然以一乘一，数仍一也。以一乘万，万数仍不变也。而前一隐而不可见矣（二乘二为四，原数犹可寻，拆之即见也。若一拆之，则为零五，不成原数）。故前之一名为本一，后之一名为始一。

十二地支子水居首证以地质学生理学益明

地支以子为首，子水也。万物莫能外水，有之则生，无之则死。人体含水至百分之七十，无论矣！乃至金属之中，亦有结晶水。在地学家，谓地球之生人类，实在洪水以后。将来人类，亦因水分蒸发净尽而灭绝，可见水之重要。以子首列，俱见命理实合科学。

甲木乙木截然不同之明证

甲为阳木，生亥死午；乙为阴木，生午死亥。正律吕隔八相生之理。然木无二致，顾何以生死不同地，或言阴阳不同类之故。然犹未能更进一解也。余谓乙实甲之蜕体。何以言之？乙者一也，在木类之中，甲属本一，乙属始一。本一隐，则始一出。甲生于亥，长于辰。所谓乾始巽齐，辰巳同居巽宫。辰独为水库，言阳木至是，生机至足。故曰"木道乃大"。大凡造化之理，盛极则衰。甲至辰已有衰象，至巳乾道乃革，盖巳受兑化，庚金辰生于此，巳又属火，木至此一受庚克，再受火焚，所剩者只有余气。言死午者，指乙代生之地也。正庄子"方生方死，方死方生"之义。由先天亥起数，至后天巳止，正七位。又由后天子起数，至后天午止，亦正七位。物之数，七止而九穷。甲由亥到巳，而不知取返。乃复强越以致受灾。乙代甲生，阴乘阳位，子代父兴。更变其经行之道，不自申前进，而自午逆转。《蛊卦》爻辞曰："裕父之蛊，往未得也。"此阴数所以逆行也。植物家谓山林屡经火灾，则乔木留根者初变而成笹，再长而为竹。乙实甲蜕，与五行家名甲为乔木，名乙为花木，观此不更明乎？北方竹科植物少，愈北则其类绝。以次往南，不独种类繁多，且愈壮大，是其明证。

戊土己土截然不同之明证

《命书》谓戊乃城墙堤岸之土。词句鄙俚，义亦隐晦。余谓戊长生于寅，寅为艮宫，艮为山。山之始皆石，凡石无不含金属。水冲之，风化之，而成土焉。既成为土，则金与土杂。而于此可见土生金之说也。西门德土三合土之原料，皆取自山石。故质性坚凝，深合建筑要塞之用。实与文义合也。若山土之含腐败木叶及诸有机物者，其色黑。地质学上名为壤土，命书名己土，为田园之土，实即指此。铝即取自壤土者（铝以白矾中为最多。白矾虽开自矿中，然亦随地可得。但制法颇繁，须以极强电力分之）。且壤土亦多含铁质，故己土亦能生金也。

金能生水、金沉怕水均合化学之原理

庚金死子，辛金生子，阳死阴生。观甲乙代替之理，不难昭知。五行之说，以庚比顽金，辛喻珠玉。其说当否，姑不具论。至言金能生水，吾初大诧。不独中外所未闻，抑且书籍所不载。《淮南子》虽有金与金相守则流之说。意谓两金磨擦过久，生热而熔，与生水无关也。嗣细绎其义，知五行乃气。气不可以有形质者证之。然假道于实物以说明，其道终近。凡酸类皆有熔金为水之性。即以水言之，水含氢氧二质，氧即酸也，何以与氢合？化学家谓氢之性颇类金属，故有准金属之名。意者金之生水，或即与酸类化合乎？若夫夏季铁物，表面满集水点，俗所谓流汗者，乃空中水气集合于金属面，似与生水无关也。

《命书》有"金沉怕水乡"之句。解谓金之日主，遇四柱水多，则其人不发达。余谓金之怕水多，实即铁物沉于深水之中，遇水酸化生锈之理。年代愈久，锈愈深，终乃消磨净尽，而融解矣。地中之水，无不含铁质、满俺（锰）及石灰质。此三者皆金属也。金既化尽，尚有可表见者乎？

强木喜金、弱木忌金、及戊癸化火之说均合化学之原理

《命书》有"梁栋材喜与斧斤为友"之句，言阳木得少金，则相得益彰也。又云"牛山濯濯"，言多金则木败也。盖木无土不生，木之生活原质，直接取诸土，即间接摄诸金。试以木灰分析之，其中矿质颇多。故木不能无金，即木喜金之说也。但金太多，则木反枯。如以石灰堆之树下，树无不死，此金多木败之明证也。

戊癸化火之说（土与水合生火），可以亚色知林及石灰与钠之类证明得之。盖此类金属，得水或生强热，或发火光。土既含杂质，不少钙类之物，遇水有发热之性。但水少则然，水多则热为所夺。故有"戊癸化火入水乡，其光不显"之说。

珊按：以上九篇录自《命理商榷》。此书为古闽陈杰先生所著，议论宏通，中西一贯。读之可知命学与科学，有息息相通之妙。非向壁虚造者所可同日而语也。

干支五行之数学[①]

　　武进金雯琦**圣瑞**《干支五行之数学研究》云："瑞读星命诸书，见昔人之精斯道者，类能知数。且有述算书与星命诸作并传不朽，余始疑星命学与数学相为表里焉。近观虚数学，觉其循环往复之理与干支之周而复始隐相契合。乃列干支五行为等分角，以虚数运算之，果井然有条。即用以解生克合冲之数，亦莫不纤悉无讹。夫干支肇端于羲皇以上，而虚数创制才二百年。远近相悬，何止千禩。按其学理，竟能合若剖符。可见星命之学，渊源有自，是以历久不磨。所可异者，秦火并未及卜筮之书，何以先贤名著荡然无存？今欲求一确定干支五行及生克合冲之精义，亦渺不可得，岂非一大怪事哉！迩来闻有读书明理之士，每有以科学阐发星命学者，成绩颇多，殊为欣幸。他日增高继长，集腋成裘，吾知星命学之自成科学，可断言也。为此不惭谫陋，谨贡所知，唯希海内通人匡正之。先用极坐标作 $\sqrt[5]{1}\sqrt[10]{1}\sqrt[12]{1}$ 及 $\sqrt[60]{1}$ 之图解，次将五行、十干、十二支、六十甲子顺次置之图上，则五行、十干、十二支、六十甲子、各得一杂数以表示之，兹分图于后。"〔为便利计，命 $\varnothing$（c）＝（cosc＋sine）〕

---

① 附推测五行天干地支甲子等算式。

第一图　关于五行者

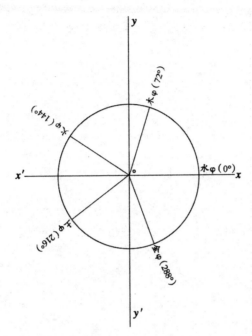

（图注）始于木而继以火土金水者，取其顺次相生，而便于与第二图配合故也。

（一）五行相比　五行相比，则其杂数之商为一。

例　金与金比，则$\dfrac{\phi(288°)}{\phi(288°)}=1$

（二）五行相生　五行相生，则其杂数之商为 ø（±72°）者，而其商为 ø（+72°）者，谓之我生彼；其商为 ø（-72°）者，谓之彼生我（以除数为我，被除数为彼，下仿此）。

例一　火生土，则$\dfrac{\phi(216°)}{\phi(144°)}=\phi(72°)$

例二　木被水生，则$\dfrac{\phi(0°)}{\phi(72°)}=\phi(-72°)$

（三）五行相克　五行相克，则其杂数之商为 ø（±144°），而其商为 ø（+144°）者，谓之我克彼；其商为 ø（-144°）者，谓之彼克我。

例一　木克土，则$\dfrac{\phi(216°)}{\phi(72°)}=\phi(144°)$

例二　金被火克，则 $\dfrac{\varnothing\,(144°)}{\varnothing\,(288°)}=\varnothing\,(-144°)$

第二图　关于天干者

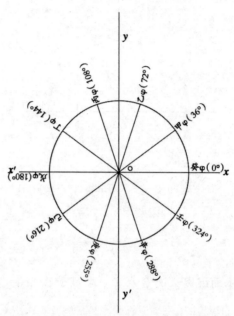

（图注）不以戊己置之中央者，为数学上之便利故也。

（四）五合五行　两干相合，则其杂数之和为零，而其所化出五行之杂数，为任一干杂数之平方之所克者〔设任一干之杂数为 $\varnothing\,(x)$，则所化出五行之杂数为 $\varnothing^2\,(X)\,\varnothing\,(144°)=\varnothing\,(2x+144°)$，X 用六十分法，下仿此〕

例　丙与辛合化水，则丙辛之两杂和，为 $\varnothing\,(108°)+\varnothing\,(288°)=0$。而其所化出五行之杂数，以丙求之，为 $\varnothing\,(2\times108°+144°)=\varnothing\,(0°)$。即水之杂数，以辛求之，为 $\varnothing\,(2\times288°+144°)=\varnothing\,(0°)$，亦即水之杂数。

（五）十干配五行　设某干之杂数为 $\varnothing\,(x)$，配之五行，为

$$\varnothing\left\{x+\left[1-(-1)^{\frac{x}{36°}}\right]\times18°\right\}$$

例　以戊配五行，为 $\varnothing\left[180°+\left\{1-(-1)^{\frac{180°}{36°}}\right\}\times18°\right]=\varnothing$
(216°)，即土之杂数。

（附记）用此条与第一二三条可推十干生克，兹故略之。

第三图　关于地支者

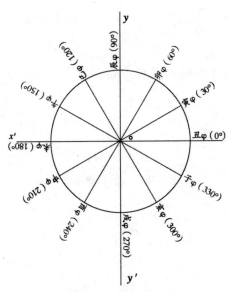

（图注）四轴之上，置之四墓。盖土乃五行中之最奇特者，如此排列，且符"天开于子，地辟于丑，人生于寅"之意。

（六）六冲　两支相冲，则其杂数之和为零。

例　卯酉相冲，则 $\phi(60°)+\phi(240°)=0$

（七）六合

一、今经纬轴转过（-15°），则相合两支之杂数成共轭。

二、两支相合，则其杂数之积为 $\phi(-30°)$。

例一　巳与申合，经纬轴转过（-15°）后，巳之杂数、由 $\phi(120°)$ 变为 $\phi(135°)$；申之杂数，由 $\phi(210°)$ 变为 $\phi(225°)$，其和为 $\phi(135°)+\phi(225°)=2\cos45°=$ 一实数。

例二　卯戌相合则 $\phi(60°)\,\phi(270°)=\phi(-30°)$。

（八）六害

一、今经纬轴转过 75°，则相害两支之杂数成共轭。

二、两支相害，则其杂数之积为 $\phi(150°)$。

例一　子未相害，经纬轴转过 75° 后，子之杂数由 $\phi(330°)$ 变为 ϕ

（225°）；未之杂数，由 ø（180°）变为 ø（105°），其和为 ø（225°）＋ø（105°）＝－2cos75°＝－实数。

例二　寅巳相害，则 ø（30°）ø（120°）＝ø（150°）。

（九）三合五行　三地支合局，则其杂数之和为零，而其所合成五行之杂数，为 ø $\left[(7-\dfrac{x+y+z}{90°})\times 72°\right]$ ×Y 及 Z，为相合三地支。各杂数之幅，唯以小于一周天之正角为限。

例　亥卯未三合木局，则其杂数之和为 ø（60°）＋ø（180°）＋ø（300°）＝0，而其合成五行之杂数为 ø $\left[(7)-(\dfrac{60°+180°+300°}{90°})\times 72°\right]$ ＝ø（72°），即木之杂数。

第四图　关于甲子者

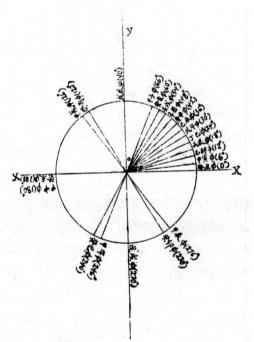

（图注）不始于甲子，而始于甲寅者，为谋与第二、第三两图配合上之便利故也。

（十）干支、杂数与甲子杂数之关系。

一、任何甲子之干、之杂数，等于该甲子杂数之六次方，其支则等于其五次方。〔设某甲子之杂数为 ø（x），则其干之杂数为 $ø^6$（1）＝ø（6x），支之杂数为 $ø^5$（x）＝ø（5x）〕

二、任何甲子之杂数，等于其地支杂数除天干杂数之商。（设某甲子之杂数为 ø（2），干之杂数为 ø（x），支之杂数为 ø（y），则得 ø（2）＝$\dfrac{ø（x）}{ø（y）}$＝ø（x－y）。此公式天干在上，地支在下，与书甲子之法适同，故颇易记忆）

例一　辛丑之杂数为 ø（288°），故辛之杂数为 ø（6×288°）＝ø（288°），丑之杂数为 ø（5×288°）＝ø（0°）。

例二　丙之杂数为 ø（108°），午之杂数为 ø（150），故丙午之杂数为 ø（108°－150°）＝ø（318°）。

兹更就上之 ø（2）＝$\dfrac{ø（x）}{ø（y）}$＝ø（x－y）公式而讨论之。设有人焉，别作干支一种。干五，支十二，则其最小公倍数亦为六十。以之纪年月日时，亦无所不便。然上之公式已不复适用矣，然则如何方能适于上之公式乎？曰：须具次之条件：

$$\frac{2π}{x}-\frac{2π}{y}=\frac{2π}{L} \text{ 或 } \frac{1}{x}-\frac{1}{y}=\frac{1}{L} \qquad \therefore L（y-x）＝xy$$

（x＝所定天干数，y＝所定地支数，L＝x 与 y 之最小公倍数）

以言语表示之，即干支数之最小公倍数与支数减干数之差之积。适等于干数与支数之积者，方能适用上之公式。易言之，如欲适用上之公式，则必支数减干数之差，适为干支数之最大公约数者方可。今十干十二支之规定具此条件矣。抑尤有进者，两数之最小公倍数为六十者计二十三组，即（1，60）（2，60）（3，60）（4，60）（5，60）（6，60）（10，60）（12，60）（15，60）（20，60）（30，60）（60，60）（4，30）（12，30）（20，30）（3，20）（6，20）（12，20）（15，20）（4，15）（12，15）（5，12）（10，12）是也。其中唯（10，12）（12，15）（15，20）（20，30）（30，60）五组具上之条件，而尤以（10，12）一组为最小，今取之为干支之数，似非偶然之事。此不过以数学方法略加讨论，已觉奇妙。至于先贤作十干十二支之真义，则非末学所敢窥测矣。

　　珊按：一二三四五，数也；干支五行，亦数也。皆发源于"河图"

"洛书。"宋儒王伯厚《三字经》云："曰水火，木金土。此五行，本乎数。"要言不烦，中有至理。及读《书经》、《管子》、《春秋繁露》、《白虎通》《汉书·五行志》、《淮南子》、《本经训》等书，有言数者，有言象者，要其大体，仍本乎数。江慎修《河洛精蕴》、言之綦详。并引用《启蒙附论》、勾三其积九，股四其积十六，弦五其积二十五，合之五十，是大衍之数。函勾、股、弦、三面积云云。故论五行八卦，多以勾股法证明之。惜珊赋性椎鲁，未能领会。是以拙著东涂西抹，依样葫芦。新义卒鲜，殊为惭恧。金雯琦①先生读书敦品，设教东吴。其于数学，尤有心得。辱承谬采虚声，函示《干支五行之数学研究》一篇。其论生克合冲，纯粹以算术推演说明。公式自然，不假造作。丝丝入扣，左右逢源。此诚有功命学之大著，兹特敬录原文，附载拙著之中，以公同好。倘蒙海内高明，不吝珠玉，多方赐教，为命学开一新纪元。不独金君之道不孤，而珊亦获益匪浅。其欣幸为何如哉！②

星学直同于科学

聂云台《耕心斋随笔》云："日昨与谈组盦先生谈及业命之理。先生以为星命之理殊为难解。谓为渺茫，而有奇中。"予问曰："闻交勤公有一命批悉验，有之乎？"先生曰："然。先文勤公生甫三岁，先王父方授蒙馆于外。岁俸所入，才十余千耳。适有友善星命，即倩其为文勤公批一命。此纸今尚保存，距批时已百年矣，其言某年进学、中举、中进士皆验。唯点翰林则批为得知县，此其差误，然同为七品也。厥后某年当在浙，某年当在陕，亦奇验。又言六十八岁当归田，则又验。言七十二岁当寿终。并批云：'若有阴德，当延寿一纪。'厥后七十二岁果大病，几不起，旋愈。果以八十四岁终，又奇验。以是知《因果书》所载'阴德延寿一纪'之说，信有之。昔年闻陈散原先生言：'梦其尊人右铭'。中丞告之云：'冯煦当延寿一纪'。时梦老七十三岁，正大病，果愈。距去岁殁时，恰十二年也"云云。予谓星命与代数同一理，彼以干支等字代数字，此以干支代

---

① 圣瑞。
② 此按会载增订《命理探原》中。

人事。数字十而已而自相乘除，至于无量无边之变数。人事原本繁复，又复自相乘除，亦成为无量无边之变相。亦不外消极生灭，而见为祸福吉凶。星家以干支各字分代妻、财、子、官，又各代五行之一事。以五行互为生克之理，得荣辱盛衰、死生祸福之数。乃至地方分野亦在干支分配之中。循是以求，居然合节。然究以一字兼代数事，非若代数一字代一数之明白确定。且人事生克消极，繁复变幻，又远甚于算术。故时不免于差误，然在头脑冷静之星学家，竟能推算十得八九。盖星学直同于科学，凡按其方法以布算者，其所得程式皆同。予有亲友数人，皆精此道，言多奇中。皆自阅书而迹其法，未尝从师也。能循定法，以得其数。非科学乎？予尝撰《业命说》，言命定之有据，而心力改造命运之亦有据。及袁了凡《立命说》之确切精当，如组盦先生所言阴德延寿、一纪二事，皆预言而悉验者。知古人笔记所言类此之事非诬，益以证了凡改造命运之可信矣。以是推之，则四品变为一品，知县变为翰林，安知非阴德改造命运乎？予初不信星命之说，凡常人致疑于星命者，予悉同之。后证以昔年先君八字之奇验，及奎乐峰制军八字之奇验，及其他种征验，始知其真确有据。近研佛学，而知业命之由于自造，则唯向本源处努力可矣。知命运之可以改造，则存心制行，益不敢苟且矣。

珊按：曩阅《如皋冒氏族谱》，附载其某世祖八字命章乃明刘伯温先生[1]原评，所批事实，奇验异常；至文章渊雅，更不待言。惜余匆匆读过，未及录存。聂云台先生此篇谓谈文勤公命章，距批时已有百年，今尚保存。证以《冒氏族谱》附载青田命章之事，诚如出一辙也。

堪舆之理实与科学相通

近人寄弈颠生《鸡肋偶谈》云："中国言地学尚矣。然近所谓风俗地理、文明地理、形胜地理要皆由堪舆地理演绎而出也。"[2]

"新学之士以迷信祸福捂之，谓为无科学研究之价值，殊属可哂。余蠹余之暇，间究山川形变、阴阳气化，兼取化学、电学、光学，暨天算、

---

① 基。

② 中国大都会、大商埠皆不出堪舆范围，读《撼疑二龙经》可知。

地文、地质诸书读之。乃知堪舆之理，莫不与科学相通也。"[1]

又云："堪舆家所最重者为神火精。质言之，即先天水火二气。换言之，即电气。盖人类骨殖如珊瑚，为微虫所结。其人虽死，骨虫之生气，依然存在。"《葬经》云："凝结者成骨，死而独留。"此言殊有至理。故葬法藉阴阳之气以代血肉，[2] 俾骨殖吸收此二气，得以煦燠荣养，犹之农学以电催苗也。至山川融结，万象森罗，美恶妍媸，随类各应。犹之光学以镜摄影也。而况葬法以天地为炉，阴阳为炭。实一最大、最要、最灵活之机器，安得谓为无科学研究之价值哉！

又云："堪舆家'气感而应，鬼福及人'之说，人每疑之。殊不知医书载明人身有肾脏，为父母原精之所。著于人身，与父母之气感最为亲切。所以父母葬地之吉凶与人子息息相通，有密切之关系。"郭璞有云："铜山西崩，灵钟东应。"此诚善喻者也。若证以近日无线电，其理益明。不实唯是，即证以区区物理，如鳖以思感，鹤以风感，螟蛉以声感。其理已不可思议。而况祖孙父子一脉相传之血统，其吉凶祸福有不气感而应者乎？

珊按：泰兴张君观青[3]于地学研究有得，余素所钦佩。日昨偶相过从，知余是编行将脱稿。特以钞本《鸡肋偶谈》见示。余爱其说理新颖，爰节录三则，以公同好。

---

[1] 西人造宅讲求贮纳空乏，颇得堪舆神髓。观其在中国租界及各州县教堂，无一不占堪舆之要点。

[2] 配置五行与配置化学七十三原质其义相同。独惜吾国五行未分晰其名耳。

[3] 振宇。

述卜筮星相学卷四

一 卜筮星相学具有天人相感之理预测吉凶

三才一气

《六经·天文编》引黄氏曰："太极未判，天、地、人三才函于其中，谓之混沌。混沌云者，言天地人浑然而未分也。太极既判，轻清者为天，重浊者为地。清浊浑者，为人轻清者，气也，重浊者，形也；形气合者，人也。故凡气之发见于天者，皆太极中自然之理。运而为日月，分而为五星，列为二十八舍，会而为斗极。莫不皆有常理，与人道相应，可以理而知矣。"

珊按：此言天地之气，与人道相应。借卜筮星相之学理以鉴别之，不更彰明较著乎？

人身之阴阳五行

宋钱唐王达《蠡海集》云："阳之数，一三五七九；阴之数，二四六八十。盖阳之数，有首而无尾；阴之数，有尾而无首。是以阳会于首而不至于足，阴会于足而不至于首也。"

人之水沟穴在鼻下口上，一名人中。盖居人身天地之中也。天气通于鼻，地气通于口。天食人以五气，鼻受之；地食人以五味，口受之。穴居其中，故名曰人中。或曰：人有九窍，自人中以上者皆两，自人中以下者皆一。若天地交泰之义者，则凿矣。

凡人之身，人中自尾间为督脉，属阳。龈交至会阴为任脉，属阴。两臂表为阳，里为阴。在身之上，应天倾西北、故臂敛归内，两股外。后为阳，内前为阴。在身之下，应地不满东南，故膝屈向后。身之上象西北法天，为阴不足也；身之下象东南法地，为阳不足也。

七政丽乎天，七窍在乎首。七政之见，在于极之南；七窍之用，在于面之前。黄道经南天以行，七政倾于前也，故人之鞠躬亦向前。

耳目为阳也。故便左，手足为阴也；故便右，亦天地之义尔。

男得阳气根于子，女得阴气根于午。男子之生也，抱母，向于子；女子之生也，负母，向于午也。或曰：'男生必伏，女生必偃'。谓男阳气在背，女阳气在腹。予以为非阳气也，乃生气也。男气盛于阳，女气盛于阴，背为阳，腹为阴。观溺水而死者可知矣，男伏而女偃。

禽兽之音偏于一，故无智，虽有智亦偏一。巧舌纵多转声，亦不具五音也。人之音，外纪五行，内应五藏，各无欠缺。故人为万物之灵也。

人得五行之全，故众体具则无物不唉。庶物得五行之偏，故无纯体。无纯体则刍者不豢，豢者不刍。食粒者不嗜肉，嗜肉者不食粒。

人之身体随二气以相感。冬之日坎用事，阳在内，喜嗜热物，滋其阳也。夏之日离用事，阴在内，喜嗜洽物，益其阴也。各从其类耳。

人之身法乎天地，最为清切。且如天地以巳午申酉居前在上，故人之心肺处于前上。亥子寅卯居后在下，故人之肾肝处于后下也。其他四肢百骸莫不法乎天地，是以为万物之灵。"

珊按：以上十则具言人之一身，莫不与天地、阴阳、五行相合。可见卜筮星相之学说，与人有密切关系。《晋书·艺术传》序谓："为先王以是决犹豫，定吉凶，审存亡，省祸福。幽赞冥符，弼成人事。既兴利而除害，亦威重而立权。"非过誉也。

五行大数

《六经·天文编》引王氏曰："自天一至于天五，五行之生数也。以奇生者成而偶，以偶生者成而奇。其成之者皆五，五者天数之中也。盖中者所以成物也道立于两，成于三，变于五。而天地之数具其为十也偶之而已。盖五行之为物，其时、其位、其材、其气、其性、其形、其事、其情、其色、其声、其臭、其味皆各有偶。推而散之，无所不通。一柔一刚，一晦一明。故有正有邪，有美有恶，有丑有好，有凶有吉。性命之理，道德之意皆在是矣。"

珊按：《鹖冠子》云："圣人按数。"《书经》云："天之历数在汝躬。"《易》云："天数地数，大衍之数。"鬼谷子云："百度一数。"沈约云："理生于数。"《素书》云："通乎成败数。"《蜀志·郤正传》云："进退任数。"《旧唐书·韦嗣立传》云："阴阳运数，非人智力所能及。"宋儒王伯厚《三字经》云："曰水火木金土，此五行本乎数。"《四库全书提要》谓："卜筮星相学专书论阴阳五行，列为术数由是观之。数之义，大矣哉。而况人有仑数，事有定数。倚伏存亡，浮沉升降，莫不有数。故智者占数知数，咸谓数不可逃，甚至学数治数。间有特殊变敷者，非适然之数，即是异数。若欲违天之数，而不言数，及至智穷力索，蹈覆逆之数。虽欲习数究数，亦不可得。"王氏此篇论数，简明精辟。谓为推而散之，无所不通。性命之理，道德之意，皆在是矣。此诚错综其数、穷微尽数之言，留心数理者，首当知此。

消息盈虚必须明常变之理

《六经·天文编》引王氏曰："凡物理，有常必有变。虽天地之运动往来、消息盈虚，可以逆其必然者，常也。若其变则无所不至，可知而不可必也。"

珊按：春温、夏热、秋凉、冬寒，此其常也。若春寒、夏凉、秋热、冬温，则为变矣。父慈、子孝、兄友、弟恭、夫和、妇顺，此其常也。若慈而不孝，孝而不慈。友而不恭，恭而不友。和而不顺，顺而不和。则变矣。要其常理自不可废，盖变止一时，常可万世。能明乎此，可与言卜筮星相学矣。

周　易

《史记·日者传》云："今夫卜者必法天地、象四时，顺于仁义。分策定卦，旋式正綦。然后言天地之利害，事之成败。昔先王之定国家，必先龟策日月，而后乃敢代。正时日，乃后人。家产子，必先占吉凶，后乃有之。自伏羲作八卦，周文王演三百八十四爻，而天下治。越王勾践仿文王八卦以破敌国，霸天下。由是言之，卜筮有何负哉。"

太 乙

《四库简明目录》云："《太乙金镜经》十卷，唐开元中王希明奉敕撰。其中唯太乙积年，至宋景祐元年，则后人所附益也。《补史记·日者传》载占法七家，太乙居其一。其说以一为太极，太极生二目。二目生四辅，四辅生八将。错综以推吉凶，古书今已不传。希明参校众法，尚能括其纲领。"

遁 甲

《简明目录》云："《遁甲演义》二卷，明程道生撰。言遁甲者祖'洛书'，其实乃《易乾凿度》太乙九宫法也。于诸术数中，最有理致，是编亦颇得其精要。"

六 壬

《四库全书提要》云："六壬与遁甲、太乙，世谓之三式、而六壬其传尤古，大抵数根于五行。而五行始于水，举阴以起阳故称壬。举成以该生，故曰六。其法有天地盘与神将相临，虽渐近奇遁九宫之式。然大旨原本羲爻，盖亦易象之支流推而衍之者矣。"

棋 卜

刘敬叔《异苑》云："十二棋卜出自张文成，受法于黄石公。行师用兵，万不失一。逮至东方朔，密以占众事。自此以后秘而不传。晋宁康初，襄城寺法味道人忽见一老公，著黄皮衣，竹筒盛此书以授法味。无何失所在，逐流于世云。"

《简明目录》云："《灵棋经》二卷旧本题东方朔撰，或题淮南王刘安撰。皆依托也。然考以《南史》所引，此书实出于六朝。故《隋志》已著录。其法以棋十二枚，以所掷面背相乘得。一百二十四卦，卦各有繇词。其文雅奥，非后世术家所能伪。刘基之注似亦非依托。"

珊按：《事物原始》云："张良始造棋卜"《异苑》云："十二棋卜，出自张文成，受法于黄石公。"此说不谋而合，信而有征。虽《简明目录》云："《灵棋经》一书非东方朔撰。而刘基之注，谓为似非依托。"可见棋卜实为古占法之一种也。

字　卜

白岳程芝云云："字，孳也。胡为乎测，测胡为乎验？无他，占卜寓也，测字亦寓也。凡人之视听智虑，无不可寓者。验则人心之灵为之也。推之，钱可掷，茭可卜，镜可听，筊可投。而谓天惊鬼哭之书契，晰勾摘画，触类而变通之。有不能断天下之疑者哉！然有说焉，口承天为吴，山上山为出，卯金刀为刘。按之《六书》，皆非正义。而天倪妙合，省文旁借，理可前知。此字之莫神乎测也。"

盦山方文云："《六书》之学，莫妙于会意。会意之妙，在合众体以成文。如止戈为武，力田为男，背私为公，一勺为与，十口为古。大可为奇之类，此二体合也。盥字从水、从皿，指事。从臼而取之，会意。尘字从广无里，指事。从土而分之，会意。巫字从二象天地形。从人、从口、从又谓人在天地间，口谋之，手为之，时不可失，会意。爨字从同象戏形，从冖象突形，一人两手安戏于其上，而又一人两手折薪投之火中，会意。则合三体以至六体。其字甚多，不可胜数。夫小篆变自李斯，《说文》昉于许慎。当时遂有此说，已开后人离合相字之门矣。故蔡邕之'黄绢幼妇'，孔融之'渔父屈节'，魏武之'人一口'，梁武之'与上人'，王濬之'三刀'，丁固之'十八公'，皆从此出。至谢石、胡宏之徒，直以此技为占卜。则变化其意而用之者焉。"①

选 吉

《协纪辨方书》序云:"粤昔帝尧,命羲和敬授人时,厥民知析,因夷燠之节。后圣有作,推而弥广。至于外事用刚日,内事用柔日。此皆载之经典,百王不易者也。"

又云:"举事无细大,必择其日辰。天地神祇之所向则顺之,所忌则避之。既奉若于宫廷,以彰昭事之忱。又申布于闾左,以协休嘉之气,凡以敬天云尔。如曰若是则福,不若是则祸,则术士之曲说,而非其本原也。王充《论衡》辟之,不遗余力,则又儒士拘迂,而未见大义。善夫荀悦《申鉴》曰:'或问时群忌。曰:此天地之数也,非吉凶所从生也。夫知其为天地之数,则固修身者所当顺也。知其非吉凶所从生,则一切拘牵谬悠之说具废。而所为顺之避之者,亦必有道矣'。"

星 命

朱文公《赠徐端叔命序》云:"世以人生年月日时、所值支干纳音推知其人吉凶寿夭穷达者,其术虽若浅近,然学之者亦往往不能造其精微。盖天地所以生物之机,不越乎阴阳五行而已。其屈伸消息,错综变化,固已不可胜穷。而物之所赋,贤愚贵贱之不同,特昏明厚薄,毫厘之差耳,而可易知其说哉!"

新安陈耕山云:"禄命之义,重在岁月日时之干支,由其干支原发于天者也。虽策人所生八字,实乃理天日之气。人所生之时日得天地冲和、清秀生旺之气,其人自然为聪明富贵、温厚之人。若所生之时日得天地恶厉、不正衰败之气,其人自然为贫贱愚夭、强暴之人矣。然天地之气混混沌沌,何由得而理也?以天道有运旋,日月有升降,古之圣人察天体之运旋,而知世道之盛衰。审日月之升降,而知万物之生死。因运旋升降之

---

① 峹,同都切,音徒。会稽山,一曰九江。当盒,通作涂。

机，然后定有岁月日时之名，以准天气者也。夫岁，太阳一升一降也。月，大阴与太阳一会也。日，太阳圆地一周也。时，太阳所停之方位。然天运循环，盛衰有序。古之圣人又承运气之消长，而定为六十花甲，以合天之气焉。故六十花甲，即天之运气也。岁有岁之花甲，月有月之花甲，日有日之花甲，时有时之花甲。花甲虽有大小之别，而循环之气理则一焉。"

《图书集成》载刘虞臣《赠徐仆远序》云："天以阴阳五行，生为人也。阴阳五行之精，是为日月木火土金水之曜，七曜运乎上，而万形成于下。人也者，天地之分体，而日月木火土金水之分气也。理生气，气生数。由数以知气，由气以知理。今之言命者，所由起也。夫气，母也。人，子也。母子相感，显微相应，天人之理也。则亦何可废哉？日至而麋鹿解，月死而嬴蜿噍。温风动而荠麦死，清霜降而丰钟鸣。物理相通，不可诬也。"

《图书集成》总论《星命》云："星命之说，汉有《太乙星子》等书，推数行以论吉凶。见于《艺文志》辰弗及于房，我辰安在。又载于《诗》《书》，可考是说，其来远矣。盖天地以阴阳五行化生万物，人禀天地之气以生。而阴阳五行之理，即具于所生之中。其气有清浊纯驳之不齐，其理有生克制化之不一。而富贵贫贱、寿夭贤愚，不外是矣，所谓命也。古今推命之书，如《鬼谷遗文》、《要诀命格》、《珞琭子消息赋》、《太乙统纪》、《阖东叟书》、《林阴五命》、《沈芝源髓》、《宰公要诀》、《兰台妙选》、《五行要论》、《八字金书》、《三车一览》、《三命纂局》、《玉霄宝鉴》、《金书命诀》、《寸珠尺璧》、《天元变化指掌》、《提要》、《指南》、《烛神经》、《神白经》、《太乙经》、《降诞宝经》、《紫虚局》、《广信集》、《理愚歌》，及一行禅师、悟元子、壶中子、李虚中、李九万，并徐子平、徐大升，今传《渊源》《渊海》等书。有专以纳音论者，有专以纳音取象论者。有专以五行论者，有专以禄马论者。有专以神杀论者，有专以格局论者。有专以化气论者，有专以财官印绶。食伤羊刃论者，虽所见不同，其理则一。要在人博观详求，通会达变。以徐子平之说为主，而兼尽诸家之长可也。"

王充《论衡·骨相篇》云："贵贱贫富，命也。换行清浊，性也。非徒命有骨法，性亦有骨法。唯知命有明相，莫知性有骨法，则见命之表证。不见性之符验也。"蒋国祥《序三命通会》云："古来之为子臣弟友者，往往有事君而天泽之义不讲，事亲而明发之怀不生。以及昆弟朋友之间，彼责此尤，尔虞我诈。求如棠棣之章、伐木之什者甚难。亦独何欤？今而知总由于不知命之故。盖天之随人赋予，原自有限量，而不容非分要求、满腔怨怼者。今观是书所载，悉以日时为主，附丽年月，孰者富贵利达造其极，孰者困穷死丧终其身。千变万态，不爽秋毫。援往征来，了如指掌。其于阴阳递嬗、五行生克之道，言之详而且密。苟世之学士大夫，深求而默体之，虽不能直穷夫乾元无极之微，而事之可欣、可羡、可惊、可愕者，一存乎吾命之固然，俱无庸丝毫趋避于其际。吾知节性防淫、惩忿窒欲之中，自实践夫日用纲常之道。居易以俟顺受其正，以渐臻君子之域不难矣。又何必以旨深义奥，而讳言命哉。"

相　人

王符《潜夫论·相列篇》云："《诗》所谓'天生烝民，有物有则'。是故人身体形貌，皆有象类。骨法角肉各有分部，以著性命之期显贵贱之表。一人之身，而五行八卦之气具焉。"故师旷曰："赤色不寿，火家性易灭也。易之说卦巽，为人多白眼。相扬四白者兵死。此犹金伐木也。"《经》曰："近取诸身，远取诸物。圣人有见天下之至赜，而拟诸形容，象其物宜。此亦贤人之所察，纪往以知来而著为宪则也。人之相法，或在面部，或在手足，或在行步，或在声响。面部欲薄平润泽，手足欲深细明直，行步欲安稳覆载，音声欲温和中宫。头面手足，身形骨节，皆欲相副称。此其略要也。"

刘勰《新论》云："相者或见肌骨，或见声色。贤愚贵贱修短吉凶，皆有表诊。故五岳崔巍，有峻极之势。四渎皎洁，有川流之形。五色郁然，有云霞之观。五声铿然，有钟盘之音。善观察者，犹风胡之别刃。孙杨之相马，览其机妙，不亦难乎"！

刘伯温《空同子》云："北之土厚故其人信，南之水广故其人智。土厚，故其鼻隆。水广，故其口阔。鼻隆，故北人不相鼻。口阔，故南人不相口。信而偏，故其性戆。智而流，故其性节。"

相宅相墓

《黄帝宅经》云："夫宅者，乃是阴阳之枢纽，人伦之轨模。非夫博物明贤而能悟斯道也。就此五种其最要者，唯有宅法而真秘术。凡人所居无不在宅，虽只大小不等、阴阳有殊。纵然客居一室之中，亦有善恶。大者大说，小者小论。犯者有灾，镇而祸止，犹叶病之效也。故宅者，人之效也。故宅者，人之本。人以宅为家，居若安即家代昌吉。若不安即门族衰微。坟墓川冈并同兹说。上之军国，次及州郡县邑，下村坊署栅，乃至山居，但人所处皆其例焉。目见耳闻，古制非一。"

郭璞《葬经》云："葬者乘生气也。夫阴阳之气，噫而为风。升而为云，降而为雨。行乎地中，而为生气。生气行乎地中，发而生乎万物。人受体于父母，本骸得气遗体受荫。盖生者气之聚凝结者成骨，死而独留，故葬者反气内骨，以荫所生之道也。"《经》云："气感而应，鬼福及人。是铜山西崩，灵钟东应。木华于春，栗芽于室。气行乎地中，其行也因地之势，其聚也因势之止。丘垄之骨，冈阜之支，气之所随。"《经》曰："气乘风则散，界水则止。古人聚之使不散，行之使有止，故谓之风水。风水之法得水为上，藏风次之。何以言之？气之盛虽流行，而其余者犹有止。虽零散，而其深者犹有聚。"《经》曰："外气横形，内气止生，盖言此也。"

《抱朴子》云："有急，则入生地而止，无患也。天下有生地，一州有生地，一郡有生地，一县有生地，一乡有生地，一里有生地，一宅有生地，一房有生地。"或曰："一房有生地，不亦逼乎！"《抱朴子》曰："《经》云：大隐之极，隐于车轼。如此一车之中，亦有生地，亦有死地，况一房乎？"

二 东西各国之卜筮星相学皆效法我国

东西各国卜筮星相学皆发源于河洛

风萍生曰："卜易星相之术流传甚久，东西所同也。综而分之，可得二种。一则从演绎的法则，卜人生之运命；二则从归纳的法则，判人心之性质。易术及阿施托罗吉（希腊古代之占星学）属第一项。阿斯托罗吉行于希腊古代，配人事以星辰，预言人生祸福。易术发源'河图''洛书'，演成八卦，以通造化玄秘，而卜知天命者也。第二项曰富雷诺吉（骨相学）及东洋相术。富雷诺吉殆与相术宗旨相同。盖一则借人类头骨形状判断其禀性；一则相人类面貌骨骼，或手掌等。从其特征，以判断人生祸福者也。二宗之外，若东洋之推算干支九星，西洋之占术派，均发源于'河图''洛书'，不遑枚举。"

珊按：此篇谓西洋从演绎的法则，卜人生之运命。从归纳的法则，判人心之性质。以及东洋推算干支、九星，西洋之占术派莫不发源于"河图""洛书"，演成八卦，由是观之。谓为东西各国卜筮星相学皆效法我国实非附会扬己之言。盖河洛八卦乃我国伏羲创作，非东西各国发明。南海康氏《日本书目志》有云："日本方技，皆吾所传。"此不过仅就《日本书目志》言，假使康氏著有《西洋书目》，吾不知对于西洋方技书籍作何评语也。

手相学预测病源可补医士之不逮

风萍生曰："近世科学昌明，手相一科，人或以迷信妄言排斥之。第在手相学者方面，则固有其一定之论据，一定之证明，一定之基础。而非物质学者之所能攻破其樊篱者也。夫科学必有其专门，其分业，以包罗万象，各从其研究事项。以倾注其毕生精力，乃能完成人世生活，以发达世界之文明。在往昔时代，一医而兼内外科、药剂师，毫无限制。今则不然，外内分治，药剂调治，又须药剂师不容兼业，各有专门。语外科以治伤寒，延内科而医花柳，倩牙医以疗痔疾。彼惟谢不敏耳。分业之结果，其思想范围狭隘而深长。舍专门以外，每缺世界常识。即如催眠一科，根据于心理、生理、哲学诸科。在今日世界，斯学应用范围之广大，超越于各学科之上。实为近代文明之产物，在专门以外之人士，莫测其底蕴也宜矣，设有外科博士。见人之论催眠术者，诧为神奇，不可思议。遽以一己之智识而下判断，甚且指为妄诞，或以不可解谢焉。斯固当然之事而论催眠术者，听此评断，去而之他。扬言曰：孰谓某博士能医者，彼且并催眠术之初步，不能理解，斯庸医也。孰谓某博士能医者，试思医者之不解催眠术，未习之故也。因未习之故，而不解之，亦固其所。况手相术之神秘同于催服，以不可见之法则、之理论判论人生祸福、性质生活。其神秘灵验，不可思议。实非理化学者所能知也。因不知之故，而斥为无稽。此岂平允之论乎？在三十年前，理化学者绝不信催眠术，且斥为妄言。今则如何？世之具有智识者，有敢斥催眠术为无稽者乎？手相学亦然。前此医学者，均以嘲笑之态度迎之。今则反此，各种病源每因手相学而发见之。若手爪形状之研究，英法大医群叩手相学者之门，而受其教益焉。"

　　珊按：仅以手爪形状即知各种病源，致今英法大医群来受教。手相学之有价值，于此可见一斑。所不解者，我国之相人书。论头面、论五官、论腹背、论四肢、论声音、论气色、论骨肉毛发、论行止坐卧，丝丝入扣、头头是道。古人谓为预知富贵贫贱、寿夭穷通百不失一者，今人反视为迷信，敝履弃之，惑已甚已！幸我国医士大半识相，盖望而知之，谓之神，为医家四诊之首。此种学术，因是或不致完全消灭耳。

《手相学》一书英德法日诸国俱有名著

　　风萍生曰："手相学发源于印度阿利安文明之初期，已成专门之学。以之研究手纹、判定人生祸福。而不背于科学原理。征之史籍，阿利安文明实为欧西文化之源，衍而为希腊文明、罗马文明。故当时之古碑遗刻、断简残编，吉光片羽存在人间者，好古之士每珍之如拱璧焉。"

又曰："纪元前四百二十三年，大哲阿拿古萨哥喇斯氏为手相教授以来，大哲西施巴拿斯氏发现金字手相字学书于神使祭坛，进呈历山大帝。蒙其褒加，世人于以珍重焉。此外亚里士多得氏、布利尼氏、卡尔大密斯氏、阿卡斯大施大帝，一时之硕学名流、帝王君相均加以拥护宣传。故能风行一世，研究愈精焉。近世各国学者所著之手相书如下：

英文书

Anonymons — The Hand：Phrenologically Considered，being a glimpse at the reletion of the mind with the organization of the body. (London 1848)

Beamish—The Psyconomy of the Hand，or the Hand an index of the mental development. (London 1865)

Warren—The Life Size，Outline of the Hands of Twentytwo Celebrated persons. (London 1882)

Chneiro—Cheiro Language of the Hand. (New York 1900) Heron Allen—practical Cheirosophy. (New York 1887)

德文书

Landsberg—Die Handteller (Posen 1861)

Jessmann— Katechismus der Handlesekunst. (Berlin 1889)

法文书

Advef Desbarolles—Les Mysteres dela Main". (1865)

中日文书

《摩井相法》一册。《沈白相法》一册。《南北相法》十册。《神相全书》三册。《郎座考》二册。《人生秘传》一册。《终身录》一册。《早引秘传》一册。

珊按：吾读此篇，至"一时硕学名流、帝王君相均加以拥护宣传，故能风行一世，研究愈精"数语，不禁感慨系之。夫英文、德文、法文等论相书吾不识，吾不能读，吾尤不敢言。若中日文之书，除上篇所载者外，论卜筮者，如《五行易活断》、《易道详传》、《八品神机幽玄术》；论星命者，如《四柱推命大奥秘传》、《运命开拓秘传》；论相人者，如《神相全篇正义》、《南北相法》、《人心观破秘法》、《六十四卦人相秘传》、《三世相大鉴》、《人相学精义》；论相宅者，如《家相宝鉴》、《家相新编》、《蒙相方鉴全书》，皆曾寓目。按其内容，莫不本诸我国旧有之学说，特彼国人士宝之、重之耳。他不具论，兹就日本人教正柄泽照觉著东京神诚馆发行之《大正十六年御寿宝历书》所载丁卯年年神方位：一白在中。二黑在乾。三碧在兑。四绿在艮。五黄在离。六白在坎。七赤在坤。八白在震。九紫在巽。太岁神卯方。大将军子方。太阴神丑方。岁刑神子方。岁破神酉方。黄幡神未方。豹尾神丑方。岁德合丁方。岁干合壬方。岁支德申方。种种名目，以及逐月节气，逐日干支，吉凶宜忌，无一不效法我国历书。所异者，中文间以日文，阴历改为阳历也。

东西各国相人学亦沿用五星阴阳名称

《手相学》云："金星丘。木星丘。土星丘。太阳丘。水星丘。火星丘。太阴丘。"[1]

珊按：《手相学》一书乃东西各国专门之学。不图其所用名称，即吾

---

[1] 原注云本编据从来习惯名称。而名曰金星丘、火星丘者，与星占术无涉，观者幸勿误会。

国卜筮星相家老生常谈之木火土金水，及太阳太阴也。吾国幼童尝诵《幼学须知》，无不知日月五星谓之七政，天地与人谓之三才。今之学者并此废而不读，吾恐后来习惯之七政三才，亦将莫名其妙。邱菽园先生序《手相学》书云："讵意吾之所弃，或为邻之所珍。"此诚慨乎其言也。

骨相学遍传英美德法奥日诸国

风萍生云："骨相学发源希腊，原语曰：'精神论之意也'。不译称'精神论'，而曰'骨相学'，以'骨相学'之名称，似较'精神论'意义尤为醒豁，且系吾国旧有之名称也。

骨相学传衍千七百五十七年。日耳曼人徐赛夫科尔博士独承绝学。加以新发明后，更经学者推演，遂成完璧。方氏之学生时代，有同学某氏记忆独优，而其前额则特为隆起。及观他友，均无此特征，而记忆较劣。此偶然之事，乃触起科尔博士研究之心，遂发明人类才智均关系于脑。及后历验多人，其前额隆起者，记忆力均皆优胜。推而及于其他才智性情，亦必关系头盖各部。于是就鉴查所得潜心凝思汇为统计。阅人既多，状态各异。甲之隆起，乙之陷下。丙之大，丁之小。再察其性质才能，则甲乙丙丁四人各有短长性质各异。方氏抱此确信，精心独造研究十二年学乃大成。一千七百九十六年，开讲堂于维也纳，以其所传绝学授徒不倦。居无何，博士又赴巴黎授徒如初。以研究斯学终其身，著述浩瀚，一千八百二十八年逝世。门弟子继其遗志为骨相学泰斗者，如奥之斯贝哈姆博士、科布氏·奥多来科布博士均是也。而尤以斯贝哈姆博士有出蓝之誉。所著书均根据生理、解剖以为证明。且应用于精神学、修身学，竟前人未了之功，开后世研究之绪，功莫大焉。科布氏去之英美著《骨相学》数卷，公于当世，兹学赖以普及。昂多留科布博士应用骨相于医治精神病及小儿教育，使学理应用互为考证。后来学者愈多，仑古罗孙氏更辟蹊径，创犯罪骨相学一分科。裨益科学界，其功亦不小焉。

日本十数年前，有佐藤正道氏由欧洲归国，输入此学，创设骨相学馆于大阪，从学者得数百人。刊行《骨相学讲义》全书传世。惜说明过于简短，读者颇难穷其蕴奥。斯为日本骨相学之始。近年高桥邦造氏新自欧洲返国，大开演说，为学者所欢迎。第向之习得斯术者，或秘传不肯示人，或传焉而不详。而斯举著述，世鲜流传。"

珊按：骨相发源希腊，遍传英美德法奥日等国。[①] 此固诸大博士继长增高、努力精研之效果。未始非易术及阿施托罗吉，希腊古代之占星学家。从事我国"河图""洛书"，演成八卦，有以致之。虽曰水寒于冰，青出于蓝。要知冰由水结，青自蓝来。吾推重英美德法奥日诸大博士，吾尤推重希腊古代之占星学家。否则我伏羲大圣之河洛八卦，及历代先哲纯正之学术，不将一扫而空乎！至于幼慧者视头额，犯罪者察眉目，以及精神何如，操行臧否，我国相书莫不具载。亦未尝不可为精神学、修身学、犯罪骨相学之一助。独惜无佐藤正道氏及高桥邦造氏其人远涉重洋，求学欧洲。一旦归国，广设学馆，大开演说，为世人所欢迎耳。

欧洲相士某挟术游新加坡

海澄邱菽园曰："岁丙辰，有欧洲人某挟术来游新加坡，寓大旅馆，膀门自鬻。一时哄动仕女好奇之心。怀贽而来，满意而去。顾其术甚简单，仅限于其人局部之掌纹。谈往知来，至今前后以观之，颇多验者。"

珊按：好奇之心，人皆有之。而我国仕女为尤甚，观于衣必洋装，住必洋楼，食必西餐，病必西医，从可知矣。欧洲人某挟术来游新加坡，仕女怀贽就教，满意归来者，亦犹是耳。惜吾国人，不能尽通欧洲语言，以致欧洲相士裹足不前。否则西相西卜、日相日卜将满布于中国。与西医日医后先辉映。岂止一新加坡已哉！

西人也是以生日解决命运

览沧《商余杂志》云："有人尝说外国人的脑袋中没有甚么叫做迷信。因为他们的国家科学发达、教育普及，人人都可受新学识的机会。所有的

---

① 《手相编》云有德文书。

事物都用科学方法去解剖。所谓迷信都被科学去打破。其实他们迷信观念也深，有时候比我们还胜过几倍。览沧从西文杂志中看出西人也是相信命运，他们专以生日为主。不像中国人算命，以生时为主。于此可以证明西人对于迷信之一斑。兹走笔译之如次，借以供阅者之谈助。

一号生人。其人夭寿。但善于结交朋友，经营商业，俗所谓生意买卖命。

二号生人。其人性情殷勤和缓，一生衣食不愁，俗所谓安乐命。

三号生人。其人耐劳，善交朋友，在二十岁以前，事事受打击，以后运途平坦，万事成功。

四号生人。其人聪明有才，心巧有谋，遇事处理有方，无须求人代庖，此外有探险性。

五号生人。其人命主劳碌，无论甚么事，须经过多次磨折后始告成功。平生失意事很多，在二十五岁以后方可定婚。不然，则克妻。

六号生人。其人一生得贵人扶持。

七号生人。其人无忍耐性，浪用钱财，不能守业，遇事须求人援助。

八号生人。其人财运甚佳，能得他人遗产。

九号生人。性情温和，一生为人敬仰，善于处理他人事务。

十号生人。其人在三十岁以前事事受磨折，以后则平风静浪，做事无不成功。

十一号生人。其人善于交友，中年能造业，所成功之事，均非意想所到。

十二号生人。其人平生屡遭艰险，唯达到三十岁以后，始能保持家业。

十三号生人。其人一生为人所敬仰，能克勤克俭，造成家业。

十四号生人。其人得交益友，平素为人称道，宜于在外乡经商。

十五号生人。其人生平好讼，所有财产，亦尽用于诉讼。

十六号生人。其人思想灵敏，善于金石书画诗歌，尤善于社交，平生最快乐。

十七号生人。其人平生多障碍，能得他人遗产。

十八号生人。其人善于社交，唯女性最多，在外乡能得意外财。

十九号生人。其人善经营于女流中。

二十号生人。其人于少时做事宗旨不定。

二十一号生人。其人专好经营投机事业，有接受遗产的福分。

二十二号生人。其人善于经商。

二十三号生人。其人好讼，所有遗产大都丧失而为诉讼费。

二十四号生人。其人受人敬重，结识许多贵人。

二十五号生人。其人不苟且，能为公共谋幸福。

二十六号生人。其人度量宽宏，有慈悲心，能舍己救人，为人称道。

二十七号生人。其人性情暴躁，遇事不能忍耐，举止无恒，不善于交友。

二十八号生人。其人幼年做事多受阻碍，至中年老年则较佳。

二十九号生人。其人生平得友人帮助，亦能为人代庖。遇自己的事，反手足无措。

三十号生人。其人灵敏活泼，惟易于失足，禀性慷慨，不与人争斗。

三十一号生人。其人少年多受艰苦，事事谨小慎微，不越大步，对于经济，尤能处理有方。"

珊按：海澄邱菽园先生①尝为海外寓公，文名满天下。曩读其《挥麈拾遗》及《啸虹生诗钞》，固已常怀仰止。近复由星洲以《商余杂志》见惠，而览沧先生所译之文在焉。披阅至再，不禁狂喜。益佩先生关心祖国，小道不遗也。爰录之，以供国人参考。至我国论命，以日为主，以时为辅之理略见于本书卷五第十一页。孰精孰粗，兹不具论。若再参看②《增订命理探原》论日主法，论生时法，则更详明矣。

泰西各国英雄豪杰多有酷信命运及选吉者

《泰西事物原起》云："泰西人士酾酒而祝善缘、担币而讯运命者多矣。如古罗模乌惠尔氏尝自定善缘之日③其中一日系氏之诞辰，曾于此日

---

① 炜菱。

② 拙著。

③ 即吉日。

获大战胜二次。鼐尔森自定白日①黑日②该撒，信己之有福命。尝行船遇暴风雨，令按针手催船前进，毋得犹豫。曰：'汝非载该撒舆该撒之福命乎！'拿破仑及英国硕学培根皆以为偶然之事多本于运命。英国大将军麦尔保罗说运命不去口。此类颇多，不可胜述。"

①　即善缘之日。
②　即恶缘之日。此与我国选吉之学相同。

述卜筮星相学卷五

一 历代国史之评论

《史记·日者传》

自古受命而王。王者之兴，何尝不以卜筮法于天命哉？其于周尤甚，及秦可见。代王之入，任于卜者。太卜之起，由汉兴而有。

又《龟策传》云

自古圣王将建国受命、兴动事业，何尝不宝卜筮以助善。唐虞以上，不可记已。自三代之兴，各据祯祥。涂山之兆从，而夏启世。飞燕之卜顺，故殷兴。百谷之筮吉，故周王。王者决定诸疑，参以卜筮、断以蓍龟，不易之道也。

《后汉书·方术传》

仲尼称易有君子之道四焉，曰：卜筮者尚其占。占也者，先王所以定祸福，决嫌疑，幽赞于神明，遂知来物者也。若夫阴阳推步之学，往往见于坟记矣。至乃河洛之文、龟龙之图、箕子之术、师旷之书、纬候之部、钤决之符，皆所以探抽冥赜、参验人区，时有可闻者焉。其流又有风角、遁甲、七政、元气、六日、七分、逢占、日者、挺专、须臾、孤虚之术。及望云省气、推处祥妖，时亦有以效于事也。

《魏志·方技传》

朱建平之相术，管辂之术筮，诚皆玄妙之殊巧，非常之绝技矣。

《晋书·艺术传》

艺术之兴，由来尚矣。先王以是决犹豫，定吉凶，审存亡，省祸福。

曰神与智，藏往知来。幽赞冥符，弼成人事。既兴利而除害，亦威重以立权。所谓神道设教，率由于此。

《北魏书·术艺传》

盖小道必有可观，况往圣标历数之术。先王垂卜筮之典，论察有法，占候有传，触类长之，其流遂广。

《北齐书·方技传》

《易》曰："定天下之吉凶，成天下之亹亹，莫善于蓍龟。"是故天生神物，圣人则之。故太史公著《龟策日者传》，所以广其闻见，昭示后昆。

《周书·艺术传》

仁义之于教，大矣。术艺之于用，博矣。徇于是者，不能无非。厚于利者，必有其害。诗书礼乐，所失也浅，故先王重其德。方术技巧，所失也深，故往哲轻其艺，夫能通方术而不诡于俗。习技巧而必蹈于礼者，岂非大雅君子乎？

《隋书·艺术传》

夫卜筮所以决嫌疑、定犹豫者也。相术所以辨贵贱、明分理者也。此皆圣人无心，因民设教。自三五哲王，其所由来久矣。然昔之叙卜筮，则史苏、严君平、司马季主。论相术，则内史叔服、姑布子卿、唐举、许贞。凡此诸君者，仰观俯察，探赜索隐。咸诣幽微，思侔造化。或弘道以济时，或隐身以利物。深不可测，固无法而称焉。

《旧唐书·方技传》

夫术数占相之法，出于阴阳家流。自刘向演鸿范之言，京序传焦赣之法。莫不望气视祲，县知灾异之来。运策揲蓍，预定吉凶之会。固已详于《鲁史》，载彼周官。

《新唐书·方技传》

凡推步卜相，皆技也。能以技自显于一世，亦悟之天，非积习致然。若李淳风谏太宗不滥诛，严譔谏不合乾陵，乃卓然有益于时者，兹可珍也。

《宋史·方技传》

昔者少皞氏之衰，九黎乱德。家为巫史，神人淆焉。颛顼氏命南正重司天，以属神。北正黎司地，以属民。其患违息，厥后三苗复弃典常。帝尧命羲和修重黎之职，绝地天通，其患又息。然而天有王相孤虚，地有燥湿高下。人事有吉凶悔吝，疾病札瘥。圣人欲斯民趋安避危，则巫医不可废也。

《辽史·方技传》

孔子称小道必有可观，医卜是已。医以济夭札，卜以决犹豫。皆有补于国，有惠于民。前史录而不遗，故传。

《金史·方技传》

太史公序九流、述日者、龟策、扁鹊、仓公列传。刘歆校中秘书，以术数、方技载之《七略》。后世史官作《方技传》，盖祖其意焉。金世如武祯武亢之信而不诬，刘完素张元素之治疗通变，学其术者，皆师尊之，不可不记云。

《明史·方技传》

明初周颠、张三丰之属踪迹秘幻，莫可测识，而震动天子。要非妄诞取宠者所可几。张中、袁琪占验奇中，夫事有非常理所能拘者，浅见尠闻不足道也。

珊按：郑樵《通志》云："自《史记》作《司马季主传》，而后汉因之。遂有方术传。晋、周、隋谓之艺术，后魏谓之术艺，北齐谓之方技。"《续通志》云："艺术一门，唐以后诸史多作方技。此篇仅就《二十四史》中所列方术、方技、艺术、术艺等传节录之，故名称悉仍其旧未能一致也。"

二　历代先哲之评论

王应麟谓经有择地论命及姓有五音日有吉凶之明文

《困学纪闻》云："定之方中，公刘之诗，择地法也。我辰安在，论命之说也。"《传》云："不利子商，则见姓之有五音。《诗》吉日维戊，庚午则见支干之有吉凶。"

珊按：王伯厚乃是宋儒，此篇所述虽寥寥敷语，足可证明相宅、相墓、推命、选吉之学由来尚矣。故不论时代远近，谨冠篇首，读者幸毋忽之。至五姓五音，我国久置不谈。余曩观日本佐木泰干所著之《姓名学大观》一书，专就姓名二字之书数辨别阴阳五行，判人运命穷通。其法與我国古藉所载大致相同。殆亦我弃人取之所致耳。

《孝经》谓卜其宅兆而安厝之

曲阜郑晓如《孝经约注》云："卜，灼龟以视吉凶。人谋难决，请命于神。宅，所讬也。兆，灼龟坼也。厝，置也。将置枢于其地，必择其中之乘生气、无风火、水泉、沙砾、蝼蚁者而卜之。尽其诚敬，以求安也，此葬亲之礼。"

朱子谓圣人观象揲蓍，决嫌疑，定犹豫，其功极盛

朱熹《易学启蒙》云："圣人观象以画卦，揲蓍以命爻。使天下后世之人皆有以决嫌疑、定犹豫。而不迷于吉凶悔吝之涂。其功可谓盛矣。然其为卦也，自本而干，自干而支，其势若有所迫，而自不能已。其为蓍也，分合进退，纵横逆顺，亦无往而不相值焉。是岂圣人心思智虑之所得为已哉！特气数之自然，形于法象，见于图书者，有以启于其心而假手焉尔。"

王符谓孔子云：禹王得皋陶，文王取吕尚，皆兆告其象，卜底其思

《潜夫论·卜列篇》云："天地开辟有神民，民神异业，积气通行。有招召命，有遭随吉凶之期。天难谌斯，圣贤虽察不自专，故立卜筮以质神灵。孔子称蓍之德圆而神，卦之德方而智。又曰：'君子将有行也，问焉而以言。其受命如响，是以禹之得皋陶，文王之取吕尚。皆兆告其象，卜底其思，以成其吉。夫君子闻善则劝乐而进，闻恶则循省而改尤，故安静而多福。小人闻善则慑惧而妄为，故妄躁而多祸。是故凡卜筮者，盖所问吉凶之情，言兴衰之期，令人修身慎行以迎福也。且圣王之立卜筮也，不违民以为吉，不专任以断事。故洪范之占大同'。是《尚书》又曰：'假尔元龟，罔敢知吉'。《诗》云：'我龟既厌，不我告犹。从此观之，蓄龟之情'。倘有随时检易不以诚耶。将世无史苏之材，识神者少乎？及周史之筮敬仲，庄叔之筮穆子。可谓能探赜索隐、钩深致远者矣。使献公早纳史苏之言，穆子宿备庄叔之戒。则骊姬竖牛之逸亦将无由而入，无破国危身

之祸也。"

屈原曾著《卜居》

《王叔师集·卜居章句》云："卜居者，屈原之所作也。屈原履忠贞之性，而见嫉妒。念谗佞之臣，承君顺非，而蒙富贵。己执忠直而身放弃，心迷意惑，不知所为。乃往至太卜之家稽问神明，决之蓍龟。卜己居世，何所宜有。冀问异策以定嫌疑，故曰卜居也。"

嵇康曾著《卜疑集》

《嵇中散集》云："然而大道既隐，智巧滋繁。世俗胶加，人情万端。利之所在，若鸟之追惊。富为积蠹，贵为聚怨。动者多累，静者鲜患。尔乃思邱中之隐士，乐川上之执竿也。于是远念长想，超然自失。郢人既没，谁为吾质。圣人吾不得见，冀闻之于数术。乃适太史贞父之庐而访之。曰：'吾有所疑。愿子卜之'。"

钟辂谓人之行止饮啄莫不前定

《全唐文》载钟辂《前定录序》云："人之有生修短贵贱，圣人固常言命矣。至于纤芥得丧，行止饮啄，亦莫不有定者焉。中人以上，罔有不闻其说。然得之即喜，失之则忧。遑遑汲汲，至于老死，罕有居然俟得；静以待命者，其大惑欤！余颛愚迷方，不达变态。审固天命，未尝劳心。或逢一时、偶一事，泛乎若虚舟触物，曾莫知指遇之所由。推而言之，其不在我明矣。大和中讐书春阁，秩散多暇，时得从乎博闻君子，征其异说。每及前定之事，未尝不三复本末，提笔记录。日月稍久，渐盈筐箧。因而编次之，曰《前定录》。庶达识之士，知其不诬。而奔竞之徒，亦足以自警云尔。"

沈括谓卜筮能通天下之故

《梦溪笔谈》云："今之卜筮，皆用古书。工拙系乎用之者。唯其寂然不动，乃能通天下之故。人未能至乎无心也。则凭物之无心者而言之，如灼龟璺瓦，皆取其无心也。"

焦循谓六壬太乙相宅之理一本于数

《相宅新编》叙云："余学九章算数之学矣。读徐岳《术数记遗》，见有所谓周公掮闷，孔子三不能比两，老成子四维等术。即六壬之天地盘也。又有所谓九宫算者，戴九、履一、左三、右七、二四为肩、六八为足。即太乙下九宫之法也。本为算术纪数之用，术者乃用以卜吉凶、定趋避。盖天下之理，一本于数。孔子赞《易》曰：'参天两地而倚数'。自两数而乘之，以至于五，乘方为六十四卦。自三数而乘之，以至于十一。乘方为黄钟之实，十七万七千一百四十七，皆自然之数也。于是六十四卦为父母男女之所分，亦吉凶悔吝之所寓。十二律为君臣民事之所合，亦消息凋荣之所占。鸿范九畴，本一二三四五之数，以叙彝伦，即以征稽疑。严君平与子言孝，与臣言忠。积善之家，必有余庆。以类相从，有如是也。相宅之书，《宅经》所载，自黄帝以至刁昙，凡二十九种。窃为原其始莫先于明堂月令。二九、四七、五三、六一、八之数。明堂九室，室谓之宫。故名九室为九宫。汉儒者溺于图谶，张平子独表九宫之数，同于卜筮。故医者本之用针灸以治病，儒者借之为'河图'以解易。褚华谷祛疑谓九宫飞白，千古不刊。国朝时宪书，每年及每月月建下均载三白六候，以定方位。旨哉！班孟坚之言曰：'形法者，求贵贱吉凶，犹律有短长，而各征其声。非有鬼神，数自然也。俗之相宅，知有八卦，而不知有九宫。往往以逆为顺，以吉为凶。心窃疑焉，因遍求相宅之书，叩形家而问焉。所述皆不出八宅之一术。岁戊午乃得此编。其法既凭诸宅，又凭诸命，复参以太乙所行之宫。夫以宅论宅，则吉在宅。以人论宅，斯吉在人。方位有定，而人命转移。不啻六壬之有天地盘，动静交养，阴阳互根。揆之以古。则原本于九宫之理，而合乎数之自然。以言乎命宫方位之法，则孚乎本朝时宪书之所颁，而不同于无稽妄作之臆说。尤为相宅所宜遵者。原本传写讹错，文多重复。稍次叙之，析为二卷。书不著撰者姓氏，而语必称师，则师承于古昔可知。旧名《相宅秘旨》，以其术宜显诸人人，不当隐秘，易其名曰《新编》'。《唐书·方技传叙》云：'士君子能之，则不迁不泥，不矜不神。观于此编，何迁泥矜神之有欤'。"

《礼记》谓卜筮须分义志

《少仪篇》云："问卜筮，曰义与志与。义则可问，志则否。"注：见人卜筮，欲问其所卜何事，则曰：义与志与。义者事之宜为，志则心之隐谋也。故义者则可问其事，志则不可问其事也。一说：卜者问求卜之人，义则为卜之，志则不为之卜，亦通。

顾炎武引《诗》《书》《易》及《管子》证明卜筮

《日知录》云："舜曰官占，唯先蔽志昆，命于元龟。《诗》曰：'爰始爰谋，爰契我龟'。《洪范》曰：'谋及乃心，谋及卿士。谋及庶人，谋及卜筮'。孔子之赞易也。亦曰：'人谋鬼谋'。注云：惠氏曰：'古者卜筮，先用精凿之米以享神，谓之糈'。《楚辞》云：'巫咸将夕降兮，怀椒糈而要之'。王逸注：言巫咸将下，愿怀椒糈要之。使筮者占兹吉凶之事也。《管子》云：'守龟不兆，握粟而筮者屡中'。"

王引之谓先甲后甲先庚后庚皆行事之吉日

《经义述闻》云："先甲三日，后甲三日。先庚三日，后庚三日。皆行事之吉日也。蛊为有事之卦，巽为申命行事之卦。而事必诹日以行。故蛊用先后甲之辛与丁，巽用先后庚之丁与癸也。古人行事之日，多有用辛与丁癸者。《郊特牲》曰：'郊之用辛也。周之始郊日以至。春秋宣八年六月辛巳，有事于太庙。昭二十五年秋七月，上辛大雩，季辛又雩'。《夏小正》曰：'二月丁亥，万用入学'。《召诰》曰：'丁巳用牲于郊'。《少牢馈食礼》曰：'日用丁巳。春秋隐三年冬，十有二月癸未，葬宋穆公。桓十七年秋八月癸巳，葬蔡桓侯。庄二十二年春王正月癸丑，葬我小君文美'。[①] 是辛也，丁也，癸也。皆行事之吉日也。先庚三日，后庚三日吉。正谓用丁癸则吉耳。"

又云："《汉书·武帝纪诏》曰：'望见泰一，修天文禮。辛卯夜，若景光十有二明'。《易》曰：'先甲三日，后甲三日，朕甚念年岁未咸登。饬躬斋戒丁酉，拜况于郊'。颜注曰：'辛夜有光，是先甲三日也。丁日拜况，是后甲三日也。此辛与丁为吉日，而择以行事之明证，西汉时占义犹未亡矣'。"

祁骏佳谓邵康节云：孔子知数

《逊翁随笔》云："邵康节云：'孔子定书，以秦誓缀周鲁之后，知周之后，必为秦也'。康节素通数学，又深知数之不妨于道，故为此的实之

---

① 古者葬必卜日。

论也。儒之固而腐者，乃云数非圣贤所重，而不与康节之论，曰：特取其悔过云尔，非预谶其继周也。试诘之曰：悔而不再作者，方谓之悔过。今彭衙令狐汾曲之师，贫而且忿。皆在作誓之后，果能悔过否乎？既非真能悔过，孔子奚取焉。且数百年之中，数百国之君岂无一言之几道可缀周鲁之末者。乃独取一夷狄君长之誓，岂理也哉？大抵圣至孔子已集大成。凡六合内外，十世古今皆如镜照物。特多有不欲明言者，亦存重道不重数之意耳。岂道之至者，而有不知数者哉！道为其大，无外之道。岂数独在道外哉？故当以康节之论为的。"

程树勋谓古今豪杰之资每多善六壬者

《壬学琐记》云："宋仁宗最嗜六壬。故其时习此学者甚多，而以元轸、苗公达为最。至徽宗、高宗时，邵彦和一出，又驾诸人之上。理宗时，有凌福之者，本邵公之法作《毕法赋》。于是诸法咸备，至平至当，一扫疑神疑鬼之习气。至金朝，则以六壬、三命诸术考试司天台之学生。时有徐次宾者精于其学，著一字诀玉连环，皆六壬家一脉相传也。"

又云："读杨忠愍公年谱，知公通三式之学，可见此学为君子所不弃。晋之戴洋，唐之李靖，元之刘秉忠、耶律楚材，明之刘青田亦皆兼精于此。诸公豪杰之资，小道不遗。固知非渺见寡闻之辈所能窥测者也。"

又云："善六壬者，《吴越春秋》则载子胥、少伯、文种、公孙圣，《晋书》则载戴洋，《龙城录》则载冯存澄，《五代史》则载梁太祖，《夷坚志》则载蒋坚，《禅史》则载朱允升，《尧山堂外纪》亦载朱允升，《徽州府志》则载程九圭，《松江府志》则载陈雨化，《苏州府志》则载徐大衍、皇南焯，《元史》则载刘秉忠。然古今善六壬者，当不止此数人。惜余弧陋，于书籍所见有限，未能一一详举耳。"

汪中谓左氏之言卜筮未尝废人事

《述学》云："《左氏春秋·释疑篇》云：'晋献公筮嫁伯姬于秦，史苏占之不吉，及惠公为秦所执，曰：先君若从史苏是占，吾不及此。韩简以为先君多败德，史苏是占，勿从何益。南蒯将叛，筮之得坤之比。子服惠伯，以为忠信之事则可，不然必败。易不可以占险'。由是言之，左氏之言卜筮，未尝废人事也。"

顾炎武谓春秋葬皆用柔日

《日知录》云："春秋葬，皆用柔日。宣公八年冬十月己丑，葬我小君敬嬴。雨不克葬，庚寅日中而克葬。定公十五年九月丁巳，葬我君定公。雨不克葬，戊午日下昃，乃克葬。己丑、丁巳所卜之日也。迟而至于明日者，事之变也，非用刚日也。原注：经文所书葬列国之君无非柔日者，唯成公十五年秋八月庚辰，葬宋共公是刚日。其亦雨而不克葬，迟而至于明日者与。"

《列子·力命篇》

《力命篇》云："力谓命曰：'若之功，奚若我哉'。命曰：'汝奚功于物，而欲比朕'。力曰：'寿夭穷达、贵贱贫富，我力之所能也'。命曰：'彭祖之智，不出尧舜之上，而寿八百。颜渊之才，不出众人之下，而寿四八。仲尼之德，不出诸侯之下，而困陈蔡。殷纣之行，不出三仁之上，而居君位。季札无爵于吴，田恒专有齐国。夷齐饿于首阳，季氏富于展禽。若是汝力之所能，奈何寿彼而夭此，穷圣而达逆，贱贤而贵愚，贫善而富恶耶？'力曰：'若如若言，我固无功于物，而物若此耶，此则若之所制耶'。命曰：'既谓之命，奈何有制之者耶。朕直而推之，曲而任之。自寿自夭，自穷自达。自贵自贱，自富自贫。朕岂能识之哉？'"

王充《命禄论》

《论衡》云："凡人遇偶，及遭累害，皆由命也。有死生寿夭之命，亦有贵贱贫富之命。自王公逮庶人、圣贤及下愚，凡有首目之类、含血之属，莫不有命。命当贫贱，虽富贵之，犹涉祸患矣。命当富贵，虽贫贱之，犹逢福善矣。故命贵，从贱地自达。命贱，从富位自危。故夫富贵若有神助，贫贱若有鬼祸。命贵之人，俱学独达，并仕独迁。命富之人，俱求独得，并为独成。贫贱反此，难达、难迁、难成，获过受罪，疾病亡遗，失其富贵，贫贱矣！"

李萧远《运命论》

《运命论》云："夫以仲尼之才也，而器不周于鲁卫。以仲尼之辩也，而言不行于定哀。以仲尼之谦也，而见忌于子西。以仲尼之仁也，而取仇于桓魋。以仲尼之智也，而屈厄于陈蔡。以仲尼之行也，而招毁于叔孙。

夫道足以济天下，而不得贵于人。言足以经万世，而不见信于时。行足以应神明，而不能弥纶于俗。应聘七十国，而不一获其主。驱骤于蛮夏之域，屈辱于公卿之门，其不遇也如此。及其孙子思，希圣备体，而未之至，封已养高，势动人主。其所游历，诸侯莫不结驷而造门，犹有不得宾者焉。其徒子夏，升堂而未入于室者也，退老于家，魏文侯师之。西河之人，肃然归德。比之于夫子而莫敢间其言。故曰：'治乱运也，穷达命也，贵贱时也'。而后之君子，区区于一主，叹息于一朝。屈原以之沉湘，贾谊以之发愤，不亦过乎？然则圣人所以为圣者，盖在乎乐天知命矣。"

刘孝标《辩命论》

《辩命论》曰："夫道生万物，则谓之道。生而无主，谓之自然。自然者，物见其然，不知所以然，同焉皆得。不知所以得鼓动陶铸，而不为功。庶类混成，而非其力。生之无亭毒之心，死之无虔刘之志。坠之渊泉非其怒，升之霄汉非其悦。荡乎大乎，万宝以之化。确乎纯乎，一作而不易。化而不易，则谓之命。命也者，自天之命也。定于冥兆，终然不变。鬼神莫能预，圣哲不能谋。触山之力无以抗，倒日之诚弗能感。短则不可缓之于寸阴，长则不可急之于箭漏。至德未能预，上智所不免。是以放勋之世，浩浩襄陵。天乙之时，焦金流石。文公屦其尾，宣尼绝其粮。颜回败其丛兰，冉耕歌其苯苜。夷叔毙淑媛之言，子舆困臧仓之诉。圣贤且犹若此，而况庸庸者乎？至乃伍员浮尸于江流，三闾沉骸于湘渚。贾大夫沮志于长沙，马都尉皓发于郎署。君山鸿渐，铩羽仪于高云。敬通凤起，催迅翮于风穴。此岂才不足而行有遗哉？近世有沛国刘瓛，瓛弟琎并一时秀士也。瓛则关西孔子，通涉六经。循循善诱，服膺儒行。琎则志烈秋霜，心贞崐玉。亭亭高竦，不杂风尘。皆毓德于衡门，并驰声于天地。而官有微于侍郎，位不登于执戟，相次殂落，宗祀无飨。因斯两贤以言古，则昔之玉质金相。英髦秀达，皆摈斥于当年。韫奇才而莫用，侯草木以共凋，与麋鹿而同死。膏涂平原、骨填川谷、埋灭而无闻者，岂可胜道哉！此则宰衡之与皂隶，容彭之与殇子，猗顿之与黔娄，阳文之与敦洽。咸得之于自然，不假道于才智。故曰：'死生有命，富贵在天'。其斯之谓矣！"

王安石《命解》

《临川文集》云："先王之俗坏，天下相率而为利。则强者得行无道，弱者不得行道。贵者得行无礼，贱者不得行礼。孔子修身洁行，言必由绳墨。陈蔡大夫，恶其议已，率众而围之。此乃所谓不得行道也。公行有子之丧，右师往吊。入门，有进而与右师言者，有出位而与右师言者，孟子不与右师言，右师不说。孟子曰：'我欲为礼也。方是时不独右师不说，凡与右师言者，盖皆不说也。此乃所谓不得行礼也'。然孔子不以弱而离道，孟子不以贱而失礼。故立乎千世之上，而为学者师。右师陈蔡之大夫卒亦不得伤焉。以其有命也。今不知命之人，刚则不以道御之，而曰：'有命焉，彼安能困我'。由此，则死乎严墙之下者，犹正命也。柔则不以礼节之，而曰：'不出，惧及祸焉'。由此，则是贫贱可以智去也。夫柔而不以礼节之，刚而不以道御之，其难免一也。故易旅之初六与上九同患。悲夫离道以合世，去礼以从俗，苟命之穷矣。孰能恃此以免者乎？"

宋濂《禄命辩》

《禄命辩》云："三命之说，古有之乎？曰：无有也。曰：世之相传，有黄帝风后三命一家，而河上翁实能言之，信乎？曰：吾闻黄帝探五行之精，占斗罡所建，命大挠作甲子矣。所以定岁月，推时候，以示民用也，他未之前闻也。曰：然则假以占命，果起于何时乎？曰：《诗》云：'我辰安在'。郑氏谓六物之吉凶。王充《论衡》云：'见骨体而知命禄，睹禄命而知骨体'。皆是物也。况小运之法，本许慎《说文》巳字之训，空亡之说。原司马迁《史记》孤虚之术盖以五行甲子推人休咎，其术之行已久矣。非如吕才所称起于司马季主也。沿及后世，临孝恭有《禄命书》，陶宏景有《三命钞畧》，唐人习者颇众。而僧一行、桑道茂、李虚中咸精其书。虚中之后，唯徐子平尤造其阃奥也。"

《己疟编》谓论命以日为主虽曰小道亦曾窥测阴阳之际

《己疟编》云："术家以人生所值年月日时推算吉凶。而必归重于日主，颇亦有说。夫十二时皆生于日，积日而后成月，积月而成岁。故日干最为重，盖曰缠于子宫，则谓之子时。丑寅之类皆然。无日则无时，而月与岁皆无从推矣。虽曰小道，亦尝窥测阴阳之际者。"

钱文敏公谓人当顺命

《茶山文钞》云："天下之事，其皆前定乎？为善无所定，为不善无所惩。纷纷而籍之，逐逐而给之。造物甚劳且不继，其无前定乎？一二守道之士，人笑其迂。天且漠焉，不肖者攘臂经营于其间，若是者宜何从。今夫火，传物也。热之而后炎，亦有不必热之者也。圣人之言前定者有矣。《书》曰：'唯天阴隲下民相协厥居'。孔子得之不得曰有命，此从乎天而为言也。圣人之言无定者有矣。《诗》曰：'永言配命，自求多福'。《易》曰：'积善之家，必有余庆。积不善之家，必有余殃'。此从乎人而为言也。言天者绌人，言人者绌天。二者交相胜也。圣人以人之日日营于势利得丧之途而未有止也，不得已而以命正之。圣人以命之不可以浅言也，故深之。厚其权于人，而推本于天。苍苍者天也，其远而无所极也。孰为主之，而使其有定也如是。孰转移之，而使之无定而有定也如是。儒者求其故而不得，而归之于理。夫理则亦有不必固然者矣。语曰：'和气致祥，戾气致异'。儒者高言理，而不屑言气。乃以阴阳为形下，余甚惑焉。物生而后有象，象而后有数。气在象数之先，理与命之所从出也。积燥至极，阴火内燔。积润至极，津水外溢。水火物也，润燥者气也。相感之微，非人非天，莫测所从。孰为主之，孰转移之，其在人也，亦若是而已矣。人之生于天地，与百谷草木之生于土无异也。雨露之所濡，霜雪之所杀，雷霆之所击，于人有之，于物亦然。何所厚薄而若是耶。故莫之为而为、适然而值之者，数也，命也。既莫之为矣，将前定乎？既适然而值之矣，将无定乎？天且不吾知，吾何心乎，此之谓顺命。"

张竹村谓人不知命其弊不可胜言

《适来子》云："命果有凭乎？茫乎不可知也。命果无凭乎，殆乎不可易也。三代以下，天下何其嚣嚣也。患得患失，无所不至。此无他，患生于多欲，而暗乎自然之数也。孔子以为入德自知命始，是故颛孙干禄，导以言行。子路愠见，教之固穷。夫岂不知富贵之足乐，贫贱之难堪哉！凡以为命不可强，而行己之不可失也。战国士，争功名。虽三尺童子欣然皆有意于其间。得之则喜，失之则怨。秦汉而后，士虽砥砺名节，然其踰礼义，而苟以为一旦之荣者亦不可胜数。盖彼读圣贤书而借之以为阶耳。而所为八德之门未有能自安者矣。呜呼！不知命之弊可胜言哉?"

《贵耳集》谓智将不如福将

《图书集成》引《贵耳集》云："张魏公开建业幕府，有一术者来谒，取辟客命推算。术者云：'皆非贵人。'公不乐，曰：'要做国家大事，幕下如何无三五人宰执侍从'。此亦智将不如福将也。魏公之客虞雍公，雍公之客王谦仲，范宗尹之客贺宗礼皆宰执也。开禧毕，再遇帅扬起身行伍，骤为名将，亦非偶然。麾下有二十余人，都统制殿帅四人，则知魏公推命之不诬也。"

韩昌黎磨羯为身宫，苏东坡磨羯为命宫

《东坡志林》云："吾昔谪黄州，曾子固居忧临川死焉。妄传吾与子固同日化去，且云如李长吉事。以上帝召，他时先帝亦闻其语。以问蜀人蒲宗孟，且有叹息语。今谪海南，又传吾得道乘舟入海，不复返者，京师皆云。儿子书来言之。今日有从黄州来者，云太守何述言吾在儋耳，一日忽失所在，独道服在耳盖上宾也。吾平日遭口语无数，盖生时与韩退之相似。吾命在斗间，而退之身宫在焉。故其诗曰：'我生之辰，月宿值斗'。且曰：'无善声以闻，无恶声以扬'。今谤吾者或云死，或云仙，退之之言良非虚耳。韩退之诗：'我生之辰，月宿南斗'。乃知退之磨羯为身宫，仆以磨羯为命宫。平生多得谤誉，殆同病也。"

王文禄谓通天地人曰儒

《海沂子》云："天皇、地皇、人皇，暨羲皇。罔不合道器理数，尽泄天地人之秘云。自秦焚灭矣，秦以前因《史记》知有邹衍。秦以后，因《经世》知有邵雍。若杨雄、洛下闳、僧一行、李淳风、袁天纲、耶律楚材、廖应淮皆能之。使孔门无中庸，曷能阐三才蕴奥也。故曰：'通天地人曰儒'。"《海沂子》曰："汉制射策，尤崇博极群书，以故有通三才之学者。唐诗赋则浅，宋经义则拘。噫！载天履地，同人冠世。乌可不知何以为天，何以为地，何以为人！"

曾文正公谓人力三分运气七分

《求阙斋日记》云："古来圣哲名儒之所以彪炳宇宙者，无非由于文学事功。然文学则资质居其七分，人力不过三分。事功则运气居其七分，人

力不过三分。"

张文和公谓君相不能造命

《澄怀园语》云："人生荣辱进退，皆有一定之数。宜以义命自安。余承乏纶扉，兼掌铨部，常见上所欲用之人，及至将用时，或罹参罚，或病或故，竟不果用。又常见上所不欲用之人，或因一言荐举而用，或因一时乏才而用。其得失升沉，虽君上且不能主，况其下焉者乎？乃知君相造命之说大不其然。"

珊按：《吕氏春秋》云："夏后氏孔甲，田于东阳萯山。天大风晦盲，孔甲迷惑。入于民室，主人方乳。或曰：'后来见，良日也，之子是必大吉'。或曰：'不胜也，之子是必有殃'。后乃取其子以归。曰：'以为余子，谁敢殃之'。子长成人，幕动折，撬斧斫斩其足，遂为守门者。孔甲曰：'呜呼，有疾。命矣夫。'"观此益信张文和公"君相不能造命"之说，为有据也。[①]

薛据谓人有三死非命也

《孔子集语》云："鲁哀公问于孔子曰：'有智者寿乎？'孔子对曰：'然人有三死，而非其命也，人自取之。寝处不时，饮食不节，劳逸过度者，疾共杀之。居下位而好干上，嗜欲无厌，求索不止者，刑共杀之。少以犯众，弱以侮强，忿不量力者，兵共杀之。此三死者，非其命也，人自取之'。"

杨雄谓命不可避

《法言》云："或问命。曰：'命者，天之命也，非人为也，人为不为命。'请问人为。曰：'可以存亡，可以死生，非命也。命不可避也。'或曰：'颜氏之子，冉氏之孙。'曰：'以其无避也。若立岩墙之下，动而征病，行而招死。命乎！'"

王充谓国命胜人命

《论衡·命义篇》云："墨家之论，以为人死无命。儒家之议，以为人

---

① 幕，音莫。《字典》云："帷在上曰幕，帐也。"犹言帐棚。军中张帐幕以居，故将帅所在曰幕府。

死有命。言有命者，见子夏言：'死生有命，富贵在天'。言无命者曰：'闻历阳之都，一宿沉而为湖。秦将白起，坑赵降卒于长平之下四十万众，同时皆死。春秋之时，败绩之军，死者蔽草，尸且万数。饥馑之岁，饿者满道，瘟气疫疠，千户灭门，如必有命。何其秦齐同也！'言有命者曰：'夫天下之大，人命之众。一历阳之都，一长平之坑，同命俱死，未可怪也！命当溺死，故相聚于历阳。命当压死，故相积于长平。犹高祖初起，相工入丰沛之邦，多封侯之人矣。未必老少男女俱贵，而有相也。卓踔时见，往往皆然。而历阳之都，男女俱没。长平之坑，老少并陷。万数之中，必有长命未当死之人。遭时衰微，兵革并起。不得终其寿，人命有长短。时有盛衰，衰则疾病。被灾蒙祸之验也。宋卫陈郑，同日并灾。四国之民，必有禄盛未当衰之人。然而俱灾，国祸陵之也。故国命胜人命，寿命胜禄命。'"

孔子以所以、所由、所安相人，并预言子路不得其死

《论语》云："子曰：'视其所以，观其所由，察其所安。人焉廋哉，人焉廋哉！'又曰：'子路行行如也，不得其死然'。尹注谓子路刚强，有不得其死之理。故因以戒之，其后子路卒死于卫孔悝之难。"

诸葛忠武侯曾著《相书》《相山诀》及《风云气候》等书

张澍辑《武侯故事》引《郑樵通志》云："《武侯相书》一卷，《武侯相山诀》三卷，《大明堂鉴》一卷，《唐书·艺文志》集《注阴符经》一卷。太公、范蠡、鬼谷子、张良、诸葛亮、李淳风、李筌、李鉴、李锐、杨晟共注。《宋书·艺文志》《诸葛武侯十六条》一卷，《十二时风云气候》一卷，《五行云雾歌》一卷，《占风雨雷电》一卷，《年代风雨占》一卷，《兵书手诀》一卷，《文武奇编》一卷。"

曹子建《相论》

《相论》曰："世固有人身瘠而志立，体小而名高者。于圣则否，是以尧眉八彩，舜目重瞳，禹耳三漏，文王四乳。然则世亦有四乳者，此则驽马一毛似骥耳。宋臣有公孙吕者，长七尺，面长三尺，广三尺，名震天下。若此之状，盖远代而求，非一世之异也。使形殊于外，道合其中。名震天下，不亦宜乎！语云：'无忧而戚，忧必及之。无庆而欢，乐必随

之。'此心有先动，而神有先知，则色有先见也。故扁鹊见桓公，知其将亡。申叔见巫臣，知其窃妻而逃也。"

王充《骨相论》

《论衡·骨相篇》云："人曰命难知，命甚易知。知之何用，用之骨体。人命禀于天，则有表候于体。察表候以知命，犹察斗斛以知容矣。表候者，骨法之谓也。故知命之工，察骨体之证，睹富贵贫贱。犹人见盘盂之器，知所设用也。善器必用贵人，恶器必施贱者。尊鼎不在陪厕之侧，匏瓜不在堂殿之上。明矣！富贵之骨，不遇贫贱之苦。贫贱之相，不遭富贵之乐。亦犹此也。器之盛物，有斗石之量，犹人爵有高下之差也。器过其量，物溢弃遗。爵过其差，死亡不存。论命者如比之于器，以察骨体之法，则命在于身形定矣。非徒富贵贫贱，有骨体也。而操行清浊，亦有法理。贵贱贫富，命也。操行清浊，性也。非徒命有骨法，性亦有骨法。唯知命有明相，莫知性有骨法。不见性之符验也。"

刘峻谓命之与相犹声之与响

刘户曹《集相经》序云："天命之与相，犹声之与响。声动乎几，响穷乎应。虽寿夭参差，贤愚不一。其间大较，可得闻矣。若乃生而神睿，弱而能言。八彩光眉，四瞳丽目，斯实天姿之特达，圣人之符表。泊乎日角月偃之奇，龙栖虎踞之美。地静镇于城缠，天关运于掌策。金槌玉枕，磊落相望。代犀起盖，隐鳞交映。井宅既兼，食匮已实。抑亦帝王卿相之明効也。及其深目长颈，颓颜戚髃。蚖行鸷立，猨喙鸟味。筋不束体，血不华色。手无春荑之柔，发有寒蓬之悴。或先吉而后凶，或少长乎穷乏。不其悲欤！至如姬公凝负图之容，孔父眇栖遑之迹。丰本知其有后，黄中明其可贵。其间或跃马膳珍，或飞而食肉，或皂隶晚侯。初形未正，铜严无以鲍生，玉馈终乎饿死。因斯以观，何事非命。"

陶弘景曾著《相经》

《陶隐居集·相经》序云："相者盖性命之著乎，形骨吉凶之表乎？气貌亦犹事先谋而后动，心先动而后应。表里相感，莫知所以然。且富贵寿夭，各值其数。董贤甫在弱冠，便位过三公，赀半于国。而才出三十，身摧家破。冯唐裤穿郎署，扬雄壁立高阁，而并至白首。或垂老玉食，而官不过尉史。或颖慧若神，仅至龉龊。或不辨菽麦，更保黄耇。此又明其偏有得也。"

吴处厚之相目法较孟子尤为详备

《青箱杂记》云："人之心相，亦见于目。孟子曰：'知人者莫良于眸子。胸中正，则眸子瞭焉。胸中不正，则眸子眊焉'。此其大概也。而其间善恶，又更多端。凡眢瞺㫚嗫者，嫉妒人也。盱睢䏨䀏者，恶性人也。矑睒晃者，憨人也。眂瞵眠睃者，淫乱人也。睢盱睐烁者，邪人也。弥词瞢瞻者，奸诈人也。应征拗眑者，倔强人也。羊目肛瞳者，毒害人也。睛色杂而光浮浅者，心不定，无信人也。睛色光彩溢出者，聪明人也。睛色紫黑，而彩端谛者，好隐遁人也。睛色黄，瞻视端直者，慕道术人也。睛多光，而不溢不散彻而，瞻视端直者，慕道术人也。睛急眨者，若不嫉妒，即虚妄人也。"①

吴处厚谓心相有三十六种

《青箱杂记》云："谚曰：'有心无相，相逐心生。有相无心，相随心灭。'此言人以心相为上也，故心相有三十六相。人尝言意气求官，自须如此。一也，为事有刚有柔。二也，慕善近君子。三也，有美食，尝分惠人。四也，不近小人。五也，常行阴德，每事方便。六也，从小能治家。七也，不厌人乞觅。八也，利人克己。九也，不遂恶贪杀。十也，闻事不惊张。十一也，与人期不失信。十二也，不易行改操。十三也，夜卧不便

① 眸，音谋。目中瞳人也。瞭，音了。目睛明也。眊，音冒。目不明貌。眢，音茂。瞺瞺媚貌。前汉《韦贤传》瞺瞺谄夫。㫚，音颊。《说文》，妄语也。《广韵》，㫚，多言也，亦作诔。嗫，音腊。《玉篇》，口无节也。《广韵》，私骂也。又口动也。盱，音吁。《说文》，张目也。六书故张目企望者，必犹豫不进也。易，豫卦。盱，豫悔。注，上视也。睢，音虽。《史记》，暴戾恣睢。注：睢，仰目怒貌。䏨，颠入声。䀏，音血。䏨䀏，视恶貌。矑，音卢。睒，音傥。《说文》，目无精，直视也。后汉《梁冀传》，冀鸢肩豺目，洞精矑睒眄。字汇补，音傥，平声。晃户广切，《养韵》，明也，辉也。䀏，尸连切，音膻。《说文》，羊臭也。眂，音䴠。《霰韵》，袤视也。《陶潜文》，眂庭柯以怡颜。憨，呼甘切。音钳，愚也。痴也。下瞰切，勘韵，害也，果决也。眂，谄去声。《类篇》，窥也。与觇同。《集韵》，音詹，目垂也。瞵，音蔡。瞵眂贴，目垂也。蔡，音廉。《说文》，霸也。一曰长貌。瞵，音煎。《说文》，女鬓垂貌。睃，音秦。眹音闪。《说文》，暂视貌。瞢，音蒙。《东韵》，又去声送韵。义同，目不明也，晦也，惭也。瞻，音层。目小作态。瞢，瞻也。《类韵》，瞢瞻，目不明貌。拗，于绞切。《巧韵》，折也。如攀折树技，俗亦谓之拗。于教切。《效韵》，拗戾，固相违也。如执拗，拗强。眑，音拗，深目也，与窅同，又面目不平也。窅，伊鸟切。音杳，《筱韵》，深也。肛音央，眨音札，目动也。

睡著。十四也，马上不回头顾。十五也，夜不令人生憎怒。十六也，不文过饰非。十七也，为人做事周匝。十八也，得人恩力不忘。十九也，自小便有大量。二十也，不毁善害恶。二十一也，怜孤、济寡、急物。二十二也，不助强欺弱。二十三也，不忘故旧之分。二十四也，为事众人用之。二十五也，不多言妄语。二十六也，得人物，每生惭愧。二十七也，声美，言有序。二十八也，当人语次不先起。二十九也，常言人善事。三十也，不嫌恶衣恶食。三十一也，方圆曲直随时。三十二也，闻善行之不倦。三十三也，知人饥渴劳苦，尝有以恤之。三十四也，不念旧恶。三十五也，故旧有难，竭力救之。三十六也，以上三十六善皆全者，当位极人臣，寿考令终。或有不全，则祸福相折，以次减杀。具二十者，刺史之位。具十以上，令佐之官。具五七者，亦须大富。"

李德裕谓识相择士可以拔十得九

《全唐文》载李德裕《析群疑相论》云："天相之相，在乎清明。将之相，在乎雄杰。清明者，珠玉是也，为天下所宝。雄杰者，虎兕是也，为百兽所伏。然清者必得大权，不能享丰富。雄者必当昌侈，不能为大柄。兼而有之者，在乎粹美而已。余顷岁莅淮海，属县有盱眙，山多珉玉，刮而为器，清莹洞澈。虽水精明冰不如，而价不及凡玉，不得为至宝，以其不粹也。清而粹者天也，故高不可测。清而澈者泉也，故深不可察。此其大暑也，余尝精而求之。多士以才为命，妇人以色为命。天赋是美者，必将有以贵之。才高者虽孟尝眇小，蔡泽折额，亦居万人之上。色美者虽钧弋之拳、李夫人之贱，亦为万乘之偶。然不如清而粹者，必身名俱荣，福禄终泰，张良是也。择士能用此术，可以拔十得九，无所疑也。"

吴处厚谓无福之人不可共事

《青箱杂记》云："昔人谓官至三品，不读相书，自识贵人。以其阅人多故也。本朝钜公吕文清、夏文庄、杨大年、马尚书皆有人伦之鉴。故其赏罚，未尝妄谬。而任使之际，亦多成功。李勣曰：'无福之人，不可与共事'。斯言信矣。"

苏东坡谓："余之迁谪难苦乃骨相所招"

《瑞桂堂暇录》云："东坡自谪海南归。人有问其迁谪艰苦者，坡答曰：'此乃骨相所招。少时入京师，有相者云：一双学士眼，半个配军头。异日文章虽当知名，然有迁徙不测之祸，今日悉符其语'。"

嵇叔夜谓人之择吉犹农之择沃土也

《嵇中散集》云："武王营周，则云考卜唯王。宅是镐京，周公迁邑。乃卜涧瀍，终唯洛食。"又曰："卜其宅兆而安厝之。古人修之于昔如彼，足下非之于今如此。不知谁定可从。"论曰："为三公宅，而愚民必不为三公。可知也。"或曰："愚民必不得久居公侯宅，然则果无宅也。"应曰："不谓吉宅，能独成福。但谓君子既有贤才，又卜其居。复顺积德，乃享元吉。犹夫良农既怀善义，又择沃土，复加耘籽，乃有盈仓之报耳。今见愚民不能得福于吉居，便谓宅无善恶。何异睹种田之无十千，而谓田无坏瘠耶。"

沈大成谓仁人孝子之葬亲必有其道

《新订天玉青囊》序云："地理之学，先王所以奠山川，建都邑，制师田，宅人民。凡体国经野之模，大率不离于是。而葬法特其一端，追后杂出九流。或且以为非儒者所宜治，从而訾议之。夫万物之负阴抱阳，戴天而履地者，理与气为之也。屈信往来，无间于生死。祖祢子姓，不隔于幽明。亲在而所寝不蔽风雨，一息不能安。为之兆域，而有贼风水虫之虞。其能恝然已乎？则仁人孝子之葬其亲，必有道矣。"

武侯谓阴阳之理昭著乎象

《诸葛忠武侯集》载《阴符经注》云："天垂象，圣人则之。推甲子，画八卦，考著龟，稽律历。则鬼神之情，阴阳之理，昭著乎象，无不尽矣。八卦之象，申而用之。六十甲子，转而用之。神出鬼入，万明一矣。"

江淹感子路之言但欲史历巫卜为世俗贱简事耳

《江醴陵集·与交友论隐书》云："淹者海滨窟穴，弋钓为伍。自度非奇力异才，不足闻见于诸侯。每承梁伯鸾卧于会稽之墅，高伯达坐于华阴之山。心常慕之，而未能及也。尝感子路之言，不拜官而仕。无青组紫绂、龟纽虎符之志。但欲史历巫卜，为世俗贱简事耳。"

《说海》谓严君平西蜀设肆是亦行道尔

《图书集成·艺术典》引《说海·论命》云："孔子曰：'道之将行也

与，命也。道之将废也与，命也'。是以圣人素其位而行，所遇不可必，故归之于命。先言道，而后言命。圣人依命而行道，所以严君平西蜀设肆，为人臣者勉之以忠，为人子者劝之以孝。是亦行道尔。"

韩昌黎谓大贤君子须通阴阳土地

《昌黎文集》载《答侯继书》云："仆少好学问，自六经之外，百氏之书，未有闻而不求，求得而不观者也。然其所志，唯在意义所归。至于礼乐之名数、阴阳土地、星辰方药之书，未尝一得其门户。虽今之仕进，不要此道。然古之人未有不通此，而为大贤君子者也。"

珊按：此条为古闽龚贡谟先生荫杉极为钦佩。丙寅三月，蒙其钞示，兹特纂入。谨识数言，不忘所自也。

汪中谓小道自托可养廉耻

《述学》载《与朱武曹书》云："中尝有志于用世，而耻为无用之学。故于古今制度沿革，民生利病之事，皆博问而切究之，以待一日之遇。下至百工小道，学一术以自托。平日则自食其力，而可以养其廉耻。即有饥馑流散之患，亦足卫其生。何苦耗心劳力，饰虚词以求悦世人哉？"

《书影》载人命八字止一百万零三万六千

周亮工《书影》云："人命八字，共计五十一万八千。即以上四刻，下四刻论，亦止一百万零三万六千尽之矣。"

珊按：《乾元秘旨》云："凡大富大贵之命，往往世不偶生。而贫贱者，恒层见叠出。何钦？盖天地之精华，独酝酿于此一日，发泄于此一时。譬诸祥麟彩凤，即不多见。若泛泛化生于阴阳五行之内，不啻吠犬鸣鸡，何地无之？此语足解周亮工之惑，若再参看《阅微草堂笔记》。更可知其间乘除盈缩之理矣。或曰：'花甲六十一周。人之八字，岂非六十年后尽相同乎？'曰：'非唯六十年后不能同。即六千六万年后，亦不能同。'盖六十甲子之年可同，而六十甲子按月节气之日时，忽先忽后，参差不一，断难同。节气既不同，虽八字偶同。其中衰旺荣枯势必大相悬绝。而况行运迟早又有变更。彼为十岁行甲运，而此则六岁行甲运。彼为二十岁行乙运，此则为二十六岁行乙运矣。先后不同如此，其祸福吉凶又岂能相同耶？语云：'人心不同，各如其面。'夫以人面之简单，不过五官而已，尚不能同，而况干支二十二字。又有逐年节气，错综于其间，安得相同耶？先哲有诗云：'光阴如逝水，一去不复回。'此诚阅历天人之言也。"

道一山房主人泚云氏曰："书影谓人命八字止一百零三万六千。前案力驳其非，意谓人心不同，各如其面。人命不同，各如其心。斯论甚当。但仅述其所当然，尚未深究其所以然耳。八字根据干支，干支根据五行。五行根据七政，七政以太阳为宗。太阳每岁相交冬至点，有三十九分太之岁差。于是诸星经天，每岁俱生纤微之差别。而宇宙间年年不同之命运，亦由岁差判分。故明了岁差之原理，则便知古今中外绝无毕同之运命矣。岂止一百零三万六千零八字而已哉？"

《茶香室四钞》载八字可凭止一字

《茶香室四钞》云："八字之说，最不可信。自天地开辟至今，究不知为若干岁。则安知今年之为某甲子也。年不可信，则月日亦不可信。唯时尚可信，然时上所配之天干，亦不可信。八字可凭者，止一字耳。"

珊按：此篇谓安知今年为某甲子，语太不经。不观《六经·天文编》载明演纪作历，是年天正冬至，日虚一度。《易乾凿度》、《皇极经世》及汉《皇甫谧》所载皆同。又云："黄帝迎日推策，始作调历。至汉造历，岁在甲子。乃十一月冬至甲子朔，为入历之始。可见演纪作历，信而有征。以次推排，毫无舛误。何得谓为安知耶？若为甲子纪元，远不可稽。独不思天象昭悬，四时有序。弦望朔晦，分至启闭。识者可以随时随地测之。至谓八字可凭者只一字，试问此一字是否为地支乎？若谓地支可凭，则天干亦何不可凭耶？噫嘻！为此言者，殆不知天象耳。"

道一山房主人泚云氏曰："《茶香室四钞》谓八字之说最不可信。自天地开辟至今，究不知为若干岁，则安知今年为某甲子也！年不可信，则日月亦不可信。据此则干支八字，完全无据。前案引用演绝太初造历，证明甲子入历之始。并涉及天象昭垂，辞似有所穷。窃以为天地开辟之年虽不可知，而甲子之年仍能确定。亦犹今之天文家，虽不知太阳之起源，宇宙之边际。而行星之迟速，恒星之远近，仍能推测也。因六十花甲乃排比有序之连环性，而非任意先后之单独性。例如承认今年为己巳，则必承认明年为庚午。去年为戊辰，承认今年为甲子，则必承认明年为乙丑。去年为癸亥，断不可认今年为己巳。而认己巳之前一年为乙丑，己巳之后一年为癸亥也。譬如音乐中之音阶，虽可互为D、L、M、F，然以L为D，则必以M为L。如以M为D，则必以F为L，其结果则无论C调E调，高者相比而仍高，低者相比而仍低。犹之人生年月日时之干支依次排比。有情者仍属有情，无情者仍属无情。如某生于子年辰月。若系甲子年，则必为戊辰月。若系丙子年，则必为壬辰月。甲戊固相克，而丙壬又相克。匪为甲子丙子年之辰月相克，即甲寅、丙寅、甲辰、丙辰、甲午、丙午、甲申、丙申年之辰月无不相克。反之，若生于戊子年，则必为丙辰月。若生于壬子年，则必为甲辰月。丙戊固相生，而壬甲亦相生。即逢戊逢壬之辰月，无一不相生。故能明了干支生克有定数、有定位。能明了六十花甲互相连环，排比有序。则虽不知天地开辟之年而确定甲子，亦无不可也。"

述卜筮星相学卷六

一　卜筮星相学与国家之关系

西伯卜得太公望

《史记·齐太公世家》云："西伯将出猎，卜之。曰：'所获非龙非彨，非虎非罴，所获霸王之辅'。于是周西伯猎，果遇太公于渭之阳。与语大悦。曰：自吾先君太公曰当有圣人适周。周以兴，子真是耶。吾太公望子久矣。故号之曰太公望，载与俱归，立为师。"

周内史为陈侯筮，还观之否曰，是谓观国之光利用宾于王

《左传·庄公》云："初，懿氏卜妻敬仲。① 其妻占之曰吉，② 是谓凤凰于飞，和鸣锵锵。③ 有妫之后，将育于姜。④ 五世其昌，竝于正乡。八世之后，莫之与京。⑤ 陈厉公，蔡出也。⑥ 故蔡人杀五父而立之。⑦ 生故仲，其少也。周史有以周易见陈侯者，⑧ 陈侯使筮之蓍，⑨ 遇观☷⑩之否。☶⑪曰：'是谓观国之光，利用宾于王。'⑫ 此其代陈有国乎？不在此，其在异国。非此其身，在其子孙。光远而自他有耀者也。坤，土也。巽，风也。乾，

---

① 懿氏，陈大夫，龟曰卜。○妻去声。
② 懿氏妻。
③ 雄曰凤，雌曰凰。雄雌俱飞，相和而鸣，锵锵然。犹敬仲夫妻，相随适齐，有声誉。
④ 妫，陈姓姜齐姓。
⑤ 京，大也。
⑥ 姊妹之子曰出。
⑦ 五父，陈佗也。杀陈佗在桓六年。
⑧ 周太史也。
⑨ 曰筮。
⑩ 坤下，巽上。观，○观古乱反，下皆同。
⑪ 坤下，乾上，否，观六四爻变而为否。
⑫ 此周易观卦六四爻辞，《易》之为书，六爻皆有变象，又有互体，圣人随其义而论之。

天也。风为天于土上，山也。① 有山之材，而照之以天光，于是乎居土上。② 故曰观国之光，利用宾于王。③ 庭实旅百，奉之以玉帛。天地之美具焉。故曰：利用宾于王。④ 犹有观焉。故曰：其在后乎？⑤ 风行而著于土，故曰：其在异国乎？若在异国，必姜姓也。姜大岳之后也。⑥ 山岳则配天，物莫能两大。陈衰此其昌乎？"⑦

史苏为晋献公筮，嫁伯姬于秦，遇归妹之睽，曰不吉

《左传·僖公》云："初，晋献公筮，嫁伯姬于秦，遇归妹䷵⑧之睽。䷥⑨史苏占之，曰不吉。其繇曰：士刲羊，亦无衁也。女承筐，亦无贶也。⑩ 西邻责言，不可偿也。⑪ 归妹之睽，犹无相也。⑫ 震之离，亦离之震，⑬ 为雷为火，为嬴败姬。⑭ 车说其輹，火焚其旗。不利行师，败于宗丘。⑮ 归妹睽孤，⑯ 寇其纵姑，⑰ 六年其逋，逃归其国，而弃其家。⑱ 明年

---

① 巽变为乾，故曰风为天。自二至四，有艮象，艮为山。
② 山则材之所生，上有乾、下有坤，故言居土上，照之以天光。
③ 四为诸侯，变而之乾，有国朝王之象。○按利用宾于王，五字衍。
④ 艮为门庭，乾为金玉，坤为布帛，诸侯朝王陈贽币之象。旅，陈也。百，言物备。○。
⑤ 因观文以博占，故言犹有观，非在已之言，故知在子孙。
⑥ 姜姓之先，为尧四岳。○著，直客反。
⑦ 变而象艮，故知当与于大岳之后，得大岳之权，则有配天之大功，故知陈必衰。
⑧ 兑下，震下，归妹。
⑨ 兑下离上，睽，归妹，上六变而下为睽，○睽苦圭反。
⑩ 周易归妹上爻辞也。衁，血也。贶，赐也。刲羊士之功，承筐女之职。上六无应，所求不获。故下刲无血，上承无实，不吉之象也。离为中女，震为长男，故称士女。○繇音胄，刲苦圭反。衁，音荒。
⑪ 将嫁女于西，而遇不吉之卦。故知有责让之言，不可报偿。
⑫ 归妹女嫁之卦，睽乖离之象。故曰无相。相，助也。
⑬ 二卦变而气相通。
⑭ 嬴，秦姓，姬晋姓。震为雷，离为火，火动炽而害其母，女嫁反害其家之象。故曰为嬴败姬。
⑮ 輹，车下缚也。丘，猗邑也。震为车，离为火，上六爻在震，则无应。故车说輹，在离则失位，故炎焚旗，言皆失车火之用也。车败旗焚，故不利行师。火还害母，故败不出国，近在宗邑。○孔疏《子夏易传》云：'輹，车下伏兔也'。今人谓之车屐，形如伏兔，以绳缚于轴，因名缚也。说，音脱。輹，音福。○○。
⑯ 寇张之弧，此睽上九爻辞也。处睽至极，故曰睽孤，失位孤绝，故遇寇难，而有弓矢之警，皆不吉之象。
⑰ 震为木，离为火，火从木生，离为震妹，于火为姑，谓我侄者，我谓之姑。谓子圉质秦。
⑱ 逋，亡也。家，谓子圉妇怀嬴。

其死于高梁之虚。① 及惠公在秦，曰：'先君若从史苏之占，吾不及此夫。'"

孔子善卜，预言鲁必克越

王充《论衡·卜筮篇》云："鲁将伐越，筮之。得鼎折足，子贡占之以为凶。何则？鼎而折足，行用足，故谓之凶。孔子占之以为吉，曰：'越人水居，行用舟，不用足，故谓之吉'。鲁伐越，果克之。"

梁丘贺之卜竟免宣帝之危

《汉书·梁丘贺传》云："贺字长翁，琅邪证人也。以能心计，为武骑从大中大夫。京房受易房者，溜川杨何弟子也。房出为齐郡太守，贺更事田王孙。宣帝时闻京房为易明，求其门人，得贺。贺时为都司空令，坐事论免为庶人，待诏黄门。数入说教侍中，以召贺。贺入说上善之，以贺为郎。会八月，饮酎行祠孝昭庙。先驱旄头剑挺堕坠，首垂泥中，刃向乘舆，车马惊。于是召贺，筮之。有兵谋，不吉。上还，使有司侍祠。是时霍氏外孙代郡太守任宣，坐谋反诛。宣子章，为公车丞，亡在渭城界中。夜元服入庙，居郎间，执戟立庙门。待上至，欲为逆，发觉伏诛。故事上常夜入庙，其后待明而入，自此始也。贺以筮有应，繇是近幸为大中大夫、给事中，至少府。"

程唯象预卜宋英宗而得赐书

《婺源县志》云："程唯象以占算游京师，言人贵贱祸辐，若神。英宗在潜邸时，唯象预言其兆。既贵，得御赐书。王荆公赠诗云：'占见地灵非卜筮，算知人贵因陶渔'。梅圣俞之属皆有诗送之，故老犹见其家有御书。"

陈梅湖卜谏元世祖朝臣咸敬之

《江宁府志》云："陈梅湖善皇极数，受知于元世祖。凡遇推卜，多以易数讽谏，朝臣咸敬之。官至江西宣慰副使，或问何不为诸子计。曰：

---

① 惠公死之明年，文公入，杀怀公于高梁。高梁，晋地，在平阳杨氏县西南。凡筮者用《周易》，则其象可推。非此而往，则临时占者，或取于象，或取于气，或取于时日王相，以成其占。若尽附会以爻象，则构虚而不经。故略言其归趣，他皆放此。○虚，去鱼反，○今山西临汾县有梁墟。王相，并去声。

'吾数非其所当传，且命贫贱，令其粗知农事足矣'。"

赵延义善述数术，周太祖闻其言，免诛苏刘二族

《五代史·杂传》云："赵延义，字子英，秦州人也。曾祖肖躬通术数，避乱于蜀。父温珪，事蜀王建，为司天监。每为占吉凶，小不中，辄加诘责。临卒，戒其子孙曰：'数术，吾世业。然吾仕乱国得罪而几死者矣，子孙能以他道仕进者，不必为也'。延义少亦以此仕蜀，为司天监。蜀亡，仕唐为星官。延义兼通三式，颇善相人。契丹灭晋，延义随虏至镇州。李筠、白再荣谋逐麻答归汉，犹豫未决。延义假述数术赞成之。周太祖自魏以兵入京师，召延义问汉祚短促者天数耶？延义言：'王者抚天下，当以仁恩德泽。而汉法深酷，刑法枉滥，天下称冤，此其所以亡也'。是时太祖方以兵围苏逢吉、刘铢第，欲诛其族，闻延义言，悚然。因贷其族，两家获全。延义事周，为太府卿，判司天监，以疾卒。"

管辂卜谏吏部尚书何晏须小心翼翼

《魏志·方技·管辂传》云："正始九年十二月二十八日，吏部尚书何晏请之，邓飏在晏许。晏谓辂曰：'闻君著爻神妙，试为作一卦。知位当至三公否？'又问：'连梦见青蝇数十头，来在鼻上，驱之不肯去。有何意故？'辂曰：'夫飞鸮天下贱鸟，及其在林食椹，则怀我好音。况辂心非草木，敢不尽忠。昔元凯之弼重华宣，慈惠和周公之翼。成王坐而待旦，故能流光六合，万国咸宁。此乃履道休应，非卜筮之所明也。今君侯位重山岳，执若雷电，而怀德者鲜，畏威者众。殆非小心翼翼，多福之仁。又鼻者艮，此天中之山，高而不危，所以长守贵。今青蝇臭恶而集之焉。位峻者颠，轻豪者亡。不可不思害盈之数，盛衰之期。是故山在地中曰谦，雷在天上曰壮。谦则哀多益寡，壮则非礼不履。未有损己而不光大，行非而不伤败。愿君侯上追文正六爻之旨，下思尼父象象之义，然后三公可决，青蝇可驱也'。飏曰：'此老生之常谈'。辂答曰：'夫老生者见不生，常谈者看见不谈'。晏曰：'过岁更当相见'。辂还邑舍，具以此言语舅氏。舅氏责辂言太切至。辂曰：'与死人语，何所畏邪？'舅大怒，谓辂狂悖。岁朝，西北大风，尘埃蔽天十余日。闻晏飏皆诛，然后舅氏乃服。"

公沙穆卜谏缯侯刘敞毋违越法度

《东汉书·方术传》云："公沙穆，字文又，北海胶东人也，家贫贱。自为儿童，不好戏弄。长习韩诗、《公羊》、《春秋》。尤锐思河洛推步之术。后举孝廉，以高第为主事，迁缯相。时缯侯刘敞，东海恭王之后也。所为多不法，废嫡立庶，傲很放恣。穆到官，谒曰：'臣始除之日，京师咸谓臣曰：'缯有恶侯，以吊小相'。明侯何因得此丑声之甚也。幸承先人之支体，传茅土之重。不战战兢兢，而违越法度。故朝廷使臣为辅，愿改往修来，自求多福。乃上没敞所侵官民田地，废其庶子，还立嫡嗣。其苍头儿客犯法，皆收考之'。因苦辞谏敞，敞涕泣为谢。多从其所规，迁弘农令。县界有螟虫食稼，百姓惶惧，穆乃设坛谢曰：'百姓有过，罪穆之由。请以身祷'。于是暴雨，既霁而螟虫自销，百姓称曰神明。永寿元年，霖雨大水。三辅以东，莫不湮没。穆明晓占候，乃豫告。令百姓徙居高地，故弘农人独得免害。迁辽东属国都尉，善得吏人欢心。年六十六卒官，六子皆知名。"

诸葛亮预卜雒城之役多凶少吉

《图书集成》引《诸葛丞相集》云："诸葛亮上先主书有云，亮算太乙数，今年岁次癸巳，罡星在西方。又观乾象，太白临于雒城之分，主于将帅多凶少吉。按《太乙飞钤》云：'先主自涪攻雒城，亮遣马良上先主书，已而军师庞统中流矢死。'"

邵尧夫闻鸟声预言苍生无宁岁

宋朱弁《曲洧旧闻》云："尧夫传易学，尤精于数，居洛中。昭陵末年，闻鸟声，惊曰此越鸟也，孰为而来哉！因以易占之，谓人曰：后二十年，有一南方人做宰相，自此苍生无宁岁，君等志之。'"

裴晋公闻相字者言预知己酉日破贼

《图书集成》引《指明心法》云："裴晋公征吴元济，掘地得一石。有字云：'鸡未肥，酒未熟'。相字者解曰：'鸡未肥，无肉也。为己酒未熟，无水也。酒去水，为酉，破贼在己酉乎？'果然。"

守信发明天赦日上庆日不可断极刑

《宋史·方技传》云："守信少习父业，补司无历算。寻授江安县主簿，改司天台主簿，知算造。太平兴国中，以应天历小差。诏与冬官正吴昭协主簿刘内真造新历。及成，太宗命卫尉少卿元象宗与明律历者同校定，赐号乾元历，颇为精密，皆优赐束帛。雍熙中迁冬官正，端拱初，改太子洗马，判司天监。淳化二年，守信上言，正月一日，为一岁之首。每月八日，天帝下巡人世，察善恶。太岁日，为岁星之精，人君之象。三元日，上元天官，中元地官，下元水官。各主录人之善恶。又春戊寅、夏甲午、秋戊申、冬甲子为天赦日。及上庆诞日，皆不可以断极刑。事下，有司议行。未几，转殿中丞，权少监事，立本品之下，俄赐金紫。"

张南轩论朱晦翁之命官多禄少

《太平清话》云："张南轩知星命，乃判朱晦翁'官多禄少'四字。晦翁点首云：'老汉生平辞官文字甚多。'"

韩恺为曾仲躬侍郎、吕伯恭太师推命，其言俱验

周密《齐东野语》云："绍兴末，有韩恺者，卖卜于临安之三桥，多奇中。庚辰春，曾侍郎仲躬、吕太师伯恭至其肆，则先一人在焉。问其姓，宗子也。次第诸命，首言赵可至郡守，却多贵子，不达者亦乡郎。次及曾，则曰：'命甚佳，有家世，有文学，有政事，亦有官职。只欠一事，终身无科第'。次至吕，问何干至此。吕曰：'赴试'。曰：'去年不合发解，令安得省试'。曰：'赴词科'。曰：'却是词科中人，但不在今年，词科别有人矣'。后三年，两试皆得之。且不失甲科。复叩其所至，沉吟久之。曰：'名满天下，可惜无福'。已而其言皆验。"

顾凤威推命论人身后荣辱亦命中注定

《寄蜗残赘》云："余姚顾凤威于市上买得抄本书一帙，乃算命诀也。后云：'万历六年，零阳道人手录，得于嵩山僧者'。顾朝夕推究，竟得不传之秘，所谈无不奇验。曾云：'人生富贵贫贱，悉由于命。即身后荣辱，亦命中所注。世人群尊关帝，设于在曹之日，或遇害，或病殁。后人谁亮其心。乌知其忠肝义胆冠绝古今哉。至秦桧之恶，万世唾骂。然上书二帅千余言，慷慨激烈，必欲立赵氏之后。即令李若水辈执笔为之，亦不过如此。设当时触怒被杀，得不指为宋室忠臣乎？关帝不死于曹，以成其忠。秦桧不死于金，似成其奸。命中早定，人自不知耳'。其持论可谓奇辟。

后至常州，推刘文定命造。踌躇再四，似不能解。刘询其故。曰：'异哉子造也。当以翰林入仕，官至一品。然细较生平，竟无科第之分。殆不由举人、进士出身乎'。后果以博学鸿词授编修，官至大学士。其言始验。顾殁后，其书不传。"

又云："海监朱朵山殿撰，官户部小京官时，才年二十余。自负才华，目空一世。遇术人林某，推其庚造。曰：'此鼎甲命也'。朱曰：'是第一人否？若榜探，则非所愿也'。林决为大魁，但终身官阶只五六品耳。朱曰：'莫非寿不永乎'。林曰：'寿可七十外。君记吾言，当载白顶五回'。朱意甚不然，后由小京官升主事，第一回也。传胪后，授职修撰，第二回也。因案革职后，捐复主事，第三回也。由给事中降授署正，第四回也。废员开列，以主事用，第五回也。较其生平，与术者所言真丝毫不爽。后至七十余而殁。钱塘许文恪亦由拔贡，官小京官。中丞杨某谓曰：'君命相皆极贵，取号滇生，非生于云南乎？甚可惜矣。若生原籍，状元宰相也。今则榜眼尚书而已'。是时文恪尚未乡举，闻言过望。后果以第二人及第，三官尚书而卒。命运之说，竟有之乎！世之躁进妄求，日以心力相继者，当亦废然返矣。"

某道士论命谓人一身之穷达必须安命，至国计民生之利害则不可言命

纪文达公《阅微草堂笔记》云："制府李公卫未达时，尝同一道士渡江，适有与舟子争诟者。道士太息曰：'命在须臾，尚计较数文钱耶'。俄其人为帆脚所扫，堕江死。李公心异之。中流风作，舟欲覆，道士禹步诵咒，风止得济。李公再拜谢更生。道士曰：'适堕江者，命也。吾不能救。公贵人也，阨遇得济，亦命也，吾不能不救，何谢焉'。李公又拜曰：'领师此训，吾终身安命矣'。道士曰：'是不尽然，一身之穷达当安命，不安命则奔兢，排轧无所不至。不知李林甫、秦桧、即不倾陷善类亦做宰相，徒自增罪案耳。至国计民生之利害，则不可言命。天地之生才，朝廷之设官，所以补救气数也。身握事权，束手而委命天地，何必生此才。朝廷何必设此官乎？'晨门曰：'是知其不可而为之。诸葛武侯曰：鞠躬尽瘁，死而后已。成败利钝非所逆睹，此圣贤立命之学，公其识之'。李公谨受教，拜问姓名。道士曰：'言之恐公骇'。下舟行数十步，翳然灭迹。"

子上相商臣谓为蜂目豺声，忍人也

《左传·文公》曰："初，楚子将以商臣为大子，访诸令尹子上。子上曰：'君之齿未也。① 而又多爱，黜乃乱也。楚国之举，恒在少者。② 且是人也，蜂目而豺声，忍人也。③ 不可立也'。弗听。"

王孙说相叔孙侨如方上锐下，宜触冒人

《国语》云："简王八年，鲁成公来朝，使叔孙侨如先聘。且告。④ 见王孙说，与之语。⑤ 说言于王曰：'鲁叔孙之来也，必有异焉。其享观之币薄，而言诌，殆请之也。若请之，必欲赐也。执政唯强，故不观焉，而后遣之。⑥ 且其状方上而锐下，宜触冒人，王其勿赐。'"

某相士预言班超当万里封侯

《后汉书·班超传》云："班超，字仲升，扶风平陵人，徐令彪之少子也。为人有大志，不修细节。然内孝谨，居家常执勤苦，不耻劳辱。有口辩，而涉猎书传。永平五年，兄固被召诣校书郎，超与母随至洛阳。家贫，常为官佣书以供养。久劳苦，尝辍业投笔叹曰：'大丈夫无它志，略犹当效传介子、张骞立功异域，以取封侯，安能久事笔研间乎'？左右皆笑之。超曰：'小子安知壮士志哉'。其后行诣相者曰：'祭酒布衣诸生耳，而当封侯万里之外'。超问其状，相者指曰：'生燕领虎颈，飞而食肉，此万里侯相也'。"⑦

诸葛亮相人惊脱曹公所遣之刺客

《武侯故事》云："曹公遣刺客见刘备，方得交接门。论伐魏形势，甚合。备计稍欲亲近，刺者尚未得便。会既而亮入，魏客神色失措，亮因而察之，亦知非常人。须臾客入厕。备谓亮曰：'向得奇士足以助君更益'。亮问所在，备曰：'起者其人也'。亮徐叹曰：'观客色动而神跃，视低而

---

① 齿，年也，言尚少。

② 举，立也。

③ 能忍行不义。

④ 使侨如先修聘礼，且告周，以成公将朝也。

⑤ 说，周大夫也。

⑥ 鲁执政之人畏其强御，难拒其欲。故不观悦，而后遣之。

⑦ 《太平御览》引《东观汉记》所载本此。

忤数。奸形外露，邪心内藏，必曹氏刺客也'。追之，已越墙而走。"

妙应方善相人，一言免宋高宗车驾之危

《扬州府志》云："妙应方善相，名闻天下。高宗驻维扬，应方馆于张浚家。一日自外归语浚，适见城中人有死气十七八，必金兵将至之兆，宜劝上南渡。浚素神其术，即入奏。上欲留元夜观灯，未决。俄粘罕寇至，车驾亟行，城中死者无数。"

内史叔服论相谷也丰下，必有后于鲁国

《左传》云："文公元年春，王使内史叔服来会葬。公孙敖闻其能相人也，见其二子焉。叔服曰：'谷也食子，难也收子。谷也丰下，必有后于鲁国'。"①

朱建平善相效验非一

《魏志·方技传》云："朱建平，沛国人也，善相术。于闾巷之间，效验非一。太祖为魏公，闻之，召为郎。文帝为五官将，坐上会客三十余人。文帝问己年寿，又令遍相众宾。建平曰：'将军当寿八十。至四十时，当有小厄，愿谨护之'。谓夏侯威曰：'君四十九，位为州牧，而当有厄。厄若得过，可年至七十，致位公辅'。谓应璩曰：'君六十二，位为常伯，而当有厄，先此一年。当独见一白狗，而旁人不见也'。谓曹彪曰：'君据藩国，至五十七，当厄于兵，宜善防之'。初颍川荀攸、钟繇相与亲善。攸先亡，子幼。繇经纪其门户，欲嫁其妾。与人书曰：'吾与公达曾共使朱建平相。建平曰：荀君虽少，然当以后事付钟君。吾时啁之曰：唯当嫁卿阿鹜耳。何意此子，竟早陨没，戏言遂验乎！今欲嫁阿鹜，使得善处。追思建平之妙，虽唐举、许负何以复加也'。文帝黄初七年，年四十，病困。谓左右曰：'建平所言八十，谓书夜也，吾其决也'。顷之，果崩。夏侯威为兖州刺史，年四十九。十二月上旬得疾，念建平之言，自分必死，豫作遗令，及送丧之备，咸使素办。至下旬转差，垂以平复。三十日昃，请纪纲大吏，设酒曰：'吾所苦渐平，明日鸡鸣，年便五十。建平之

---

① 公孙敖，鲁大夫度父之子。谷，交伯。难，惠叔。食子，奉祭祀供养者也。收子，葬子身也。丰下，盖面方。为八年公孙敖奔莒传。

戒，真必过矣'。威罢客之后，合瞑疾动，夜半遂卒。璩六十一，为侍中。直省内欷，见白狗，问之众人，悉无见者。于是数聚会，并急游观田里。饮宴自娱，过期一年，六十三卒。曹彪封楚王，年五十七。坐与王凌通谋，赐死。凡说此辈，无不如言。不能具详，故粗记数事。建平，黄初中卒。"

萧注善相将相

《宋史·萧注传》云："注有胆气，而能相人。自陕西还，帝问注：'韩绛为安抚使，施设如何'。对曰：'庙算深远臣不能窥。然知绛当位极将相'。帝喜曰：'果如卿言，绛必成功'。问王安石。曰：'安石牛目虎顾，视物如射。意行直前，敢当天下大事。然不如绛。得和气为多。唯气和能养万物耳'。后皆如其言。"

袁珙相多奇中

《明史·方技传》云："袁珙，字廷玉，鄞人。高祖镛、宋季举进士。元兵至，不屈，举家十七人皆死。父士元，翰林检阅官。珙生有异禀，好学能诗。尝游海外洛伽山，遇异僧别古崖，授以相人术。先仰视皎日，目尽眩，布赤黑豆暗室中辨之。又悬五色缕窗外映月，别其色，皆无讹，然后相人。其法以夜中燃两炬，视人形状气色。而参以所生年月，百无一谬。珙在元时已有名，所相士大夫数十百。其于死生福祸，迟速大小，并刻时日，无不奇中。南台大夫普化帖木儿由闽海道见珙。珙曰：'公神气严肃，举动风生，大贵验也。但印堂、司空有赤气。到官一百十四日当夺印。然守正秉忠，名垂后世，愿自勉'。普署台事于越，果为张士诚逼取印绶，抗节死。见江西宪副程徐曰：'君帝坐上黄紫再现，千日内有二美除。但冷笑无情，非忠节相也'。徐于一年后拜兵部侍郎，擢尚书。又二年降明，为吏部侍郎。尝相陶凯曰：'君五岳朝揖，而气色未开。五星分明，而光泽未见，宜藏器待时。不十年以文进，为异代臣，官二品，其在荆扬闻乎'。凯后为礼部尚书，湖广行省参政。其精类如此。珙相人即知人心术善恶，人不畏义而畏祸患。往往因其不善，导之为善，从而改行者甚多。为人孝友端厚，待族党有恩。所居鄞城西遶舍种柳，自号柳庄居士。有《柳庄集》，永乐八年卒，年七十有六。"

裴晋公信仰相士之言竟平淮西

康骈《剧谈录》云："裴晋公微时，羁寓洛中，常乘蹇驴入皇城。方上天津桥时，淮西不庭，已数年矣。有二老人傍桥柱而立，语云：'蔡州用兵日久，征发甚困于人，未知何时得平定'。忽睹裴公，惊愕而退。有仆者携书囊后行，相去稍远。闻老人云：'适忧蔡州未平，须待此人为将'。既归，仆者具述其事。裴公曰：'见我龙钟相戏耳'。其秋，东府乡荐，明年登第。及秉钧衡，朝廷议授吴元济节钺，既而延英候对。宪皇以问宰臣，裴公奏曰：'奸臣跋扈，四十余年。圣朝姑务含容，盖虑动伤一境，未闻归心效顺，乃坐据一方。若以旌钺授之，恐恣其凶逆。以陛下聪明神武，藩镇皆愿勤王。臣请一诏追兵，可以平荡妖孽'。于是命晋公为淮西节度使兴师致讨。时陈许汴滑三帅先于偃城县屯军。晋公统精甲五万，会之受律，鼓行而进。直造蔡州坡下，才两月，擒贼以献。淮西既平，后入朝居廊庙。六年拜正司徒，为侍中中书令。儒风武德，振耀古今。洎留守洛师，每话天津桥老人之事。"

伍子胥使术士造筑大城

《吴越春秋》云："子胥乃使术士尝水，象天法地，造筑大城，周回四十七里。陆门八以象天八风，水门八以法地八聪。筑小城，周十里。陵门三，不开东面者，欲以绝越明也。立阊门者，以象天门，通阊阖风也。立蛇门者，以象地户也。阖闾欲西破楚，楚在西北。故立阊门，以通天气。因复名之破楚门。欲东并大越，越在东南，放立蛇斗，以制敌国。吴在辰，其位龙也。故小城南门上反羽为两鲵鳠，以象龙角。越在巳地，其位蛇也。故南大门上有木蛇。北向首内，示越属于吴也。"

范蠡筑城特缺西北

《吴越春秋》云："于是范蠡乃观天文，拟法于紫宫，筑作小城，周千一百二十一步，一圆三方。西北立龙飞翼之楼，以象天门。东南伏漏石窦，以象地户。陵门四达，以象八风。外郭筑城而缺西北，示服事吴也。不敢壅塞，内以取吴。故缺西北，而吴不知也。北向称臣，委命吴国，左右易处，不得其位，明臣属也。城既成，而怪山自生者，琅琊东武，海中山也。一夕自来，故名怪山。范蠡曰：'臣之筑城，其应天矣，昆仑之象存焉。'"

戴洋论武昌政可图始，不可居终

《晋书·戴洋传》云："洋言于亮曰：'武昌土地，有由无林。政可图始，不可居终。山作八字，数不及九。昔吴用壬寅来上创立宫城，至己酉还下秣陵。陶公亦涉八年，土地盛衰有数，人心去就有期，不可移也。公宜更择吉处，武昌不可久住。'"[①]

二 卜筮星相学与社会之关系

司马季主之卜可以教忠、教孝、教慈、并可愈病救死、免患成事而与嫁子娶妇亦多裨益

《史记·日者传》云："司马季主者，楚人也，卜于长安东市。宋忠为中大夫，贾谊为博士，同日俱出洗沐，相从论议。诵易先王圣人之道术，究遍人情，相视而叹。贾谊曰：'吾闻古之圣人不居朝廷，必在卜医之中。今吾已见三公九卿，朝士大夫皆可知矣，试之卜数中以观采'。二人即同舆而之市，游于卜肆中。天新雨，道少人。司马季主间坐，弟子三四人侍。方辩天地之道，日月之运，阴阳吉凶之本。二大夫再拜谒，司马季主视其状貌，如类有知音，即礼之。使弟子延之坐。坐定，司马季主复理前语。分别天地之终始，日月星辰之纪差。次仁义之际，列吉凶之符。语数千言，莫不顺理。宋忠、贾谊瞿然而悟，猎缨正襟危坐。曰：'吾望先生之状，听先生之辞。小子窃观于世，未尝见也。今何居之卑，何行之污？'司马季主捧腹大笑。曰：'观大夫类有道术者，今何言之陋也，何辞之野也。今夫子所贤者何也，所高者谁也。今何以卑污长者'。二君曰：'尊官厚禄，世之所高也，贤者处之。今所处非其地，故谓之卑。言不信，行不验，取不当，故谓之污。夫卜筮者世俗之所贱简也。世皆言曰：夫卜者多言夸严，以得人情。虚高人禄命，以说人志。擅言福祸，以伤人心。矫言

---

① 按：亮，庾亮。

鬼神，以尽人财。厚求拜谢，以私于己。此吾之所耻，故谓之卑污也。司马季主曰：'公且安坐。公见夫被发童子乎？日月照之则行，不照则止。问之日月疵瑕吉凶，则不能理。由是观之，能知别贤与不肖者寡矣。贤之行也，直道以正谏，三谏不听则退。其誉人也，不望其报。恶人也，不愿其怨。以便国家，利众为务。故官非其任，不处也。禄非其功，不受也。见人有污，虽尊不下也。得不为喜，去不为恨，非其罪也。虽累辱而不愧也。今公所贤者，皆可为羞矣。卑疵而前，奸趋而言。相引以势，相导以利。比周宾正，以求尊誉，以受公奉。事私利，枉王法，猎农民。以官为威，以法为机，求利逆暴。譬无异于操白刃杀人者也。初试官时，倍力为巧诈，饰虚功，执空文，以调主上，用居上为右。试官不让贤陈功，见伪增实，以无为有，以少为多。以求便势尊位。食饮驱驰，从姬歌儿。不顾于亲，犯法害民，虚公家。此夫为盗不操矛弧者也，攻而不用弦刃者也。欺父母未有罪，而弑君未伐者也。何以为高贤才乎！盗贼发不能禁，夷貊不服不能摄。奸邪起不能塞，官耗乱不能治。四时不和不能调，岁谷不熟不能适。才贤不为，是不忠也。才不贤而托官位，利上奉，妨贤者处，是窃位也。有人者进，有财者礼，是无为伪也。子独不见鸱枭之与凤凰翔乎！兰芷芎穷，弃于广野。蒿萧成林，使君子退而不显众，公等是也。述而不作，君子义也。'"

司马季主曰："且夫卜筮者，扫除设坐，正其冠带，然后乃言事，此有礼也。言而鬼神或以响，忠臣以事其上，孝子以养其亲，慈父以畜其子，此有德者也。而以义置数十百钱，病者或以愈。且死或以生，患或以免，事或以成。嫁子娶妇，或以养生，此之为德。岂直数十百钱哉！此夫老子所谓上德不德，是以有德。今夫卜筮者利大而谢少，老子之云岂异于是乎？"

又曰："今夫卜者，导惑教愚也。夫愚惑之人，岂能以一言而知之哉？言不厌多，故骐骥不能与罢为驷，而凤凰不与燕雀为众。而贤者亦不与不肖者同列。故君子处卑隐以辟众，自匿以辟伦。微见机顺，以除群害，以明天性。助上养下，多其功利，不求尊誉。公之等喁喁者也，何知长者之道乎？"《诸葛丞相集·司马季主墓碑》云："玄漠太寂，混合阴阳。天地交泮，万品滋彰。先生理著，分别柔刚。鬼神以观，六度显明。"①

武威张澍介侯按真诰云："司马季主墓，在成都升盘山之南。诸葛武侯、昔建碑铭，志于季主墓前。碑赞末云云。是此碑文不传，仅存铭词数语也。"

管辂之卜可为女鬼鸣冤

《魏志·方技传》云："管辂字公明，平原人也。容貌粗丑，无威仪而嗜酒。饮食言戏，不择非类。故人多爱之，而不敬也。父为利漕。利漕民郭恩兄弟三人皆得躄疾。使辂筮其所由，辂曰：'卦中有君本墓，墓中有女鬼。非君伯母，当叔母也。昔饥荒之世，当有利其数升米者，排著井中，啧啧有声。推一大石下破其头，孤魂冤痛，自诉于天'。于是恩涕泣服罪。"

管辂之卜可愈妇女头痛及胸腹痛

又云："时信都分家，妇女惊恐。更互疾病，使辂筮之。辂曰：'君此堂西头有两死男子。一男持矛，一男持弓箭。头在壁内，脚在壁外。持矛者主刺头故头重痛，不能举也。持弓箭者主射胸腹，故心中县痛，不得饮食也。昼则浮游，夜来病人，故使惊恐也'。于是掘徙骸骨，家中皆愈。"

管辂之卜可以辨真伪救人命

又云："辂至安德令、刘长仁家。有鸣鹊来阁屋上，其声甚急。辂曰：'鹊言东北有妇，昨杀夫。牵引西家人夫离娄候，不过日在虞渊之际，告者至矣'。到时，果有东北同伍民来告邻妇手杀其夫。诈言西家人与夫有嫌，来杀我婿。"

符融居官善卜，不枉杀人

《晋书·符融载记》云："京兆人董丰游学三年而返。过宿妻家，是夜妻为贼所杀，妻兄疑丰杀之。送丰有司，丰不堪楚掠，诬引杀妻，融察而异之。问曰：'汝行往远，颇有怪异'。及卜筮与否，岂曰：'初将发，夜梦乘马南渡水。反而北渡，复自北而南。马停水中，鞭策不去。俯而视之，见两日在于水下。马左白而湿，右黑而燥。寤而心悸，窃以为不祥'。

---

① 一本泮作判明作名。

还之，夜复梦如初。问之筮者，筮者云：'忧狱讼，远三枕，避三沐'。既至，妻为具沐，夜授丰枕。丰记筮者之言，皆不从之。妻乃自沐，枕枕而寝。融曰：'吾知之矣。周易坎为水，离为马。梦乘马南渡，旋北而南者。从坎之离三爻同变，变而成离。离为中女，坎为中男。两日二夫之象，坎为执法吏，吏诘其夫，妇人被流血而死。坎二阴一阳，离二阳一阴。相乘易位，离下坎上既济。文王遇之囚羑里，有礼而生，无礼而死。马左而湿，湿水也。左水右马，冯字也。两日昌字也。其冯昌杀之乎'。于是推捡获昌而诘之，昌具首服。曰：'本与其妻谋杀董丰，期以新沐枕枕为验，是以误中妇人。'"

杨伯丑之卜使人不逐妇，不为仇杀

《隋书·艺术传》云："杨伯丑，冯翊武乡人也。好读易，隐于华山。开皇初，被征入朝见公卿不为礼，无贵贱。皆汝之人不能测也。高祖召与语，竟无所答。上赐之衣服，至朝堂舍之而去。于是被发佯狂，游行市里。形体垢秽，未尝栉沐。尝有张永乐者，卖卜京师。伯丑每从之游。永乐为卦有不能决者，伯丑辄为分析爻象，寻幽入微，永乐嗟服，自以为非所及也。伯丑亦开肆卖卜，有人尝失子就伯丑筮者。卦成，伯丑曰：'汝子在怀远坊南门道东北壁上，有青裙女子抱之，可往取也'。如言果得。或者有金数两，夫妻共藏之。于后失金，其夫意妻有异，志将逐之。其妻称冤，以诣伯丑，为筮之曰：'金在矣'。悉呼其家人，指一人曰：'可取金来，其人赧然，应声而取之'。道士韦知常诣伯丑问吉凶，伯丑曰：'汝勿东北行，必不得已，当早还。不然者，杨素斩汝头'。未几，上令知常事汉王谅。俄而上崩，谅举兵反，知常逃归京师。知常先与杨素有隙，及素平并州，先访知常将斩之，赖此获免。又人有失马来诣伯丑卜者，时伯丑为皇太子所召。在途遇之，立为作卦。卦成，曰：'我不遑为卿占之，卿宜向西市东壁门南第三店为我买鱼做脍，当得马矣'。其人如此言，须臾，有一人牵所失马而至，遂擒之。崖州尝献径寸珠，其使者阴易之。上心疑焉，召伯丑令筮。伯丑曰：'有物出自水中，质圆而色光，是大珠也。今为人所隐'。具言隐者姓名容状，上如言，薄责之，果得本珠。上奇之，赐帛二十四。国子祭酒何妥尝诣之论易，闻妥之言。倏然而笑曰：'何用郑玄王弼之言乎'。久之，微有辩答。所说辞义皆异先儒之旨。而思理玄妙，故论者以为天然独得，非常人所及也，竟以寿终。"

王子贞之卜能愈目疾

《太平广记》云："唐贞观中，定州鼓城县人魏全家富，母忽然失明，问卜者王子贞。子贞为卜之曰：'明年有从东来青衣者，三月一日来疗必愈'。至时候见一人著青绌襦，遂邀，为重设饮食。其人曰：'仆不解医，但解作犁耳'。为主人作之，乃持斧绕舍求犁辕。见桑曲支临井上，遂斫下。其母两眼焕然见物，此曲支叶盖井之致也。"

梁翁之卜使人知数已前定而全戚谊

盐官吴炽昌《客窗间话》云："海昌张端林，父为云南尉，卒于任。端林迎父榇归，道由湖广。米价甚廉，以宦囊所有糴八百石，舟运入豫江。值大风，望船多处收泊。至一村落，四面皆河。客舟环泊，中有一大家。高其闳闳，厚其墙垣，门前停舟更密。端林登岸散步，偶入酒肆，沽饮独酌。闻人议论卜者梁翁，知人过去未来事。言休咎，其应如响。端林就客问之，始知即大宅内之人。遇异传，以大六壬著名。问卜无须开口，即知所事。因此起家巨万。近以年老，每日只卖十二课。须黎明至其家，与挂号者清钱百文。课金一两，得列簿内则得卦。迟则挂号不及，即不得预。人争趋之，有不远千里而来候教者。故门前舟常满也。端林亦起意问卜，次日赍银钱入其家。门房内设柜，掌柜者系其亲戚，收仪登号。及端林去，十二数已满，强之增添。则曰：'非翁自主。不敢妄加也'。乃持簿邀十二客入内，端林随入观之。登堂入室，室中陈设精雅，有老翁年近八旬，带四品冠，据案上坐。前列牙筹一筒，两旁设四小几，各具笔砚。其徒四人，伺应书单。前后坐椅环列。客入，翁起让座。客各就位，掌柜人开簿唱号。曰：第一号某客，请抽筹。客抽送翁前，翁观筹。掐指谓其徒曰：某客得某时，因某事间课，主何吉凶。徒举笔照录，所断皆合来意，无一爽者。十二课次第毕，客亦陆续退出。端林目注神凝，忘其进退。翁忽谓曰：'远客不及入号，老朽合送一课，以尽地主之谊。足下姓张，从滇南来耶？'端林曰：'然，何以知之？'翁曰：'足下坐于离宫，正时属午，度值张星，我故知之。今日乙卯，三传申酉戌，为日之财官。值贵神虎常玄。夫白虎凶神同爻，为有官之尊属。舟中合有父棺，戌为地狱，生前曾为司狱之官。太常为米麦，附酉金而兼连茹，当带有稻米。两金重四，其八百石乎？寅申一冲，箕星动矣。明日寅时，转西北风大顺。末传为地足，与卯作合。应十二月之卯日至籍，其米不但不得价，且颗粒全无。缘财入玄武耗散之手，尽化为三传之鬼矣，足下其慎之'。端林得课回舟，果于五鼓得顺风，扬帆而进。于腊月二十六日己卯，抵邑之王家桥。改岁之际无暇安葬泊舟处。有姊夫陆某，米客也，借其间地，权厝父棺。因思米运入家，宗族强借可虞，不如近就姊家，以寄为栈。端林奉母回城度岁，岁朝往贺姊家。叩关而入，其姊对之号泣。曰：'尔姊夫亏客货千余金。上年尔所寄之米，被客强起去，姊夫无以对尔今不知遁于何处'。端林忆及梁翁之课，慨然曰：'数已前定，果无可逃。姊毋惶急，忝在至亲。米价不必计论矣，我为寻访姊夫归家可也'。"

冯渊之卜能捕盗

《镇江府志》云："冯渊，字济川，銮江人。避地京口，精于占筮。洪武初，浙省齐白金解京，经郡境，为盗劫。明太祖震怒，捕甚急。府卫官巾服待罪，诣渊请卜。渊示所得易繇曰：'犬吠月，满地血'。二十八人扶棺来，便是此时节。使捕者共伏京岘山松林中，以俟夜半，月色满江，村犬皆吠。俄闻山巅有哭声，时盛暑村氓乘夜凉染绛色帛。闻哭，意为窃葬人也。急趋入户避凶煞，偶触绛盆覆地，赤水横流如血。逻卒往，视其异棺者，果二十八人。遂悉就擒。斧其棺，白金见。所著有海底眠索隐。顾少圣有诗赠曰：'卖卜生涯薄，轻身远市朝。欲归盘谷隐，不受小山招'。"

程省字卜决人动静之疑

江阴程省以《测字秘牒》云："一人书火字，问出门与在家孰利。余曰：'出门利。此字中间有开脚之人，自宜行动。若在家中，有灾害也'。时旁一人即指此字问曰：'有一儿欲随贵人上京，今在姑苏觅一儿做伴同行，利否？'余曰：'大利，问何故？'曰：'火字叠见，乃炎字也。北方水乡，此去有既济之义，故利耳'。其人曰：'北方水旺，炎旁加水，乃淡字也。财气不亦涞泊乎'。余曰：'否，非此之论也。两儿皆南人，南方是火地，跟官之人，势必炎炎。而字中又有两重火现。据理断之，嫌其太过。

所幸者远游北方水旺之乡，得水制之。则火不猖狂，而两相为用矣。乌可忘其美，而反谓之淡泊也哉'。其人复问二儿高下。余曰：'二火，上一下。自有高低。但子之儿高，彼之儿不及也，请厥理'。曰：'先一位以火字问事。已过乃退时之火。兄仍以火字问事，乃方兴之火。以此较之，是以知此儿后来高于彼儿也'。"

程省字卜保全人之营业

又云："一人以公字问事，久不与断。盖先来者先测，而后至者次序应之。故不得即断也。至临测时，问之曰：'何事？'测曰：'忘之矣'。转身即走。余曰：'来，且勿行，尔非真忘之也，不过因我之迟而生恚耳'。其人请说。余曰：'字虽公字，却有一团私心。况分字头，去字脚，汝必与人共事，今欲分头而去也。'其人曰：'诚如所言。我与表兄合伙开一银店，将及三载。今欲分账自开，不知吉凶何居'？余曰：'一言成讼，此话可谓难讲矣。末笔更带元武，其中必主小人刁唆，不日将见官司，宜止之'。其人叹服，后旬日复来测字，自言承指教归，并不言及分账之事。而表兄与我近甚相得，亲许来岁分店各开矣。"

邹湛字卜泽及枯骨

周栎园《字触》云："邹湛尝梦一人来拜，自称甄仲舒求葬。湛觉思之，瓦字合西土，瓦中人也。乃往取，果得之，因厚葬焉。夜复梦其人拜谢。"

珊按：观于管辂之为鬼鸣冤，邹湛之泽及枯骨，吾益信司马季主言而鬼神或以餐一语为不虚也。

诸暨夏氏为人择日造屋，能避三十余次火灾

《艺术笔记》云："绍兴诸暨县之店口镇有陈氏之屋。每遇火灾，而屋不毁。相传国初有陈紫衣者，将建此屋。亲至绍兴城中，请夏姓卜日。夏视之，一田舍翁也。乃曰：'请少待，为君择之'。陈即出银十两为谢。夏曰：'既如此，请三日后来'。陈知其以酬之多寡，为选择之精粗。乃以白金百两，揖而进之。曰：'老朽一生辛苦，始有此举，幸先生留意焉'。夏曰：'既如此，请一月后来'。及期而往。则曰：'日已选矣，幸勿稍有更动'。陈谨如所教，屋成而镇上大火。前后左右尽为焦土。唯陈之新屋岿然

独存。自是以后，历三十余次火灾矣。至今陈氏犹世守之。而夏之子孙亦尚以择日为业。"

珊按：是篇极言夏氏择日之神妙，惜未说明陈紫衣主命是何干支，正屋是何坐向。及夏氏所择年月日时，干支何属。学者究难效法，以管见测之。屋成而镇上大火，前后左右尽为焦土。陈氏之新屋岿然独存。非八白到向，九紫到山而何耶？后历三十余次火灾而竟无恙。非干逢庚壬，支会子申，辰之造课而何耶？至今陈氏犹世守之。子孙势必蕃衍，非主命壬申，坐向壬丙而何耶？否则，能避一次火灾必不能避三十余次之火灾。能避三十余次之火灾，必不能世守。三吉俱备，庶几似之。无心道人有云："生人以生下日时为命，造制以成器日时为命。夏氏所选之造命，① 吾不得而知之，要亦不出此范围耳'。②

某术者推命使人父子团圆

陶宗仪《辍耕录》云："檇李郭宗夏尝见建德路总管赵良臣，言都下有李总管者，官三品，家巨富。年逾五十而无子。闻枢密院东有术者设肆算命，谈人休咎，多奇中。试往叩焉，且语之曰：'吾之禄寿已不必言，但推有子与否?'术者笑曰：'君有子矣，何为绐我'。李曰：'吾实无子，岂绐汝耶?'术者怒曰：'君年四十当有子，今年五十六矣。非绐我而何?'同坐皆军官，见二人争执，甚讶之。李沉吟良久曰：'吾年四十时，一婢有娠，吾以职事赴上都。比归，则吾妻鬻之矣，莫知所往。若有子，则此是也'。术者曰：'此子终富还君'。槽别而出，时坐中一千户邀李入茶坊。告之曰：'十五年前，吾亦无子。因到都置一婢，则已有孕。到家时，适吾妻亦有孕。前后一两月间，各生一男，今皆十五六矣，岂君之子也?'两人各言妇人之容貌岁齿相同。李归语于妻，妻往日诚悍妒。至是见夫无嗣，心颇惭而怜之。翌日，邀千户至家，享以盛馔，与之刻期而别。千户先归南阳府，李以实告于所管近侍大官，乞假前往。大官曰：'此美事也，我当与汝奏闻'。既而有旨，得给驿以行。凡筵席之费，皆从官办。李至

---

① 又为造课。
② 此条曾载入拙著《选吉探原》。

众官郊迎往千户宅，设大宴李所，以馈献千户。并其妻子仆妾之物甚侈。千户命二子出拜，风度不殊，衣冠如一。莫知何者为己子。致请于千户。千户曰：'君自认之'。李谛视良久，天性感通。前抱一人曰：'此吾子也'。千户曰：'然'。于是父子相持而哭，坐中皆为堕泪。举杯交贺，大醉而罢。明日千户答礼，会客如昨。谓李曰：'吾既与君子矣，岂可使母子分离。今并其母以奉'。李喜出望外，回都携见大官。大官曰：'佳儿也'。引之入观，通籍宿卫，后亦官至三品。大抵人之有子无子，数使之然，非人力所能也。而术士之业亦精矣。"

纪文达公论命大有益于世道人心

《阅微草堂笔记》云："云有故家子，日者推其命大贵。相者亦云大贵，然垂老官仅至六品。一日扶乩问仕路崎岖之故。仙判曰：'日者不谬，相者亦不谬。以太夫人偏爱之故，削减官禄至此耳'。拜问：'偏爱诚不免，然何至削减官禄'。仙又判曰：'礼云继母如母，则视前妻之子当如子。庶子为嫡母服三年，则视庶子亦当如子。而人情险恶，自设町畦。所生与非所生，厘然如水火不相入。私心一起，机械万端。小而饮食起居，大而货财田宅。无一不所生居于厚，非所生者居于薄。斯已干造物之忌矣。甚或离间诪张，密运阴谋。诟谇嚣陵，罔循礼法。使罹毒者吞声，旁观者切齿。犹哓哓称所生者之受抑。鬼神怒视，祖考怨恫。不祸遣其子，何以见天道之公哉！且人之受享，只有此数。此赢彼缩，理之自然。既于家庭之内，强有所增。自于仕宦之途，阴有所减。子获利于兄弟多矣。物不两大，亦何憾于坎坷乎！'其人悚然而退，后亲串中一妇闻之。曰：'悖哉此仙。前妻之子，恃其年长。无不吞噬其弟者。庶出之子，恃其母宠，无不凌轹其兄者。非有母为之撑拄，不尽为鱼肉乎？'姚安公曰：'是虽妒口然不可谓无此事也。世情万变，治家者平心处之，可矣。'"

杨主事善推命知己知人

又云："杨主事菱余甲辰典试所取士也。相法，及推算八字、五星，皆有验。官刑部时，与阮吾山共事。忽语人曰：'以我法论，吾山半月内当为刑部侍郎，不缺员是何故耶？'次日堂参后，私语同官曰：'杜公缺也'。既而杜凝台果有伊黎之役，一日仓皇乞假归，来辞余。问何匆遽乃尔，曰：'家唯一子侍老父，今推子某月当死。恐老父过哀，故急归耳'。是时尚未至死期，后询其乡人，果如所说。尤可异也。余尝问以子平家，谓命有定堪舆家，谓命可移究谁为是？对曰：'能得吉地即是，命误葬凶地亦是，合其理一也'。斯言可谓得其通矣。"

管辂善相知人生死

《魏志·管辂传》云："辂族兄孝国居在斥丘，辂往从之。与二客会，客去后。辂谓孝国曰：'此二人天庭及口耳之间同有凶气。异变俱起，双魂无宅。流魂于海，骨归于家，少许时当并死也'。复数十日，二人饮酒醉，夜共载车。牛惊下道入漳河中，皆即溺死也。当此之时，辂之邻里外户不闭，无相偷窃者。"

管辂善相知命预知本身不寿

又云："正元二年，弟辰谓辂曰：'大将军待君意厚，冀当富贵乎'。辂长叹曰：'吾自知有分直耳，然天与我才明，不与我年寿。恐四十七八间，不见女嫁儿娶妇也。若得免此，欲作洛阳令。可使路不拾遗，枹鼓不鸣。但恐至太山治鬼，不得治生人如何？'辰问其故。辂曰：'吾额上无生骨，眼中无守精。鼻无梁柱，脚无天根。背无三甲，腹无三壬。此皆不寿之验。又吾本命在寅，加月食夜生。天有常数，不可得讳。但人不知耳。吾前后相当死者过百人，略无错也'。是岁八月为少府丞，明年二月卒，年四十八。"

金鬼谷论命能使贫者骤富

《苏州府志》云："明金鬼谷家于郡城中醋库巷，尝有富商议命肆中。适一贫者负薪而来。告曰：'我四柱适与彼同，何彼富而我贫也？'鬼谷曰：'汝虽生于此。当于南方千里之外亦与富者相埒。'贫者告其母。母曰：'汝有姊在闽中，当往求之。'他日诣姊家，姊亦甚贫，不能容。姊知邻舍有隙所，但一宿必见鬼物，乃使暂宿之。贫者入夜寝，果见鬼物。入穴中，遂得黄金白镒，上有金鼓覆其上。贫者得金，致富而归，以金鼓报之。鬼谷因署其门曰：'吴中名术，金鼓传家'。"

某相士闻声识人

《宋稗类钞》云："张仆射齐贤漕江南日，以书荐王冀公于钱希白。钱时以才名独步馆阁，适延一术士于邸，不容通谒。王踽踽门下，厉声诟阍人。术者遥闻之。谓钱曰：'此不知何人，若形势相称，世无此贵者。但恐形不副声耳。愿延入，使某一见。'希白召之，冀公单微远人，神貌疎瘦，举止山野，希白蔑视之。术者悚然，侧目谛视。既退。稽颡兴叹曰：'人中之贵，有此十全者'。希白戏曰：'都堂便有此等宰相乎？'术者正色曰：'公何曾欵！且宰相何时而无。此君不作则已，若作则天下富盛。而君臣相得，至死有庆而无吊，不完者但无子而已。'希白曰：'他日当陶铸吾辈乎'。术者曰：'恐不在他日，愿公无忽'。后希白方为翰林学士，冀公已真拜。"[1]

某相士相人劝其悔过，仍得甲科

《宋稗类钞》云："丁晋公、本吴人。其孙徙居建安，赀产豪盛。子弟中名湜者，少年俊爽，负才气。酷嗜赌博，虽常获胜，然随手荡析于狎游。厥父屡训责之，殊无悛心。父怒，因缚空室，绝其饮馔，饥困濒死。家老妪怜之，破壁使之窜。父喜其去，亦不问。但谓其必陨沟壑。湜假贷族党，得旅费。径入京师，补试太学，预贡籍。熙宁九年，南省奏名。相国寺一相士以技显，其肆如市。湜往访之。士曰：'君气色极佳，吾阅人无如君者，当擢巍第。'即大书于壁曰：'今岁状元是丁湜'。湜益自负，而所好固如昔时。同榜有两蜀士，皆多资，亦好博。湜宛转钩致，延之酒楼上。仍令仆携博具立于侧，蜀士见之而笑。遂戏于小阁，始约以万钱为率。戏酣志猛，各不敢中止，累而上之。湜于此技得奇法，是日所赢六百万，如数算取以归邸。又两日，复至相士肆。士惊曰：'君今日气色大非前比，魁选岂复望，误我术矣'。湜请其说。士曰：'相人先观天庭，须黄明润泽则吉。今枯燥且黑，得非设心不善。为牟利之举，以负神明哉'。湜悚然，尽以实告。曰：'然则悉以反之，可乎？'士曰：'既已发心，冥冥知之矣。果能悔过，尚可占甲科，居五人以下也'。湜亟求蜀士，还其所得大半。迨庭策唱名，徐铎首名，湜为第六。"

---

① 钱易，字希白。吴越王倧之子。

某相士识方问亭于微时，倾囊相助

福山王械凝斋《秋灯丛话》云："桐城方公问亭，少丁家难。依戚好黄州某守，守未之奇也。久且有厌薄意。除夕亲朋谦集，公独愀然不乐。有相士在坐，谓曰：'君骨格嵚奇，异日飞腾，未可量也'。众闻其语，咸目笑之。相士忿然曰：'诸君井底蛙耳'。乌足相天下士，谓公曰：'君明秋当发轫，吾倾囊助君行，无郁郁久居此也'。公北上，客平郡王藩邸。从王军前，王奇公才，荐于朝，遂蒙殊遇。不数年，历官节镇，加宫保。果如相士言。"①

张野人预相杨氏为贵妃

《太平广记》云："贵妃杨氏之在蜀也。有野人张见之云：'当大富贵'。何以在此，或问至三品夫人否？张云不是。一品否？曰不是。然则皇后耶？曰亦不是。然贵盛与皇后同。见杨国忠云：'公亦富贵，位当秉天下权势'。数年后，皆如其言。"

甯氏起宅，相宅者云当出贵甥

《晋书·魏舒传》云："少孤，为外家甯氏所养。甯氏起宅，相宅者云：'当出贵甥'。外祖母以魏氏甥小而慧，意谓应之。舒曰：'当为外氏成此宅相'。"

居临沔水，忽生洲屿，竟出方伯

《宋书·张兴世传》云："兴世居临沔水，沔自襄阳以下，至于九江。二千里中，先无洲屿。兴世初生，当其门前水中，一旦忽生洲。年年渐大，及至兴世为方伯。而洲上遂十余顷。"②

余朝奉闻相宅者言，以吉地改建乌城县学，竟叠出大魁

何薳《春渚纪闻》云："余拂君厚，霅川人也。其居在汉铜官庙后，溪山环合。有相宅者言，此地当出大魁。君厚之父朝奉君云：'与其善之于一家，不若推之于一郡'。则迁其居于后，以其前地为乌程县学。不二三年，君厚为南宫魁。而莫俦、贾安宅继魁天下。则相宅之言为不妄。"③

① 嵚，音钦。《玉篇》：嵚崟，山势耸立貌。
② 沔，音缅。铣韵，水名。汉沔本一水，汉入江处，谓之沔口。即今湖北汉口。
③ 霅，音憎，叶韵，水名。在浙江湖州府。

赵从先谓五箭之地不可居

郭象《睽车志》云："赵三翁，名进，字从先，中牟县白沙镇人。密县陆门山道友席洞云筑室于独纥岭，瀑水潭侧，慕其清峭高爽。落成甚喜，既迁入，百怪毕见。未及一年，祸变相踵。席谒翁，且告之故。翁曰：'得无居五箭之地乎'。席曰：'地理之说，多矣。素不闻五箭之说，敢问何谓也'。翁曰：'峰巅岭脊，陵首陇背土囊之口，直当风门，急如激矢者，名曰风箭。峻溪急流，悬泉泻瀑，瀑冲石走沙，声如雷动，昼夜不息者，名曰水箭。坚刚烁燥，斥卤沙碛，不生草木，不泽水泉，硬铁腥锡，毒虫蚁，聚散若朽壤者，名曰土箭。层崖叠巘，峻壁巉岩，锐峰峭岫，拔刃攒锷，耸齿露首，状如浮图者，名曰石箭。长林古木，茂樾丛薄，翳天蔽日，垂萝蔓藤，阴森肃冽，如墟墓间者，名曰木箭。五箭之地，射伤居人，皆不可用。要在回不于抱气象明，遂形势宽间。壤肥土沃，泉甘石清，乃为上地。固不必一一泥，天星地，卦也。子归依我言，去凶就吉，当自无恙。席悉遵其教，居止遂安'。"

三皇庙建于君山，果如相地者之预言

陶宗仪《辍耕录》云："江阴州宋季时，兵马司在州治东南里许。平地上司之后，置土牢。归附后，有善地理者，以为宜帝王居之。人问其故，曰："君山龙脉，正结于此。是以知其然也，皆弗之信。越数年，就其上起盖三皇庙，亦奇术哉。君山州之主山也。"

太史公如淮阴视察韩侯母冢

《史记·淮阴侯传》云："太史公曰：'吾如淮阴，淮阴人为余言。韩信虽为布衣时，其志与众异。其母死，贫无以葬。然乃行营高敞地，令其旁可置万家，余视其母冢，良然。'"

袁安父殁，道逢三书生指一葬地

《后汉书·哀安传》云："初安父殁，母使安访求葬地。道逢三书生，问安何之。安为言其故，生乃指一处云：'葬此地，当世为上公'。须臾不见，安异之。于是遂葬其所占之地，故累世隆盛焉。"

管辂过毌丘俭墓下倚树哀吟

《管辂传》云："辂随军西行，过毌丘俭墓下，倚树哀吟，精神不乐。

人问其故。辂曰：'林木虽茂，无形可久。碑诔虽美，无后可守。玄武藏头，苍龙无足。白虎衔尸，朱雀悲哭。四危以备，法当灭族，不过二载。'其应至矣，卒如其言。"

陶侃葬亲其地牛眠

《晋书·周光传》云："初陶侃微时，丁艰，将葬。家中忽失牛，而不知所在。过一父老，谓曰：'前岗见一牛眠山污中，其地若葬，位极人臣矣'。又指一山云：'此又其次，当世出二千石'。言讫不见，侃寻牛得之。因葬其处，以所指别山与访，访父死葬焉。果为刺史，著称宁益。自访以下，三世为益州。四十一年，如其所言云。"

张大亨先墓每逢丑年，家人有赴举者必登高第

何薳《春渚纪闻》云："先友提学张公大亨，字嘉甫，雪川人。先墓在弁山之麓，相墓者云：'公家遇丑年，有赴举者必登高第。'初未之信，熙宁癸丑，嘉甫之父通直公著，登第。元丰乙丑，嘉甫登乙科。大观己丑，嘉甫之兄大成中甲科。重和辛丑，嘉甫之弟大受复中乙科。此亦人事地理相符之异也。"

张鬼灵看墓地图画可定吉凶

何薳《春渚纪闻》云："张鬼灵，三衢人。其父使从里人学相墓术。忽自有悟见，因以鬼灵为名。建中靖国初至钱塘，请者踵至。钱塘尉黄正一为余言：'县令周君者，括苍人，亦留心地理，具飧延欸'。谓鬼灵曰：'凡相墓，或不身至，而止视图画，可定克应否？'鬼灵曰：'若方位山势不差，合葬时年月，亦可定其粗也'。因指壁间一图问之。鬼灵熟视久之，曰：'据此图，墓前午上一潭水甚佳。然其家子弟若有乘马坠此潭，几至不救者，即是吉地，而发祥自此始矣'。令曰：'有之'。鬼灵曰：'是年此坠马人，必被荐送，次年登第也'。令不觉起握其手曰：'吾不知青乌子、郭景纯何如人也。今子殆其伦比耳'。是年春祀，而某乘马从之。马至潭仄，忽大惊跃。衔勒不制，即与某俱坠渊底，逮出气息而已。是秋发荐，次年叨忝者，某是也。蔡靖安世先墓在富春白升岭。其兄宏延鬼灵至墓下视之，谓宏此墓当出贵人。然必待君家麦瓮中飞出鹌鹑为可贺也。宏曰：'前日某家卧房米瓮中忽有此异，方有野鸟入室之忧'。鬼灵曰：'此为克

应也，君家兄弟有被魁荐者，即是贵人也'。是秋安世果为国学魁选。鬼灵常语人曰：'我亦患数促，非久居世矣，但恨无人可授吾术矣'。后二岁果殁，时年二十五矣。"

简尧坡善相墓地，大兴吴氏

李调元《制义科琐记》载渔洋云："门人全椒吴晸述其曾祖体泉翁为父卜吉壤。致闽人简尧坡者于家，廪气甚厚。简日为择兆域，三年不可得。辞归，翁固留之。一日同往梅花山中，过大雪。同饮陈家市酒楼，简倚槛远眺。久之，罢酒起曰：'异哉，吾远近求之三年不得，乃在此乎'。遂同往三里许审视良久，曰：'是矣'。雪晴更往观之。喜曰：'天赐也，得此地足报君矣，然葬后君子未印发，至孙乃大发。发必兄弟同之，对面交峰秀绝。发必鼎甲，然稍偏，未必鼎元，或第二第三人。亦不仅一世而止'。翁如言卜葬。其后孙国鼎，字玉铉，中崇正癸未进士。国缙，字玉林，顺治戊戌进士，及第一甲第三人，官翰林侍读。玉骦，亦癸未进士，官礼科都给事中。二人兄弟，又前后举科第。而晸今辛未科及第，一甲第二人。简之术亦神矣！"

述卜筮星相学卷七

一　通卜筮星相学有得庙享者

许　杨

《后汉书·方术传》云："许杨字伟君，汝南平舆人也，少好术数。王莽辅政，召为郎。稍迁酒泉都尉。及莽篡位，杨乃变姓名为巫医，逃匿它界。莽败方还乡里，汝南旧有鸿郤陂。成帝时，丞相翟方进奏毁败之。建武中太守邓晨欲修复其功，闻杨晓水脉，召与议之。杨曰：'昔大禹决江疏河以利天下。明府今兴立废业，富国安民。诚愿以死效力'。晨大悦，因署杨为都水掾，使典其事。杨因高下形势，起塘四百余里，数年乃立，百姓得其便，累岁大稔。杨后以病卒。晨于都宫为杨起庙，图书形象。百姓思其功绩，皆祭祀之。"

高　获

《后汉书·方术传》云："高获字敬公，汝南新息人也。为人尼首方面。少游学京师，与光武有旧。师事司徒欧阳歙。歙下狱当断，获冠铁冠，带铁锧诣阙请歙，帝虽不赦，而引见之。谓曰：'敬公，朕欲用子为吏，宜改常性'。获对曰：'臣受性于父母，不可改之于陛下'。出便辞去，三公争辟不应。后太守鲍昱请获，既至门，令主簿就迎。主簿曰：'但使骑吏迎之'。获闻之即去，昱遣追请获。获顾曰：'府君但为主簿所欺，不足与谈'。遂不留，时郡境大旱。获素善天文，晓遁甲，能役使鬼神，昱自往问：'何以致雨'。获曰：'急罢三部督邮，明府当自北出。到三十里亭，雨可致也'。昱从之，果得大雨，每行县，辄轼其间。获遂远遁江南，卒于石城。石城人思之，共为立祠。"

二 通卜筮星相学有为名臣者

王 景

《后汉书·循吏传》云："王景字仲通，乐浪冉邯人也。少学易，遂广窥众书。又好天文术数之事，沉深多伎艺，辟司空。伏恭府时，有荐景能理水者，显宗诏与将作谒者王吴共修作浚仪渠。吴用景墕流法，水乃不复为害。后汴渠东侵，日月弥广。而水门故处，皆在河中。兖豫百姓怨叹，以为县官恒兴佗役，不先民急。永平十二年，议修汴渠。乃引见景，问以理水形便。景陈其利害，应对敏给，帝善之。又以尝修浚仪，功业有成。乃赐景《山海经》、《河渠书》、《禹贡图》及钱帛衣物，夏遂发卒数十万。遣景与王吴修渠筑堤，自荥阳东至千乘海口千余里。景乃商度地势，凿山阜，破砥绩，直截沟涧。防遏冲要，疏决壅积。十里立一水门，令更相洄注，无复溃漏之患。景虽简省役费，然犹以百亿计。明年夏渠成，帝亲自巡行。诏滨河郡国置河堤员吏，如西京旧制。景由是知名。王吴及诸从事掾吏皆增秩一等。景三迁为侍御史。十五年从驾东巡狩至无盐。帝美其功绩，拜河堤谒者，赐车马缣钱。建初七年，迁徐州刺史。先是杜陵、杜笃奏上论迁都，欲令车驾迁还长安。耆老闻者，皆动怀土之心，莫不眷然仁立西望。景以宫庙已立，恐人情疑惑，会时有神雀诸瑞。乃作《金人论》，颂洛邑之美。天人之符，文有可采。明年迁庐江太守。先是百姓不知牛耕，致地方有余而食常不足。郡界有楚相孙敖所起芍陂稻田，景乃驱率吏民修起芜废，教用犁耕。由是垦辟倍多，境内丰给。遂铭石刻誓，令民知常禁。又训令蚕织，为作法制。皆著于乡亭。庐江传其文辞，卒于官。初景以为《六经》所载，皆有卜筮。做事举止，质于蓍龟。而众书错糅，吉凶相反。乃参纪众家数术文书，家宅禁忌堪舆日相之属。适于事用者，集于大衍玄基云。"

任文公

《后汉书·方术传》云："任文公巴郡阆中人也。父文孙，明晓天官风角秘要。文公少修父术，州辟从事。哀帝时有言越郡太守欲反，刺史大惧。遗文公等五从事检行郡界，潜伺虚实。共止传舍时暴风卒至，文公遽起白诸从事，促去。当有逆变来害人者，因起驾速驱，诸从事未能自发。郡果使兵杀之，文公独得免，后为治中从事。时天旱，白刺史曰：'五月一日，当有大水。其变已至，不可防救。宜令吏人豫为其备'。刺史不听，文公独储大船。百姓或闻，颇有为防者。到其日旱烈，文公急命促载，使白刺史笑之。日将中天，北云起，须臾大雨。至餔时，湔水涌起十余丈，突坏庐舍，所害数千人。文公遂以占术驰名，辟司空掾。平帝即位，称疾归家。"

谢夷吾

又云："谢夷吾，字尧卿，会稽山阴人也。少为郡吏，学风角占候。太守第五伦擢为督邮。时乌程长有臧衅，伦使收案其罪。夷吾到县，无所验。但望合伏哭而还，一县惊怪。不知所为，及还白伦曰：'窃以占候知长当死。近至十日，远不过六十日。游魂假息，非刑所加，故不收之，偷听其言'。至月余，果有驿马赍长印绶，上言暴卒。伦以此益礼信之。与孝廉，为寿张令，稍迁荆州刺史，迁巨鹿太守。所在爱育人物，有善绩。及伦作司徒令，班固为文荐夷吾。疏中有愿乞骸骨，更授夷吾。上以光七曜之明，下以厌率土之望。庶令微臣塞咎免悔云云。"

《东汉书·方术传》所载在仕路者之史略

《文献通考》云："《东汉书·方术传》所载在仕路者，任文公善天官风角，仕至司空掾。郭宪善术，仕至光禄勋。许杨善术，晓水脉，仕至都水掾。王乔有神术，仕至县令。谢夷吾善风角，仕至太守。李郃善河洛风星，以孝廉举，仕至司徒。樊英善风角，算河洛七纬，推步灾异，以隐士聘，仕至光禄大夫。公沙穆善河洛步推之术，仕至弘农令。单飏善天官算术，仕至汉中太守。韩说善图纬，仕至江夏太守。"

马端临曰："史所载两汉士大夫，明方术、善技艺而在仕途。有至大官者，如卫绾、周仁吾、邱寿王则假方术以进。而自他有文行，以取显贵者也。如李郃、樊英之徒。则虽善方术，而本不假此以进身取位者也。然考《东汉书·方术传》所载，则终身肥遁，不求闻达者甚多。有不应举皋者，有变姓名。不知所终者，真贤士也。其与后世之以一伎自名，而奔走形势之徒，以为干名狗利之阶者，大有径庭矣。"

又云："中宗神龙元年，太白山人郑普思以方术除秘书监，其年又除方术人叶静能，为国子祭酒。"

李淳风

《唐书·方技传》云："李淳风岐州雍人，父播仕隋高唐尉，弃官为道士，号黄冠子，以论譔自见。淳风幼爽秀，通群书，明步天历算。贞观初，与传仁均争历法，议者多附淳风。故以将仕郎直太史局，制浑天仪。诋撷前世得失，著《法象书》七篇。上之，擢承务郎，迁太常博士改太史丞。与诸儒修书，迁为令。太宗得秘谶，言唐中弱。有女武代王。以问淳风。对曰：'其兆既成，已在宫中。又四十年而王，王而夷唐子孙且尽'。帝曰：'我求而杀之，奈何？'对曰：'天之所命，不可去也。而王者果不死，徒使疑似之戮淫及无辜。且陛下所亲爱四十年而老，老则仁。虽受终易姓，而不能绝唐。若杀之，复生壮者，多杀而逞。则陛下子孙无遗种矣’。帝采其言止。淳风占候吉凶，若节契然。当世术家，意有鬼神相之，非学习可致，终不能测也。以劳封昌乐县。”

三 通卜筮星相学有毁家济人者

折 像

《后汉书·方术传》云：“折像，字伯式，广汉雒人也。其先张江者封折侯。曾孙国为郁林太守。徙广汉，因封氏焉。国生像。国有赀财二亿，家童八百人。像幼有仁心，不杀昆虫，不折萌芽。能通京氏易，好黄老言。及国卒感，多藏厚亡之义。乃散金帛资产，周施亲疏。或谏像曰：‘君三男两女，孙息盈前。当增益产业，何为坐自殚竭乎？’像曰：‘昔斗子文有言，我乃避祸非避富也。吾门户殖财日久盈满之，咎道家所忌。今世将衰，子又不才不仁。而富谓之不幸。墙隙而高，其崩必疾也。’智者闻之咸服。焉自知亡日，召宾客九族饮食辞诀，忽然而终。时年八十四。家无余资，诸子衰劣如其言云。”

廖 扶

又云：“廖扶，字文起，汝南平舆人也。习韩诗、欧阳尚书。教授常数百人。父为北地太守，永初中，坐羌没郡，下狱死。扶感父以法伤身，惮为吏。及限终而叹曰：‘老子有言，名与身孰亲？吾岂为名乎？’遂绝志世外，专精经典，尤明天文、谶纬、风角、推步之术。州郡公府辟召，皆不应。就问灾异，亦无所封。扶逆知岁荒，乃聚谷数千斛，悉用给宗族姻亲。又敛葬遭疫死亡不能自收者。常居先人冢侧，未曾入城市。太守谒焕先为诸生从扶学。后随郡。未到，先遣吏修门人之礼。又欲擢扶子弟，固不肯。当时人因号为北郭先生。年八十，终于家。二子孟举伟举并知名。”

四　通卜筮星相学有列传逸民者

严君平

《通志·隐逸传》云："严遵，字君平[①]，蜀人也。君平隐居不仕，卜筮于成都市。以为卜筮者贱业，而可以惠众人有邪。恶非正之问则依蓍龟为言利害。与人子言，依于孝。与人弟言，依于顺。与人臣言，依于忠。各因势导之以善。从吾言者已过半矣。裁日阅数人，得百钱足自养。则闭肆垂帘，而授《老子》，博览无不通。依《老子》严周之指，著书十余万言。杨雄少时从游学，已而仕京师显名。数为朝廷在位贤者称君平德。杜陵、李强素善雄。久之，为益州牧。喜谓雄曰：'吾得严君平为从事足矣'。雄曰：'君备礼以待之，彼人可见而不可得诎也'。强心以为不然，及至蜀致礼与相见。卒不敢言以为从事。乃叹曰：'杨子云诚知人也'。君平年九十余，遂以其业终。蜀人爱敬至今称焉。班固《前汉书·王贡雨、龚鲍传》云："郑子真、严君平皆未尝仕。然其风声足以激贪厉俗，近古之逸民也。"

郑樵《通典·按类说》云："蜀有富人罗冲者，问君平曰：'君何以不仕君'。平曰：'无以自发'。冲为君平具车马衣粮，君平曰：'吾病耳，非不足也。我有余而子不足，奈何以不足奉有余'。冲曰：'吾有万金，子无儋石乃云有余，不亦谬乎？'君平曰：'不然，吾前宿子家，人定而役未息，书夜汲汲。未尝有足。今我以卜为业，不下床而钱自至，犹余数百，坐埃厚寸，不知所用。此非我有余而子不足耶？'冲大惭。君平叹曰：'益我，货者损我。神生我，名者杀我'。身竟不仕。《王右军十七帖》云：'严君平、司马相如、扬子云皆有后否？'"

《鲍参军集·蜀四贤咏》云："君平因世间，得还守寂寞。闭帘著道德，开卦述天爵。"

---

① 一云名尊。

《全唐文》载李华赞严君平云："先生冥冥，隐于卜肆。宗师老氏，精究易义。爱衣爱食，止足非利。垂帘燕居，默养真气。诲人不倦，人悦其风。曦昧柔刚，任我域中。心与世远，事与人同。不臣大君，不友上公。在贵反贱，齐明若蒙。辽哉远哉，微妙元通。弋者何为，仰纂飞鸿。"

珊按：蜀四贤者：司马相如、严君平、王褒、扬雄是也。兹篇仅录《咏君平诗》一则。读之如见其人，再证以《王右军十七帖》。询君平有后否一语，及李华赞君平止足非利，诲人不倦云云。则君平之高风亮节令人崇拜，更可知矣。

顾 欢

《南齐书·高逸传》云："顾欢，字景怡，吴郡盐官人也。祖赳，晋隆安末避乱徒居。欢年六七岁，书甲子，有简三篇。欢析计，遂知六甲。家贫，父使驱田中雀，欢作《黄雀赋》而归。雀食过半，父怒欲挞之，见赋乃止。乡中有学舍，欢贫无以受业。于舍壁后倚听无遗忘者。八岁诵《孝经》《诗论》。及长笃志好学。母年老，躬耕诵书，夜则燃糠自照。同郡顾观之临县，见而异之。遣诸子与游，及孙宪之并受经句。欢年二十余，更从豫章雷次宗，谘玄儒诸义。母亡，水浆不入口六七日。庐于墓次，遂隐遁不仕。于剡天台山开馆聚徒。受业者常近百人。欢早孤，每读诗至哀哀父母，辄执书恸泣。学者由是废《蓼莪篇》不复讲。太祖辅政，悦欢风教。征为扬州主簿，遣中使迎欢。及践阼乃至，欢称山谷臣顾欢。上表中有：'臣志尽幽深，无与荣势。自足云霞，不须禄养。陛下既远见寻求，敢不尽言。言既尽矣，请从此退。'永明元年，诏征欢为太学博士，同郡顾黯为散骑郎。黯字长孺，有隐操，与欢俱不就征。欢晚节服食，不与人通。每旦出户，山鸟集其掌取食。事黄老道，解阴阳书，为数多效验。初元嘉末，出都寄住东府。忽题柱云：'三十年二月二十一日'。因东归后太初弑逆，果是此年月。自知将终，赋诗言志云：'精气因天行，游魂随物化。'克死日卒于剡山，身体柔软，时年六十四，还葬旧墓。木连理出墓侧，县令江山图表状。世祖诏欢诸子，撰《欢文议》三十卷。"

五　选卜筮星相学有品端学粹者

郎宗 子颙

《后汉书·列传》云："郎颙，字雅光，北海安丘人也。父宗字仲绥，学京氏易，善风角、星算、六日七分。[①] 能望气占候吉凶，常卖卜自奉。[②] 安帝征之，对策为诸儒表。后拜吴令。[③] 时卒有暴风，宗占知京师当有大火。记识时日遣人参候，果如其言。诸公闻而表上，以博士征之。宗耻以占验见知，闻征书到，夜县印绶于县廷而遁去。遂终身不仕。颙少传父业，兼明经典，隐居海畔。延致学徒数百人。书研精义，夜占象度。勤心锐思朝夕无倦。州郡辟召，举有道方正，不就。"

俞　直

《江西通志》云："俞直，玉山人。于河洛易象之旨，无不求其义而为说。秦桧欲馆置，直谢不就。绍兴辛巳，金人乱淮。用事者遣问退敌之期，言皆切中。卒不以术自炫。"

萧才夫

《图书集成》引宋文信国公《赠人鉴萧才夫谈命》文云："岁单于，人

---

① 京氏，京房也，作《易传》。原角，谓候四隅之风，以占吉中孚。六日，八十分日之七。郑玄注云：'六以候凶也。星算谓善天文算数也'。《易纬·稽览图》曰：'甲子卦气起也。八十分为一日之七者。一卦六日七分也'。

② 奉音凤，扶用反。

③ 吴县名，曾稽郡，今苏州县也。

鉴萧才夫过予。以予命推之，言颇悉。是秋迄次年，予所遭无有不与其言相符。噫！人监其神已。为之辞曰：'眇阴阳之犬化兮，布获垓埏。出王游衍之度思兮，曾浅浅乎为天。自青紫食穷经之心兮，怪诡乘之而相挺。掠王纬之肤兮，逛其愚以自贤。方疾其拂耳骚心兮，羌作炳于眇绵。将事实与行会兮，抑抉幽而钩元。予将窥前灵之逸迹兮，就有道而正焉'。"①

叶子仁

《广信府志》云："叶子仁，上饶人，推算筮占，往往如破的。岁乙酉，真文忠方在班，子仁以书劝补外甚力，未几果去国。子仁每推论五行，辄以善道勉人。如孝弟忠信、清心寡欲等语，未尝不恳切言之。真文忠以为君平之风，赠以绝句云：'易象推占妙入神，唯有南阳卖卜人'。见《真文忠集》。"②

王 奇

《天台县志》云："王奇，字世英，性介直。初为邑庠生，不偶。去而游京师，遍历江湖。以星命占筮之术称于人。言祸福辄应。自以数奇，不受室，以侄宗元为嗣。年八十而终于京师。时馆人以事坐诬系狱，奇为直之，其妻招夜饮，闭门不赴。明日徙去，人以为难。无锡邵尚书、二臬司深爱重之，为志其墓。"

刘兴汉

《宝庆府志》云："刘兴汉，字思吾，邵阳人。工日者术，士大夫多与

---

① 宋文天祥，字宋瑞，号文山，吉水人，封信国公。
② 宋真德秀，字景元，浦城人，世称西山先生，谥文忠。

之游。监司郡邑，以冠带给之，额旌无虚日。然虽饬星卜，每与人言必以修命造命，是训是行。盈户牖皆格言。尝识一友于贫贱时，随成显宦。视之如三党者二十年。孤介之性，绝无一事相干。后其家败，戚友多受累者，独超然事外。唯雅好读书，督课二子不少姑息，后先俱游泮，苦志早卒。汉好善益力，以老且孤。历变乱，八十余考终。"

高平川

《延安府志》云："高平川，永安人，精星术。得云谷道人断袁了凡意。叶台山、李九五二公微时，川与语，二公骇之。已而二公入相，言皆验。每怜其贫，讽令以子小就一职为禄养。川曰：'宁日不再食，勿以薄分辱名器也'。李益重之。年八十，卒于郡郊四鹤桥，不能与殡。适叶驰驿至，为赙丧具。"

陈佐明

《扬州府志》云："陈君佐明，江都人，善方脉。洪武初为御医。永乐间弃官。著黄冠市药武当山中。以易卜人吉凶，多奇中。卒葬于山中石穴。"

六 历代太史令钦天监必须兼通卜筮星相学者

自凤鸟氏为历正至清钦天监其职务大致相同

《通典》云："太史局令，昔少皞以鸟名官，其凤鸟氏为历正。至颛顼，命南正重以司天，北正黎以司地。唐虞之际，羲氏、和氏、绍重黎之后，代序天地。夏有太史终古者，当桀之暴，知其将亡。乃执其图法，而

奔于殷。殷太史高势见纣之乱。载其图法，出奔于周。周官太史掌建邦之
六典，正岁年以序事颁告。朔于邦国，又有冯相氏视天文之次序。保章
氏，掌天文之变。当周宣王时，太史官失其守，而为司马氏。司马氏世典
周史。惠襄之间，司马氏适晋。晋中军随会奔秦，而司马氏入梁。秦为太
史令，汉武置太史公，以司马谈为之。位在丞相上。计书，先上太史，副
上丞相。谈卒，其子迁嗣之。迁死后，宣帝以其官为令，行太史公文书而
已。后汉太史令，掌天时星，历凡岁，将终奏新年。历凡国，祭祀丧娶之
事掌奏。良日及时节禁忌，国有瑞应、灾异，则掌记之。秦汉以来，太史
之任，盖并周之太史冯相保章三职。自汉、晋、宋、齐，并属太常。铜印
墨绶，进贤一梁冠，绛朝服。梁陈亦同。后魏、北齐皆如晋宋。隋曰太史
曹，置令丞各二人而属秘书省。炀帝又改曹为监有令。唐初改监为局置
令。龙朔二年，改太史局为秘书阁，改令为郎。中丞为秘书阁郎。咸亨
初，复旧，初属秘书省。久视元年，改为浑天监，不隶麟台，改令为监，
置一人。其年又改为浑仪监。长安二年，复为太史局，又隶麟台。其监复
太史局令，置二人。景龙二年。复改局为监，而令名不易，不隶秘书。开
元二年，复改令为监，改一员为少监。十四年，复为太史局，置令二人，
复隶秘书。后又改局为监。乾元元年，又改其局为司天台，掌天文历数。
风云气色有异，则密封以奏。其次小史，有司历、保章、正灵台郎、挈壶
正等官，各有差。”

《续通典》云：“太史局令至唐改为司天监、设监一人，少监二人，掌
察天文稽历数。凡日月星辰风云气色之异，率其属而占。元丰官制行，罢
司天监，立太史局，隶秘书省。其官有令有正，掌测验天文考定历法。凡
日月星辰、风云气候、祥贵之事日具。所占以闻，岁颁历于天下，则预造
进呈祭祀冠，婚及大典礼则选所用日。”

《通考》云：“宋有司天监、天文院、钟鼓院。元丰正官制。以太史局
隶秘书省，掌测验、天文考定。历法凡日月星辰、风云气候、祥贵之事日
具。所占以闻，岁颁历于天下，则预造进呈祭祀冠，婚及典礼则选所
用日。”

《续通考》云：“辽南面官司天监，有太史令、有司历灵台郎、挈、壶
正、五官正、丞主簿。五官灵台郎、保章正，司历监候。挈壶正，司辰刻
漏。博士典钟、典鼓。金司天台隶秘书监。掌天文历数，风云气色，密以

奏闻。"

又云:"明洪武元年,征元太史张佑、张沂等。改太史院为司天监。设监令、少监、监丞等官。又征元回回司天监郑阿里等,议历。置回回司天监。设监令、少监、监丞等官。三年改司天监为钦天监。二十二年,改令为监正,丞为监副。三十一年,罢回回司天监,以其历法隶本监。置监正一人,副监二人。掌察天文,定历数,占候。推步之事,凡日月星辰、风云气色,率其属而测候焉。有变异,密疏。以闻凡习业分四科。曰:天文,曰漏刻,曰回回,曰历。自五正下,至天文生、阴阳人。各分科肄业。每岁冬至日呈奏。明岁大统历,移送礼部颁行。其御览月令,历七政,躔度历,六壬,遁甲历四季天象录。并先期进呈。清《通考》云:"钦天监,掌察天文,定气朔占候,步推及相阴阳以卜。营建之事,每岁孟冬朔日呈奏。明岁时,宪书移礼部颁行于天下。"

历代太史令及钦天监名称异同之大略

《历代职官表》载:"三代夏羲氏、和氏称太史令。殷亦称太史令。周称太史下大夫、日官、日正。秦称太史令。汉与后汉,及三国、晋、宋、齐、梁、陈、北魏、北齐均同称太史令。后周称太史中大夫。隋称太史令、太史监。唐与五季均称司天台监。元称太史令、太吏院使、司天监提点、司天监。明与清均称钦天监监正。"

珊按:自少皞以鸟名官,凤鸟氏为历正。至清钦天监监正,其职务大致相同。不曰掌建邦之六典,正岁年以序事。预告朔于邦国,即日掌天时星历。凡岁将终,奏新年历,凡国祭祀丧娶之事掌奏良日。国有瑞应灾异之事,则掌记之。不曰掌天文历数。风云气色有异,则密封以奏。即曰掌察天文,定气朔,占候步推,及相阴阳以卜营建之事。历代相沿,无甚变更。任斯职者,必须兼通卜筮星相之学,乃为完备。不仅察天文,定气朔已也。

七　卜筮星相学我国惜无专校

唐制技术官必须选考

《文献通考》云："唐元宗开元七年，敕出身非技术，而以能任技术官者，听量与员外。其选叙考劳，不须拘技术例。"

宋制太史局生必须考试

《续文献通考》云："宋宁宗嘉定四年，诏太史局生。必俟试中，方可转补。"

金制司天台学士必须考试

又云："金制，凡司天台学士，女直二十六人，汉人五十人。听官民家，年十五以上，三十以下。试补又三年一次，选草泽人补充。其试以宣明历、试推步。婚书、地理新书、试合婚安葬。并易筮法六壬课、三命五星之术。"

元制阴阳人必须考试

又云："元至元十三年正月诏，凡儒学卜筮、及通晓天文、历数之士所在官司具以名闻。"

又云："按元典章，试阴阳人，于三元经书内出题。有《占算》、《三命》、《五星》、《周易》、《六壬》、《数学》等书。婚元则《占才大义书》，宅元则《周书秘奥》《八宅通真论》。莹元则《地理新书》、《莹元总论》。《地理明真论》所分科目，大约亦以此定。元贞元年二月定其制。"

元制设阴阳学学中有习业者

《通俗编》云："元典章元贞元年二月，中书省奏定阴阳教授，令各路公选老成厚重艺术精明、为众推服一名。于《三元经》书出题，移廉访司体覆举用，按元设阴阳学。学中习业者，乃谓之阴阳生。所习书以《周易》为首，而凡天文、地理、星命、占卜、及相宅、相墓、选日、诸术，悉期精通。明以来学废，而阴阳生依附道家，名实甚不称矣。"

明制天文生阴阳人均须考试，或选世业子弟立师教习

《续文献通考》云："明制，天文生用世业子弟选补，又命府州县举阴阳人补正术等官。明初置太史监，后改钦天监。掌历数、天文、地理之事。凡习业者分四科，自五官正以下，与天文生、阴阳人各专一科。凡天文生有缺，初令天下访取，仍会礼部考验收用。后止选世业子弟立师教习。有成，遇缺选补。其教师亦量升授。孝宗弘治十一年，命访世业原籍子孙，并山林隐逸之士。及致仕退闲官吏、监生、生员军民人等。有能精通天文历数、阴阳地理、五星、子平、遁甲、大定、并六壬占课、灼龟等术者，每府不过一二人试中取用。凡天下府州县举到阴阳人，堪任正术等官者，俱从吏部送本监考中咨同选用，不中者遣还原籍为民。"

清制通晓天文明于星象及占验者准礼部奏闻

清朝《文献通考》云："顺治十二年，钦天监监正汤若望九年考满，加通政使司通政使衔，赐二品顶带。仍管钦天监事。"

又云："乾隆二年，奉谕旨，在玑衡以齐七政。视云物以验岁功所以

审休咎，备修省先王深致谨焉。今钦天监《历象考成》一书，于节序时刻，固已推算精明，分厘不爽。而星官之术，占验之方，则阙焉。夫讲但天文家言互有疏密，非精习不能无差。海内有精晓天文明于星象者，直省督抚，确访试验。术果精通，著咨送来京，该部奏闻请旨。"

又云："又礼部奏浙江杭州府生员张永祚，通晓天文，明于星象。应令其在钦天监天文科行走，奉谕旨张永祚著授为钦天监八品博士。"

珊按：自唐至民国纪元，已有一千一百九十二年。国家定制，凡欲为技术官、太史令、钦天监者，必须考试中式，遇缺选补。其要目即天文历数、阴阳地理、遁甲六壬、周易、五星、子平等。其应考者大都闭户自修之士，并无专门学校以陶铸之。虽元制有阴阳学，可以在学习业。明制有选送世业子弟，立师教习之明文。究竟人数无多，断难昌明学术。降及后世，一蹶不振良可惜也。

卜筮星相学之书籍有收入《四库》，文渊阁著录者。

数学之属

《太元经》十卷，汉杨雄撰。

晋范望注《太元本旨》九卷，明叶子奇撰《元包》五卷，附《元包数总义》二卷，后周卫元嵩撰，唐苏源明传，李江注，宋韦漠卿释音，其《总义》二卷则张行成所补撰也。

《潜虚》一卷，附《潜虚发微论》一卷，宋司马光撰。

《皇极经世》十二卷，宋邵雍撰。

《皇极经世索引》二卷，宋张行成撰。

《皇极经世观物外篇衍义》九卷，宋张行成撰。

《易通变》四十卷，宋张行成撰。

《观物篇解》五卷，附《皇极经世解起数诀》一卷，宋祝秘撰。

《皇极经世书解》十四卷，国朝王植撰《易学》一卷，宋王是撰。

《洪范皇极内外篇》五卷，宋蔡沈撰《天原发微》五卷，宋鲍云龙撰。

《大衍索引》三卷，宋丁易东撰。

《易象图说内篇》三卷，《外篇》三卷，元张理撰。

《三易洞玑》十六卷，明黄道周撰。

右书凡一十六部一百四十七卷，皆文渊阁著录。

占候之属

《灵台秘苑》十五卷，后周庾季才撰。

《唐开元占经》一百二十卷，唐开元中，太史监瞿昙悉达奉勑撰

右书凡二部一百三十五卷，皆文渊阁著录。

相宅相墓之属

《宅经》二卷，旧本题黄帝撰。

《葬书》一卷，旧本题晋郭璞撰。

《撼龙经》一卷，《疑龙经》一卷，《葬法倒杖》一卷，旧本题唐杨筠松撰。

《青囊奥语》一卷，《青囊序》一卷，旧本题唐杨筠松撰。

《天玉经内传》三卷，《外篇》一卷，旧本题唐杨筠松撰。

《灵城精义》二卷，旧本题南唐何溥撰，明刘基注。

《催官篇》二卷，旧本题宋赖文俊撰。

《发微论》一卷，宋蔡元定撰。

右书凡八部十七卷，皆文渊阁著录。

占卜之属

《灵棋经》二卷，旧本题汉东方朔撰。

《易林》十六卷，汉焦延寿撰。

《京氏易传》三卷，汉京房撰。

《六壬大全》十二卷，不著撰人名氏，首题怀庆府推官郭载騋校。

《卜法详考》四卷，国朝胡煦撰。

右书凡五部三十七卷，皆文渊阁著录。

命书相书之属

《李虚中命书》三卷，旧本题鬼谷子撰，唐李虚中注。

《玉照定真经》一卷，旧本题晋郭璞撰。

张颙注《星命溯源》五卷，不著编辑者名氏。

《徐氏珞琭子赋注》二卷，宋徐子平撰。

《珞琭子三命消息赋注》二卷，宋释昙莹撰。

《三命指迷赋》一卷，旧本题宋岳珂补注。

《星命总括》三卷，旧本题辽耶律纯撰。

《演禽通纂》二卷，不著撰人姓名。

《星学大成》十卷，明万民英撰。

《三命通会》十二卷，不著撰人名氏，卷首但题曰育吾山人。

《月波洞中记》二卷，是书从永乐大典录出。

《玉管照神局》三卷，旧本题南唐宋齐邱撰。

《太清神鉴》六卷，旧本题后周王朴撰。

《人伦大统赋》一卷，金张行简撰。

《右书凡十四部》五十三卷，皆文渊阁著录。

阴阳五行之属

《太乙金镜式经》十卷，唐开元中王希明奉敕撰。

《遁甲演义》二卷，明程道生撰。

《禽星易见》一卷，明池本理撰。

《星历考原》六卷，康熙五十二年大学士李光地等奉敕撰。

《协纪辨方书》三十六卷，乾隆四年庄亲王允禄等奉敕撰。

卷

七

右书五部五十五卷，皆文渊阁著录。

珊按：以上所载书目，计五十部，四百四十四卷，皆为文渊阁著录者，尚有术数类数学之属，二十九部，一百六十五卷[①]占候之属，二十六部，三百八十卷。[②] 相宅相墓之属，十八部，一百三十二卷，附录一部六卷。占卜之属，二十四部，六十二卷。[③] 命书相书之属，十八部二十九卷。[④] 阴阳五行之属，二十六部，一百六十三卷。[⑤] 杂技术之属，六部，五十二卷，计一百四十八部，九百八十九卷，皆附诸《四库全书存目》。读者欲知其详，可观《四库全书提要》，兹不具载。查《四库全书》告成于乾隆四十七年壬寅。距今民国十七年戊辰，已有一百四十六年之久，想海内名著又不知增出有若干部也。

八　东西各国卜筮星相学之书目

占筮书[⑥]

《周易正文》二册，片山兼山著。

《周易述义》八册，大桥顺造著。

《增补古易断时言》四册，新井白蛾著。

《古易察病传》一册，不著撰人名氏。

《易学谚解》二册，佐久间顺正著。

《易学通解》二册，井田龟学著。

《融通易大成》一册，饭田孝太郎编辑。

改正增补《梅花心易掌中指南》三册，中根松伯著。

《梅花心易掌中指南》三册，中根松柏著。

---

① 内五部无卷数。

② 内四部无卷数。

③ 内二部无卷数。

④ 内六部无卷数。

⑤ 内二部无卷数。

⑥ 二十六种。

《高岛易断》十册，高岛嘉右卫门著。

《高岛易占》卷四一册，高岛嘉右卫门著。

《新撰易学阶梯》二册，奥田标堂著。

《五行易指南》四册，数学书院版。

《天理术秘传》二册，不著撰人名氏。

《新编易学小筌》一册，村田玉树编。

《易学小筌》一册，不著撰人名氏。

《易小筌》一册，新井著。

《占法要略》二册，高松贝陵著。

《古易定本易道早学》一册，新井白蛾著。

《晴明秘传独占》一册，松荣堂著。

《八宅明镜辨解》一册，菊地龟仙著。

《吉凶祸福独占筮》一名《西洋判断术》，松乃舍译。

《新选序卦断法》二册，高松贝陵著。

《龙背发秘》二册，荒井尧民著。

《吉凶祸福占筮八卦音曲独判断》一册松乃舍著

方鉴书^①

《方鉴秘诀集成》一册，吉田祐德著。

《方鉴大成》三册，尾岛硕闻著。

《方鉴辨说》一册，松浦琴鹤著。

《方鉴秘传集》二册，松浦琴鹤著。

《方鉴秘传集》二册，松浦琴鹤著。

《三元秘用方鉴图解》三册，松浦琴鹤著。

《政正方鉴必攜》一册，尾岛硕闻著。

《方鉴必儶》一册，尾岛硕闻著。

《方鉴口诀书》一册，松浦琴鹤著。

---

① 三十六种。

《方鉴类要附录》一册，松浦琴鹤著。

《三元九星方位便览》一册，稻叶仙州著。

《方位便览》一册，野口芳次郎编。

《三元九星方位早缲》一册，不著撰人名氏。

《方位早缲便觅》一册，不著撰人名氏。

《方位吉凶秘传集》二册，菊地龟仙著。

《日家九星论》一册，立川小兵卫著。

《奇门遁甲盘》一册，立川小兵卫著。

《八宅明镜图解三元九星吉方图解》一册，松浦琴鹤著。

《方鉴图解九星小言》三册，相差景星编辑。

《方位家相九星通解》一册，平山义信编解。

《九星秘诀》一册，不著撰人名氏。

《九星运命考》一册，不著撰人名氏。

《人相家相九星方位》一册，江东散史编。

《金神方位重宝记》一册，松浦东难述。

《九星方位永代吉凶鉴》一册，伊藤南堂编。

《三元九星占独判断》一册，栗田铁三郎著。

《九星相术人事百般大杂书》二册，前田绿堂著。

《家相秘传集》二册，松浦琴鹤编。

《家相便览》四册，谦堂肉户著。

《家相秘传集》二册，松浦琴鹤辑。

《家相方位指南》三册，肉户赖母编。

《家相辨义》二册，松浦琴鹤著。

《图解捷径家相全书》三册，长田直行著。

《家相方位》一册，川田孝吉编辑。

《阴阳外传磐户开》一册，加茂规清著

观相书①

《人相独稽古》二册，村上五雄校正。

《人相指南秘诀集》一册，手冢贞彦编。

《人相指南》一册，不著撰人名氏。

《人相家相骨相学口诀》一册，中岛春郭著。

《观相奇术》一册，不著撰人名氏。

《南北相法》一册，水野南北著。

大杂书②

《万代大杂书三世相》一册，松茔堂著。

《万宝大杂书三世相》一册，槐亭贺全编。

《大杂书三世相》一册，手冢贞彦编。

《永代大杂书三世相》，松荣堂著。

《三世相大杂书》一册，不著撰人名氏。

《寿福三世相大镜》一册，不著撰人名氏。

《明治新刻大杂书三世相》一册，不著撰人名氏。

《官民撰业秘法》一册，小西如泉编。

《方德万宝录》一册，不著撰人名氏。

《西洋独占天眼通》一册，星野九成译。

《日用精义》二册，松浦琴鹤著。

《御阄判断抄》一册，不著撰人名氏。

《元三大师百签绘抄》一册，不著撰人名氏。

《又元三大师百签绘抄》一册，不著撰人名氏。

---

① 六种。

② 十九种。

《增补元三大师御签抄》一册，元三大师编。

《增补元三大师御阄判断抄》一册，松荣堂编。

《神签五十占》一册，白幡义笃记编。

《二十八宿日割鉴》一册，日莲大师著。

《日连大师二十八宿日割鉴》一册，不著撰人名氏。

凡方技四类八十七种。

《南海康氏》云："日本方技学，皆吾所传也。无有录，存之。以见日俗云尔。"

珊按：据此书目所载，具见日本卜筮星相学。固皆效法我国，即证以《西洋判断术》、《西洋独占天眼通》二书。西洋之卜筮星相学，于此亦可见一斑。风萍生有言曰："卜易星相之术，流传甚久，东西所同。"又曰："均发源'河图''洛书'，演成八卦。夫'河洛''八卦'乃我国大圣创作，非东西各国发明。"由是观之，是西洋各国之卜筮星相学，亦莫不效法我国，不独东洋为然。南海康氏谓日本方技皆吾所传，此不过仅就《日本书目》言耳。

述卜筮星相学卷八

一 养生三要

冒鹤亭先生《润德堂丛书》序

禄命之学，其起后于六壬选吉，要皆不出乎生克制化，以通神明之变。而大易洪范实为阴阳五行之学之权舆。周官太史之职，实司总之。《隋书·经籍志》曰："世之治也，列在众职。下至衰乱，官失其守。或以其业游说诸侯。各崇所习，分标并骛。若使总而不遗。折之中道，亦可以兴化致治。"颜师古《汉书·艺文志》注曰："王者之治，于百家之道，无不贯综。"又曰："治国之体，亦当有此杂家之说。今之术士，设一廛于肆。指天画地，侈言祸福，以博一日之升斗。此其人既自居于贱，人亦贱之。又岂知阴阳五行，固六经之支与流裔也。"江都袁君树珊，以医卜世其家。尝读书，应有司试，弃而隐于肆。吾在京口时识之。听其言，若纲之在纲，有条而不紊也。若烛照数计之靡遗也。吾固知其异于今之术士矣。间与树珊言阴阳五行之学之衰，未有甚于今之时者也。吾尝深思其故，盖有四端。一曰附益。言禄命者，莫古于李虚中，然其命书，乃言四柱。与昌黎志文所称，仅以人之始生年月日相斟酌，不合。又其职官称谓，多涉宋代。言禄命之书者，莫备于育吾山人之《三命通会》。然其所载仕官八字，乃下及明季之人。二曰俘托。《珞琭子赋》论金木刚柔之得失，青赤父子之相应，颇为后世所宗。然作者王子晋周人，不应引有秦河上公、及汉末壶公、费长房之事。此与《易衍》题东方朔撰，而其歌括皆作七言律诗同一谬妄。三曰繁密。李虚中推人寿夭贫贱，不过以干支相生、胜衰死旺而止耳。后之来者，乃多出奇思。曲意揣度，以冀无所不合，转至窒碍而不可通。如辽耶律纯《星命总括》剖晰义理往往造微，而所称官有正偏，则过于求新，流入琐碎。此外范围数、以图书之学窜入禄命。《九宫八卦遁法秘书》以神煞之说窜入禄命。支离诞衍，穷累莫殚。其说愈精，其学愈绝。四曰错舛。《永乐大典》所存古籍，承学之士既难寓目通行坊本。如《星平会海》等书，脱文误字，几于不能句读。展转翻刻，谬种流传。由前二说，缙绅先生或鄙夷而不屑言。由后二说。虽欲言之，不待终卷，而已有望洋之叹。此江湖术士之日益多，而能举其学而返诸古，以求适于今世之用，以兴化而致治，岂独其人未见，亦且其语未闻矣。如树珊者，庶几能举其学，而返诸古，以求适于今世之用者哉。树珊尝出《命理探原》八卷，属余为序，未有以应。别后二年，复成《大六壬探原》、《选吉探原》各二卷，益以尊人昌龄先生所撰《养生三要》一卷，将以嗣所得者汇成《润德堂丛书》。书再至，乞余并其简端。余既叹树珊之精进。异时相宅相墓，或当尚有专书。而又嘉其能不忘其亲，有仁人孝子之用心。盖技也而时于道焉。故序之。

丙寅七月，如皋冒广生。

吴引孙先生《养生三要》序

昔太白应长庚，而生有谪仙之目。观其驱云作采，喝月成吟。漱沆瀣于三霄，郁神明于五岳。非徒搴荣香草，腾异翠虬而已。枳棘之栖，不迷于鸾凤。竹柏之性，远谢乎蜩蝉。故能越六凡，离五浊飘飘乎？若嵩山之高，沧海之深焉。谁为嗣音实难作者。或意豪而伤于尽，或气激而失之剽。身之不存，道将安附。是必言动无妄，克庵有实践之功。清介居表，一峰乐著书之趣。洗迂伐腐，砥行筋躬。而后坐堪辟榖，行亦餐霞。聚精气于三华，服金液于九转。若树珊者，殆能得家学之渊源，而导后儒之秘蕴者乎？古之养生者，沈浸禅机，咀含医理。高疆三折，断肠胃而膏神。思邈千金，分刀圭而必验。所以范文正等为医于为相，陆忠宣既活国又活人。宜其学博而通，气闳以达，乔新泾野，如接乎宗乘若水枫山。早传其法钵。今树珊出尊人所著《养生三要》见示。苟得其尊人全集而读之。更可发沧浪之旨趣，通先贤之心传。在彼法为最上乘，在吾人为成仙诀。闲抛南极，笑指东溟。乐鲤庭之得三，诚马尾之当五。缁衣好贤，美彰于继世。青箱绩学，光延于来兹。所惜商邱未获全书，子湘已钦善本。一字见义，万趣会文。曲引旁疏，横钩竖贯者，其为袁氏家乎？嗟嗟！藤萝无恙，未免青山笑人。卷阿以安，只有白鸥招我。境负人乎，人负境乎！夫亦叹遭遇之不常，而人生之如寄也。追忆前尘，宛如萝寐。东风一度，流水三生。后之踪跡，可取而鉴焉。是为序。

民国八年己未夏五月庚午
乡愚弟仪征吴引孙拜序于沪渎旅次

李树人先生撰《先考昌龄公家传》

君姓袁，讳开昌，字昌龄，广陵良医也。性端凝，寡言笑。不慕荣利，好读书。不间寒暑。尝曰："范文正公有言，不为良相，当为良医。人生不能致君泽民，无已，其以医济世乎！"遂潜心岐黄家言。见医书辄节用购置，或假借抄为。久之医学日进，而通于神。邻有媪，服红矾，咸谋救无术。君命服鸭血，庆更生。戚萧遐衢，疽发背，势将陷。群医束手，君投以补剂，乃窿然起。复以火针刺之，匝月愈。吾郡有军官某患秃疮，发尽落，佥慏为杨梅。君曰："此气虚，攻毒药不可服。"命服参芪，发竟复生。又有胥姓妇，病黄肿。医悉谓鼓胀，经数医不瘳。君按其脉曰："孕也。若何误攻之。"乃授以扶胃安胎药，不三月，生一女。君医之精类如此。光绪乙未夏秋间，时疫行，死者众。君制药济贫民，颇多全活。噫！君立愿为良医以济世，今医痊实繁。君真可谓良医，而亦副其济世之愿矣。生平喜阅《医宗金鉴》，谓其中正无偏。故治疾悉遵古法，而奏效亦因此。君于医眼科、外科为最精。而治外症善用火针。医外，精卜筮，多奇中。顾不以此名家，故居广陵。己丑春，因爱吾郡江山，遂徙居焉。子阜得君卜筮术，名甚噪。然亦知医。君晚辑《医门集要》八卷，年五十五卒于吾郡。语曰："上医医国，中医医人。士君子不能出而医国，仅仅医人。其心亦大可哀矣。"顾君之精于医，祗在悉遵古法，而中正无偏。遂乃生死人而肉白骨。夫医人且然况医国乎？今者欧风东渐，喜新好异之徒弃互古固有之纲常，而习夷狄之邪说，其即君邻妇之服红矾也。而内患外难，纷起迭乘，又即君戚之疽发背也。顾患难既迫，而政治愈乱更。即误以治杨梅者治秃疮，治鼓胀者治孕妇也。而其源则在不遵古法，好奇邪而恶中正。安得君以医人者，起而医国乎？而君仅以医人传，不得为良相，徒为良医也。悲夫！

丹徒后学李丙荣拜撰

《养生三要》目录

一 卫生精义

二 病家须知

服酒药以知为度　服药后有现险象者　服丸药法
服药应忌之品　服药忌见之事　饮食应忌之品
疮痿宜慎口味　宜少宜戒　痔漏疳蠹者戒
肿胀者戒　痨嗽者戒　伤寒与水肿者戒
滑泄者戒　病久者戒　有病切戒迁动远行
病新愈者戒　有不必忌口者　有不能忌口者
久病后宜停药　纵口者绝毂者皆非　节饮筋食
灼艾后忌饕餮厚味　虚劳者宜知此　亦有病初愈忌补者
病者忌与亲友接谈　坠跌晕绝者戒移动　坠跌晕绝知此则生
生于忧患

三　医师箴言

大医心须慈悲恻隐　大医宜兼通术数　习医先识字后读书
医学读书法　医书之大纲　外治法之专书
辨书　读书要有识力　六不治
除疾　审微　八要宜审
用药有君臣佐使　古方可为楷模　古方权量
方药等分者要审度　煎药用水歌　大医口不言钱
医须识药尝药制药　制器储药　藏药
看疑难之病宜静思　看病须细心审视　看病与文家相题同
诊视后始可断定　医者不可胸拟成见　病危之家令先煮水
险证先声明后下药　不可妄肆翻案　群医共治无过多言
食疗治病　名医难　宜诚忌傲
医品　同道务要谦和　方案书药名贵共晓
诊妇女须侍者在旁　贫病宜量力周给　当道延请尤宜速去
医者须不陋不妄　医者须自养精力　医者不可片时离寓
用药宜戒杀生命　俭用置产

二　命理探原

龚贡谟先生《增订命理探原》序

　　时至今日，欧风东渐，科学昌明。凡事重实验，不尚空谈。凭真理，不务虚幻。与五行生克、时会气数之说概置勿论。盖命之一字，虚无缥缈，玄之又玄。在昔孔子所以罕言命也。虽然孔子罕言命，孔子又何尝不言命。如对子服、景伯曰："道之将行也与，命也道之将废也与，命也。"又曰："不知命，无以为君子也。"是孔子罕言命，实孔子重视命，而不轻言也。孔子盖实见夫命之理微。休咎悔吝，寓于玄机。参互错综，推求不易。故平日会以假年学易，冀深究吉凶消长之理，进退存亡之道。昧者不察，以为孔子且不言命不亦诬乎？江都袁君树珊夙承庭训，家学渊源。少时克岐克疑，举凡星命各书，无不殚精竭虑。因流溯源，宜乎名重一时。观其所著《命理探原》一书，极深研几，探赜索隐。凡昔人所著命书，无不搜辑。兼能参互考订，致远钩深。于命理之奥窔者，均能阐发而彰明之。发行以来，无不争先快睹，以为讨论命理之模范。刻因复加考订，重付剞劂。措辞命意，精益求精。余于浏览之余，深知袁君学有本原。断非率雨操觚者所可同日而语也。且细释全书之旨，并不尚空谈而仍重实验。不务虚幻，而仍凭真理。固迥异于虚无玄否也。爰不揣谫陋，而为之序。以志景仰之忱云。丙寅年三月古闽贡谟龚艺杉于金陵客次

《命理探原》自序

　　客有问于余曰："闻子有《命理探原》之作，信乎？"余曰："然。"客曰："当今之世，优胜劣败，弱肉强食。其号为优与强者，大都攘臂争先，攫取名利。捷足则得，缓步则失。若安贫守拙，委诸命运，非所以处今之世也。子之所作，得毋违反世道，阻碍进行乎？"余应之曰："唯唯否否，

夫恒言所称优胜劣败者理也，弱肉强食者势也。然有优者未必胜，劣者未必败。强者未必尽食弱肉，弱者未必尽为强食。观于士人有长于学问，而科第维艰。商人有绌于营经，而赢获至厚。甚至强者反供弱者之驱策，弱者竟制强者之生命。此其间理势皆退，处于无权。非命之为，而谁为乎？若不知命而妄与之争，必致寡廉鲜耻，败德丧身。而天下无良善之人矣。如是而欲家齐国治，岂可得哉！孔子曰：'君子居易以俟命，小人行险以侥幸。'君能三复斯言，即知命学之当重。而余之作是书，有不容缓者也。"客曰："如子所言，命学诚綦重矣。然古书具在，亦何用子哓哓为哉？"余又应之曰："不然，夫唐以前之命书，吾不得而见之矣。唐以后之命书，如徐子平、徐大升、刘青田、万骐、王铨、张神峰、万育吾、沈孝瞻、沈涂山诸先贤之著述，吾得而见之读之矣。然其中有有起例而无议论者。有有议论而无起例者。有失之繁芜，而不精确者。有失之简略，而不赅博者。非唯初学难以入门。即久于此道者，亦多不明其奥窔。余之所作，由浅入深，分门别类，采撷众长，屏除诸短。间有古人义理未明起例未备者，则安参管见以补足之。非敢谓羽翼先贤。要不过为知命之君子尽忠告焉耳矣。"客既退，爰略次诸言于简端，以为之叙。民国四年岁次乙卯仲冬上浣江都袁阜树珊识于铁瓮城西之润德堂

《命理探原》凡例

一、此书大旨，以徐居易《渊海子平》为主，间采各家。而以刘青田所注之《滴天髓》，沈孝瞻所著之《子平真诠》为最精当，与诸书不同。故所采独多。

一、是编纂述前人者为多，间有重者删之，冗者节之，略者详之，疑者阙之。然俱标明著者姓字，或载明出自某书，不敢掠美也。

一、是编凡妄参末议。及略有发明之处，概加按字以别之。

一、自来著命学书者，皆不详言本原所以然之理。恐人费解厌读，故学者每于干支生克、合冲刑害之义，亦多茫然。甚至无识者，反谓干支二十二字乃人物事之代名词，并无五行生克。寓乎其间，可慨也夫。因是不避烦琐，特引《易经》、《尚书》、《礼记》、《独断》、《阴符经》、《白虎通》、

《淮南子》、《春秋繁露》、《史记律书》、《说文》、《尸子》、《五行大义》、《空同子》、《蠡海集》、《辍耕录》、《瑞桂堂暇录》、《群书考异》、《渊海子平》、《三命通会》、《协纪辨方》等书以证明之。间有不甚明了及未备者，则据己意以阐发之，非敢辞费。盖欲使学者知古人定名具有精义在也。

一、起例散见诸书，从未有一家完备者。此编推年法推时法、推大运法、与夫胎息变通等法，俱本于《渊海子平》。推宫法则本于俞曲园太史《游艺录》。推限法则本于闽汀廖瀛海《星平集腋》。至于推年法、推日法、推流年法、及推大运交脱法，他书均略而不详。兹特谨据管见所及以补足之，俾初学者一览了然。

一、五行生克及支藏五行，不列于本原，而列于起例者。盖便初学推演比、食、财、官、印而设，读者幸勿疑之。

一、比、食、财、官、印，因十干生克定名。其义甚微，其理发精。先贤固未明言，后学尤难领会。阜天资鲁钝学殖荒芜，安能妄解？然观于人情物理、治乱兴衰之道，与此若合符节，故特著浅说以申明之。古人有云："观斗蛇而字法进，观舞剑而画事工。"由此类推，益信斯言不谬矣。

一、《子平》、《神峰》所载神煞，详略不同。且未言吉凶所以然之理，而用法亦不完备。人每疑之，兹选近理切用者二十种。参考各家，折衷诸说。既详其本原，复迹其用法。不独便于后贤，且可存古人星命之真谛也。

一、比、食、伤、财、官、杀、印之宜忌，其所以然之理。前人多有未道及者，兹选《子平撮要》、《玄机赋》、《古歌》所载之成法，分为七篇。皆据梼昧之见，一一释之。高明之士，倘能加以针砭，匡其不逮，则幸甚矣。

一、取用神法，诸书散见，且议论各别。从未有纲举目张者。故初学读之，每多不解。兹编详加选择，参以愚见。另列一门，俾易升堂入室。

一、化合刑冲之作用，他书所载，繁简不同。兹编以《三命通会》、《滴天髓》、《子平真诠》为主，更附管见以说明之。

一、评断运岁之议论，悉本先贤。若宫限之吉凶，前人俱未道及。有及之者，亦不过泥于星盘而已。阜留心实验，深知宫限之向背与命运有绝大关系。当以生克制化、合冲刑害之理衡之。故特详细说明。

一、论六亲妇幼。只采《滴天髓》、《子平真诠》二家。盖其文简理足，皆由子平变化而出也。

一、杂说采集诸家，足补命学书之不逮，阅者毋忽视之。

一、先贤名论，美不胜收。兹特选其理明词达最合实用者二十四篇。学者若能潜心玩索之，即可游刃有余。至于首列子平源流考者，盖欲示人以命学源流，及命学变迁之梗概也。次及《明通赋》，而结以论杂格、论星辰无关格局者，盖由唐至清，循序而来也。

一、末附《润德堂存稿》及《星家十要》者，一可为初学之藉镜，一可为星家之格言。究心斯道者，尤宜加意。

一、《星命丛谈》乃节录古今名公钜卿、鸿儒硕学之著述而成！其间有发议论者，有纪事实者，既可为星命学之考据，又可为星命挚之成绩。三复此书，即不致怨天尤人。而为守分安命之君子，其有裨于身心，岂浅鲜哉！

一、通天地人谓之儒，百家艺术，皆士大夫所宜究心。况荣枯系乎一生，岂可胸无成竹？此编简括明备，人人易晓。但能读书明理者，略一披览。就自身八字，对书考证。则荣枯立辨，得失可知。未始非立身修己之一助云。

《命理探原》卷一目录

《命理探原》卷二目录

《命理探原》卷三目录

《命理探原》卷四目录

宜忌篇

用神篇

《命理探原》卷五目录

化合冲刑篇

---

① 劫财败财同。

《命理探原》卷六目录

先贤名论篇

---

① 宫限附。

《命理探原》卷七目录

润德堂存稿

《命理探原》卷八目录

星家十要

星命丛谈

补遗

珊按：初稿精刻木版，全编目录如上。增订之稿，拟付石印。尚未出

---

① 贱造附。

版者，其目录稍有变更，附志于下。《神煞》篇以《金舆禄》易《月将》一篇。《宜忌》篇增《论四柱总纲》、《论干支覆载》各一篇。《用神》篇增《论命总法》二篇，《论用神法》、《论生年法》、《论月令法》、《论日主法》各一篇，《论生时法》二篇。删《论用神》、《论用神紧要》各一篇。《评断》篇增《论大运吉凶》二篇，《论流年吉凶》二篇，《论太岁》、《论月建》各一篇。《妇幼》篇增《论女命》一篇、《先贤名论》篇，增《珞琭子三命指迷赋》一篇，《论纳音五行》篇。《润德堂存稿》增《乙木》二篇，《丁火》一篇，《戊土》一篇，《己土》一篇，《庚金》三篇，《辛金》二篇，《壬水》一篇，《癸水》一篇。《星家十要》以《廉洁》易《戒贪》一篇。附录增《干支五行之数学研究》一篇。

三 六壬探原

罗子经先生《六壬探原》序

　　占卜之学，原本于《周易》，由来久矣。然向无简明之书阐发其旨。盖治斯学者，多非士人。纵其人深明数理有所纂述，而笔无机绪，辞不违旨，致阅者茫如。如斯而欲藉其书以探其术，密可得耶？袁君树珊，士而隐于卜者也。余耳其名久。丧乱以来，窜迹海滨，每俯仰无聊，辄欲就君为灵均之卜居，而忽忽不果。但得读君所著之《命理探原》、《选吉探原》诸书。觉其辞旨明畅，可与俞曲园之"游艺诸录"相颉颃。信乎非术士之所能为也。顷又以近著《六壬探原》邮示，并索序言。按六壬占法，《吴越春秋》、《越绝书》即已载之其后隋唐诸史。均录其书，而多不传。至明郭载騋搜辑旧说为《六壬大全》，较称赅备。然论者谓为真伪参半。后此不少作者，大率与郭书等。今得君探原阐发，其旨将大明。而君之术益工，学益进固可知也。余虽不明此学，然频年探讨旧籍，颇观秘本。试举其名，其属于明钞者曰《六壬总要》，① 曰《六壬云开观月经》，曰《六壬集要四言断》②，曰《六壬集应钤》，题龙台逸史撰。有孔治中自序，不分卷，多至数十册。属于旧钞者曰《大六壬汇纂》③，曰《六壬集原古》④，凡此诸书，观君参考书目中均未之及。惜乎当时不以诏君也。余于今年春始，因鲍君扶九之介，识君于京口。鲍君为余言君卖卜所入，恒以赡亲族，济贫困，不事私蓄。其风义为叔季所希闻。故余重君之人，较之多君之术，为尤深且挚也。

　　　　　　　时乙丑仲冬月上虞罗振常序于海上寓居之修俟斋

---

① 四十八卷，明徐兴公、谢郇彦清撰。在杭藏书。
② 均不著撰人。
③ 不著撰人。
④ 孟淑孔撰。

唐子均先生《六壬探原》序

　　江都袁树珊以卜游铁瓮城西，非市井碌碌人也。其尊人精医卜，潜德不曜。树珊世其家学而扩大之，而卜为尤著。好与士大夫往还，吐属浩浩落落然。指事类情，听者忘倦。暇则读线装书，经史百家之属，能通知其意。吾尝赠之诗有曰："卜自君平道始尊，而今此事又推袁。迷津指罢江天暮，手叠丛残自闭门。乙夜端居俨鲤庭，醲醲有味一灯青。书声不断瓶翻水，指向儿曹说六经。"其旨趣可想，尝撰《命理探原》版行于世。海上书贾翻刻以牟利者踵相接。树珊听之，曰："吾闵世之操此术者，寡明师益友。所得于江湖歌诀，大都沿讹袭谬，足以误人。吾书简明而精确，庶几暗室之一灯也。"其用心之嘉矜而普遍也顾如此。顷又撰辑《大六壬探原》成，邮寄清史馆，嘱为之序。予于此事未尝涉猎，然能必其书为简明精确，有益于治此术者。盖以树珊之学力，与其前著而信之。尝谓吉凶悔吝生乎动，非不可动，要与静相消息。今有人奋掷跳踉，终日而不止，其危亡可立而待矣。横瞩天地间，气矜者动，号为谨愿者亦动，权势者动，僻处乡土者亦动。男子动于外，妇女亦不肯静于其内。少壮动于前，童孩亦不肯静于其后。以至农工商贾之流莫不攘袖奋臂，一呼而百应。其实一二魁杰者发纵指示，坐收其利。他之千百万人无与焉。数十年来，景象历历，至今未已。吉凶悔吝，如环无端，如响斯答。而犹不之悟。哀哉！六壬之数，吾未之学也。然闻其道出于易，度其理亦不过如此。读树珊之书者以吾说为何如。仰不知，与六壬之旨大相舛驰否。昔严君平与人子弟言：一依于孝顺，各因事导之以善。人有邪恶非正之问，则依蓍龟为言利害。习树珊之书而市其技，其取君平传而观之，抑亦树珊之意也哉。

　　　　　　　　乙丑五月丙子朔越十有八日癸巳小暑节
　　　　　　　　丹阳唐邦治撰于都门

《大六壬探原》凡例

一、本书共分三篇。一《推演》。由占时至年命，诸式成备，次序鳞列。唯讲解则力求浅显浏亮，不务艰深。学者无须师承口授，自可一览会通。二《论断》。凡壬学所以判吉凶、决休咎种种要法。务期力避繁芜，意赅言简。三《集说》。皆采集古人名论，有发明课体义蕴者，有详考壬学源流者。细心玩之，不难由浅即深。末附先贤传略，尤堪为后学楷模。因限篇幅，未及具裁。容当另辑专书，以表章之。

一、歌语为演课之秘诀。初学读之，海难索解。因分附于诸说之后，庶几互相印证，较易了然。

一、月将谨遵《协纪辨方书》。交中气后，始可更换。如正月甲子日寅时雨水，当用亥将。若在丑时前占课，仍是子将之类。姚少师广孝超神法，"阳从生数，阴从成数"之说殊不足信。

一、涉害课最难发用。当视所涉浅深取为初传。《六壬大全》所载古歌甚是，惜于复等课。柔辰刚日之说，未能扫除。其附列总钤不合法者亦有十九课。《指南》、《经纬》、《类聚》，不论所涉浅深，但论所临孟仲。虽曰简易，失古远矣。寻原，辗转抄袭，谬误益多。《粹言》略知其法，而所载之图仍未更正。《说约》虽论所涉浅深，而专视十二宫中所藏人元。如寅宫藏甲丙戊，未宫藏乙己丁之类，画蛇添足尤难尽信。兹遵《课经》、《课黔》、《辑略》，《视斯》及《古今图书集成·艺术典》等书，说明所涉浅深之次序，考定三传之是非。俾初学有所依据。末附六十花甲子日，七百二十课之三传。备载重要名称，以便检查。

一、贵人日夜顺逆之分，诸书每有异同。兹遵寻原及《协纪辨方书》为主，列图设例，一一说明。

一、行年之法，当遵《大全》。盖天开于子，地辟于丑，人生于寅。故男一岁起丙寅顺行，而女年取阴阳对待之义。一岁起壬申逆行，此易知简能之理。振古如斯，后之变其说者，以男女所生各甲之丙壬起行年，殊属无谓。兹恐学者疑虑，特列表以明之。

一、壬课神煞甚多，颇难记忆。兹载德煞八种，为断课所必需，如布帛粟菽、日用所不可缺者。学者果能融会贯通，自可见微知著。慎毋谓平淡无奇，而忽视之。

一、《课经》、《毕法》议论精深，乃壬学之圭臬。惜卷帙浩繁，初学读之，往望而生畏，不能终篇。本书论断篇，自占时月将至破害刑冲，简要不烦，大半取材于此。

一、占事只须明白主客界限，及各种类神。然后就《论断》篇所列二十二章，一一推勘之。吉凶从违，自有定见。故本书只节录《经纬十三事》以资模范，其他分类断语，千篇一律者概不取。

一、课体吉凶，关系綦重。《课经》、《心镜》《所载》名目烦琐，议论渊深。初学读之，茫无涯际。《经纬》虽只列九十种，上自贼克，下迄空亡，其大端已具。惜语多重复，徒占篇章，兹特删繁就简言之。

一、本书荟萃诸家，注重实用。又蒙昆山张师芬敬甫审定，吴县冯君士澄含青匡正，第恐见闻仍属肤浅，遗漏孔多。尚望海内高明多方赐教，是所企祝。

《大六壬探原》参考书目

《六壬心镜》八卷唐肃宗朝不欲子东海徐道符撰

《六壬一字玉连环》一卷宋卢溪徐次宾撰

《六壬口鉴》二卷宋徽宗朝邵彦和撰清南村注抄

《六壬占验》四卷撰人同前，清光绪庚辰午亭氏抄本

《六壬捷录余义》一卷明尹希吉撰抄本

《六壬金口诀》六卷明万历丙申新安赤岸真阳子撰

《六壬大全》十三卷明古博郭载騋御青辑清康熙甲申刊本

《六壬指南》五卷明广陵陈良谟公献撰清康熙朝刊本

《命理约言》十卷清海昌陈之选撰，所论有与六壬相通者

《六壬精蕴》二卷不著撰人名氏抄本

《六壬未悟书》一卷不著撰人名氏，西蜀劭房徐良敬录

《六壬滚盘珠》一卷不著撰人名氏抄本

《六壬鬼撮甲》三卷不著撰人名氏抄本

《六壬银河棹》二卷不著撰人名氏刊本

《六壬经纬》六卷清京江毛志道撰，雍正乙巳刊本

《六壬纂要》一卷清海密周宗林明上辑雍正甲寅刊本

《六壬辑略》四卷清鸳湖戴黼美德兴辑乾隆朝抄本

《六壬际斯》二卷清越循药悔亭辑乾隆乙未刊本

《六壬说约》四卷清张鋐江村撰嘉庆庚申稿光绪丙戌刊

《六壬寻原》四卷清秀水张纯照辑嘉庆庚午刊本

《毕法集览》一卷清古歙程树动爱函辑同治壬申刊本

《壬学指要》十二卷不著撰人名氏嘉庆壬申吴秀山抄

《壬学琐记》一卷清程树动爱函撰

《宝日楼六壬黔》六卷清湖桥生辑道光甲辰抄本

《六壬神应经》四卷清桂林唐维经秀峯辑道光甲辰刊

《六壬粹言》六卷清蛟门刘赤江慕农辑道光丙戌刊本

《六壬类聚》四卷清临川纪大奎向辰辑刊本

《六壬辨疑》四卷清寿昌张官德次功撰咸丰辛亥刊本

《六壬摘要》六卷清三蓝李佃伯陶辑光绪甲午刊本

《六壬游艺录》一卷清德清俞越荫甫撰刊本

《清纂图书集成·艺术典·六壬部》

《史记》

《前汉书》

《高士传》

《子史精华》

《四库全书提要·术数类》

《劝戒录》

《大六壬探原》卷上目录

推演篇

《大六壬探原》卷下目录

论断篇

---

① 附七百二十课三传及名称。

② 直事门。

③ 外事门内事门。

④ 发端门移易门归计门。

⑤ 支神定名附。

⑥ 变体门。

⑦ 类神之阴。

⑧ 月建同。

⑨ 财印伤比附。

⑩ 长生沐浴等附。

⑪ 驿马附。

集说篇①

金科玉律诀	课体纲要	论天将乘神生克
论显晦	论虚实	论向背
论进退	论存亡	论男女
论老少	论新旧	论贵贱
论亲疏	论左右	论高低
论胜负	论动静	论迟速
论远近	论方所	中黄歌
释壬贯道篇	琐记②	问答③
卜筮论	司马季主传	严君平传

星卜家事迹④

占卜一斑录

卜从戎	卜家务	卜谋事
卜借债	卜婚姻	卜担保
卜赴任	卜争讼	卖卜格言⑤

---

① 先贤传略附。
② 十条。
③ 十八条。
④ 二条。
⑤ 附录仿朱柏庐先生治家格言。

四 选吉探原

《选吉探原》自序

拙著《选吉探原》甫脱稿，就正于杨君石葭。石葭欣然谓余曰："子知选吉要道，太岁、岁破、大凶三煞，亦大凶。又知某日宜某事，某日不宜某事。稽考古籍，纂述成书，以此示人，俾知趋避，意良美也。吾家世乡居，日与羽族习。有目睹二事，为子言之。既可证选吉之说，又可见物理之通小物不遗。悗在于是。夫鹊善营巢，人所知也。至每年坐向各有不同，人或不察。余当留意，及之凡子寅辰午申戌六阳年所构者，巢之门户坐东西不向南北。丑卯巳未酉亥六阴年所构者，巢之门门户坐南北、不向东西。数十年来历验不爽。此非避岁破三煞，而何耶？又梁燕做巢，终日辛勤，无时或辍。唯戊己二日决不衔泥筑垒。只见其飞翔瞻顾而已。此非避戊己凶煞而何耶？夫物类如鹊燕，渺乎小矣，乃其智识竟与人不谋而合，亦可异矣！"余闻之憬然曰："君诚有心人也。曩读《博物志》云：'鹊巢门户，皆背太岁'。《抱朴子》云：'鹤知半夜，燕知戊己'。窃叹鸟之巧识天机，竟能如是。然犹疑信参半，今闻君言，若合符契。益信选择家所谓太岁可坐不可向，三煞可向不可坐。与夫五黄煞、戊己煞均忌动土之说。衡之于理，既凿然不易。验之于物，益信而有征。可知选择之学，自秦汉以迄于今数千年来，得以相传于勿坠者，固有自来也。"杨君曰："唯爰次往复之说弁于简端。以告世之侈谈高远，而鄙选择之学为不足道者。"江都袁阜树珊甫自识

《选吉探原》凡例

一、邱平甫《选吉歌》云："方方位位煞神临，避得山过向又侵。只有山家真旺处，天机妙处好留心。支如不合干中取，迎福消凶旺处寻。任是罗喉阴府煞，也须藏伏九泉阴。"读此可知选吉以干支衰旺为体，方位

种煞为用。若泥于神煞不辨衰旺，有田无体岂能迎福消凶乎？本编大旨论神煞则专以随从太岁月建之重要者为主。论选吉、造葬则以干支正五行旺气，扶龙补山益化命助本命为主。入学、上官、婚姻、嫁娶、开市、交易、栽种、收养等事，则以辅佐值事人本命为主。其余琐碎怪异之神煞，概置不论。

一、《协纪辨方书》所载神煞虽多，而开山立向修方吉者，年家唯岁德。岁德合岁支德、岁禄、岁马、阳贵、阴贵、奏书、博士、三元紫白而已。月家亦唯天道、天德、天德合、月德、月德合、月空、贵人、禄马、三元紫白、八节三奇而已。除如盖山黄道、通天窍、走马六壬、四利三元。按其实际，与岁德岁德合小异大同。本编论开山立向修方皆基于此。年家只载岁德、岁德合，月家亦只载天道、天德，诸吉神余均不论。唯精唯一，庶趋避轻简易尔。

一、本编开山立向修方凶者，年家只载太岁、岁破、刼煞、灾煞、岁煞、伏兵、大祸、五黄、戊己都天。月家只载月建、月破劫煞、灾煞、月煞。余均不论。《协纪辨方书》云："太岁、岁破不可犯。"三煞犹可制化，况其他乎？可见真正凶煞唯此数者而已。至阴府、年克、打头火、浮天空亡、大小月建，《协纪·利用篇》多非议之，不得谓为凶煞。故概置不论。其余小煞，更不足道也。

一、本编《月表》，以月为纲，以日为目，月首起建。历建除满平、定执、破危、成收、开闭，而十二支咸备。每支分五干，而六十甲子咸备。按照逐月干支，凡吉神多者应宜各事。悉遵《协纪辨方书》逐日注明。凶煞多者，应忌各事，概不列入。大凶之日，即注诸事不宜。其有注一概无取者，因只不宜本编所载祭礼祈福、求嗣、入学、上官、赴任、结婚姻、嫁娶、移徙、安床、修造、动土、安葬、启攒一十九事。而《协纪辨方书》所载沐浴、剃头、整手足甲、伐木、捕捉、畋猎等事，是日或有注宜者。因此等事于人生关系至微，为本编所不选及，故只注一概无取，以示区别耳。

一、选吉要道，书有明文。视事体之大小缓急，辨神煞之向背从违。万年书载御用六十七事，民用三十七事。通书亦载选吉有六十事，可谓完备而详明矣。本编仅择其为人民所常用。如上条所载之十九事，名目虽减少。而敬天地、孝父母、教子孙、叙彝伦，与夫冠婚丧祭、士农工商所恒需者，悉已包括无遗。善用者触类旁通，必可左宜右有，无取乎烦琐为也。

一、本编《选年》篇载明廿四山向，及年家吉凶神煞。孰宜孰忌，凡选吉造葬者，一经检查自能明了。

一、本编《选月》篇，亦载明开山立向修方吉凶神煞。细心检查，则山向方道之吉凶，了如指掌。而修造葬埋，孰宜孰忌立可解决。

一、本编《选日》篇载明值事人本命凶煞干支表。凡选吉日，总以值事人本命不犯支冲、三煞、天罡四旺煞，乃为十全。其有不及回避支冲，而能不犯本命八煞者，亦能召福。阅者慎毋忽之。

一、本编《选时》篇，最为简明。凡与值事人本命，及所用山方，所选之年月日生扶拱合，或得长生、贵人、禄马、贵登天门四大吉时者，皆为吉时。与值事人本命及所用山方，所选年月日等处犯刑冲克害者，皆为凶时。至六十甲子，时家吉凶神煞，概置不论。庶免吉凶聚讼，无所适从之患。

一、本编《月表》，逐日干支注宜之事，乃是固定不移。其中有随太岁干支变更吉凶者，如上朔、岁破是也。有随节气变更吉凶者，如土王用事、四离、四绝、气往亡是也。有随日期变更吉凶者，如月朔、月望①月晦、月忌及周堂图、值夫、妇、翁、姑是也。阅者须将"月表须知"数条细心熟玩，始无遗误。他如结婚姻、嫁娶是两事。动土、破土亦是两事。世俗不察，每多贻误，故特冠之于首。

一、《协纪辨方书》云："五行名目，多不可言，要以正五行为本。"俗术不明此义，势必动辄得咎，无所适从。如以甲山而论，正五行属木。洪范五行则属水。阴府五行则属土。墓龙变运则又属火。或又属金。行止有五，而一山已占其四。一年月日时，而干、支、纳音、化气又占其四。求其不克，不亦虽乎？此诚破的之论也。本编谨遵此旨。利用篇所采，皆先贤造命真诠，专以正五行为标准。其他驳杂不纯，似是而非者不录。至吴兴沈亮功所立"补龙表。"其法本诸"补龙古课"，堪为二十四龙取局之用。浅显易明，尤为捷诀，特取用焉。若修造安葬权法，虽属变通，实有至理。造葬者苟山方不利。或为天时人事所限，尽可如法用之。

---

① 十五日义同。

一、邱平甫云："诸家年月多差舛，唯有紫白却可凭。"桑道茂及一行禅师又云："紫白所到方，不避太岁、将军、官符、诸凶。不避宅长一切凶年。唯不能制天罡四旺煞而已。则紫白之吉，古所共宗。"就此观之。天罡四旺煞之凶，概可想见。而岁破、劫煞、灾煞、岁煞、伏兵，大祸之凶，其力尤大，更当谨避。故本编于年月紫白表中，不惜一再言之。

一、杨筠松《千金歌》云："三奇诸德能降煞，吉制凶神发福多。"可见三奇诸德之吉，足以制伏中煞小煞。故本编于三奇、诸德一一列表载明而于三奇尤为详细。庶阅者易于检查。

一、《辨讹》四篇，其一为《大偷修日》。通书美其名为诸神朝天，谓为动土破土可以肆无忌惮。其二为《重复日》。有不忌葬埋，而世俗有误为概忌葬埋者。其三为二十八宿，本无吉凶。《玉匣记》指吉为吉，指凶为凶。转使真吉真凶，不能趋避。其四为《董氏诹吉新书》。选吉之道，并无真诠。唯诱人以黄罗紫檀、金银宝藏、田塘库珠。吓人以损长幼、招官司、蛇伤虎咬。使人不得不信。此皆讹言谬说，最足误人者，不可不辨。

一、《选择宗镜云》："大煞避之，中煞制之，小煞可不必论。但得八字停当，吉星照临，自然贞吉。若捏造之假煞，删之而已。"如杨公忌、红沙、天狗日、上兀、下兀、四不祥、九良星、披麻煞、斧头煞。鲁班煞、星曜煞、冲丁煞、消灭煞、山方煞、李广箭、日流太岁、天地燥火、黄泉八煞、金神七煞、天地转煞、入地空亡，种种名目，不胜枚举。毫无义理，概从删除。

一、《附录》十三篇，始则说明建寅不始于夏。及建除十二神由来已久。与夫四大吉时之详解，继则历叙婚嫁丧葬之礼，并志石墓碑之必要。终则殿之以夏氏择日之神妙。俾资藉镜，非辞费也。

一、本编法虽简易，语必求详。俾人人得识普通选吉之道。唯著者弇僿，罅漏定所不免。仍希海内博雅君子惠以教言，匡其不逮，则幸甚幸甚。

《选吉探原》卷上目录

论附葬　　　　　　论制煞　　　　　　论权修法
论权葬法　　　　　　太岁神煞出游日　　正针中针缝针三盘图
分金图

《选吉探原》卷下目录

月表须知篇

论结婚姻异与嫁娶　　论动土与破土不同　吉凶日从太岁变更
吉凶日从节气变更　　吉凶日从固定日变更

月表吉凶篇

正月六十甲子表　　　二月六十甲子表　　三月六十甲子表
四月六十甲子表　　　五月六十甲子表　　六月六十甲子表
七月六十甲子表　　　八月六十甲子表　　九月六十甲子表
十月六十甲子表　　　十一月六十甲子表　十二月六十甲子表

辨讹篇

论大偷修日之非　　　论廿八宿无关吉凶　论重复日之误
论董氏诹吉不足凭

附录篇

选吉总论　　　　　　建寅不始于夏说　　释建除十二神之义
释四大吉时　　　　　答昏礼问　　　　　论嫁娶之期
亲病纳妇论　　　　　丧归宜入家论　　　论停丧之非
请禁停丧禀　　　　　吉人通体是吉说　　立志石墓碑法
记夏氏择日之神妙

补　遗

二十四向解　　　　　岁干吉神表解　　　岁支吉神表解
岁支凶煞表解　　　　月干吉神表解　　　阴阳贵人表解
飞天禄马表解　　　　月支凶煞表解　　　造葬不同解
开山立向解　　　　　修山解　　　　　　修向解
修方解　　　　　　　修中宫解　　　　　附葬解
论葬必择良辰　　　　论往亡气往亡不同　论本命年日之谬

钱 跋

曩读《诸葛武侯集》，侯撰《司马季主墓碑铭词》有云："先生理著，分别刚柔。鬼神以观，六度显明。"又读《王右军十七帖》云："严君平有后否?"鲍参军《蜀四贤咏》云："君子因世闲，得还守寂寞。闭帘著道德，开卦说天爵。"高风千古，今人仰止。今春正月道出京江，偶晤袁君树珊，得读其所著《述卜筮星相学》一书。镕冶经史，荟萃中西。非唯彰往察来，且可教忠劝孝。吾益信武侯"季主之铭，"参军"君平之咏。"其识见高远，有非常人所可及者。余于卜筮星相之道，未尝研究，不敢言及高深。谨就大著所载卜筮星相学与科学相通之义，略将五行生克合化之理证以科学引伸说明。俾世之留心斯道者，知五行作用，不同泛设，进而求其至理。未尝不可济美前贤也。

一曰：水能生木。今人以常识论之，莫不谓土能生木，非水能生木也。其实生木者水也，非土也。试观插秧于田，得水润之，则发荣滋长，即知水能生木。毫无疑义。若仅恃单独之土质，而无雨露以润泽之，其枯槁可立而待，岂能发荣滋长哉? 或曰：水能生木，信有之矣。然无土以载之，亦难见功。曰：土为木之宅舍，水为木之饮食。犹人之无宅舍则不能安居，无饮食则不能生活。然饮食为先，宅舍为后。故曰：水能生木。

二曰：木能生火。钻木取火，尽人皆知。观于煤矿之自然爆发，其为木能生火，尤为显著。盖煤之生成皆由古代之巨大森林沉埋地下，积久使然。其积藏愈久者，则煤之生火力愈大，趁势爆发，理所固然。故识者曰：煤之本质，即木之变质。《经》谓木能生火，良有以也。

三曰：火能生土。世人骤闻此说，莫不谓为有乖常理。若证以农家用肥田粉培养土力，即可知火能生土确有至理。何则? 肥田粉中重要之原料在磷，磷即火之精也。农夫但知其肥田而已，安知其有火能生土之作用哉?

跋

四曰：土能生金。自来科学家皆谓五金矿脉由地心内部熔浆受种种压力随势浸入地内之隙缝而成。果如斯言，则各种矿脉皆应生于地内深处，势必本源连续，形迹可稽。何以凡属矿脉并无本源？其生成位置及本质形状亦莫不错综复杂，无可名状，且多在地表近处。发现细微之金属化合物，此种金属，究由何来？谓为土能生金，谁曰不宜？

五曰：金能生水。近来科学昌明，物质不变之说已无存在余地。盖凡金属物质，无不渐渐化气为水，至一定之年限则其原质自然完全化尽。此世界化学家所共认者也。我国古籍谓为金能生水，人每疑之，殊属可哂。他不具论，兹就各地温泉言之有含硫黄质者，有含雷锭质者，莫不由金属矿质所化而成。此外如云南大理县之温泉热度极高就近居民竟有将该处温泉之蒸气凝成实质，收集之，名曰天生黄，用作药品颇著奇效。此众目所共睹者，非无稽也。

六曰：甲己化土。甲属木，己属土，木土联合，化而为土，此五行必然之势。证以化石之为物，尤觉信而有征。按化石种类繁多，大抵皆由各种动植物沉埋土中，经若十年后，与土化合而成。民国辛酉年，余在甘肃东蒙古地方偶拾巨大化石一方，纹理宛然质体坚硬。其形仍然似木，其质已变而为石矣。

七曰：乙庚化金。乙属木，庚属金。木金联合，化而为金。证以石绵矿及琥珀，最为显明。盖石绵之质如金，其形似木。琥珀之质如木，其形似金。此二者皆为木金化合而成，《经》谓乙庚化金，信然。

八曰：丙辛化水。丙属火，辛属金。火金联合，化而为水。以雷锭证之，疑团尽释。盖雷锭乃含热最富之金属物，亦金火化合之物也。其原质无时不化气为水，成一自然现象。今市上所售之雷锭水，即山雷锭自身蒸发时所集得者。古书谓火金化水。不其然乎？

九曰：丁壬化木。丁属火，壬属水。火水联合，化而为木。不知者每多疑之。然证以北方严寒之时，有以相当温湿度培养小王瓜与绿豆芽使其滋长，以应社会需要。岂非火水化木之明效乎？

十曰：戊癸化火。戊属土，癸属水。土水联合，化而为火。证以矿山之自然光，其理自明。盖此光多发现于夏月，乃地中郁积之土气与地表蒸发之水气相合而成。假使势雄力大，而又接触迫促，则发现之声光必致非常剧烈。世人听谓雷电者即此。若就质学论，试注水于硅石，[①] 而加之以热，则必发生酸素。酸素者，即火之谓也。综观上说五行之理，实与我国古籍不谋而合。袁君谓卜筮星相学与科学相通，诚哉斯言。惜难为舍本逐末、好高骛远者道耳。

己巳孟春慈溪钱庚初谨跋

---

① 乃是土质。

周易书斋精品书目

书　名	作　者	定　价	版别
影印涵芬楼本正统道藏 [典藏宣纸版;全512函1120册]	[明]张宇初编	480000.00	九州
影印涵芬楼本正统道藏 [再造善本;全512函1120册]	[明]张宇初编	280000.00	九州
重刊术藏[全6箱,精装100册]	谢路军主编	58000.00	九州
续修术藏[全6箱,精装100册]	谢路军主编	58000.00	九州
道藏[全6箱,精装60册]	谢路军主编	48000.00	九州
焦循文集[全精装18册]	[清]焦循撰	9800.00	九州
邵子全书[全精装15册]	[宋]邵雍撰	9600.00	九州
子部珍本备要(以下为分函购买价格)		178000.00	九州
峋嵝神书	宣纸线装1函1册	280.00	九州
地理唉蔗録	宣纸线装1函4册	880.00	九州
地理玄珠精选	宣纸线装1函4册	880.00	九州
地理琢玉斧峦头歌括	宣纸线装1函4册	880.00	九州
金氏地学粹编	宣纸线装3函8册	1840.00	九州
风水一书	宣纸线装1函4册	880.00	九州
风水二书	宣纸线装1函4册	880.00	九州
增注周易神应六亲百章海底眼	宣纸线装1函1册	280.00	九州
卜易指南	宣纸线装1函1册	280.00	九州
大六壬占验	宣纸线装1函1册	280.00	九州
真本六壬神课金口诀	宣纸线装1函3册	680.00	九州
太乙指津	宣纸线装1函2册	480.00	九州
太乙金钥匙 太乙金钥匙续集	宣纸线装1函1册	280.00	九州
奇门遁甲占验天时	宣纸线装1函2册	480.00	九州
南阳掌珍遁甲	宣纸线装1函1册	280.00	九州
达摩易筋经 易筋经外经图说 八段锦	宣纸线装1函1册	280.00	九州
钦天监彩绘真本推背图	宣纸线装1函2册	680.00	九州
玉函通秘	宣纸线装1函3册	680.00	九州
灵棋经	宣纸线装1函1册	280.00	九州
道藏灵符秘法	宣纸线装4函9册	2100.00	九州
地理青囊玉尺度金针集	宣纸线装1函6册	1280.00	九州
奇门秘传九宫纂要	宣纸线装1函1册	280.00	九州
影印清抄耕寸集－真本子平真诠	宣纸线装1函2册	480.00	九州
新刊合并官板音义评注渊海子平	宣纸线装1函2册	480.00	九州
影抄宋本五行精纪	宣纸线装1函6册	1280.00	九州

书　　名	作　者	定　价	版别
影印明刻阴阳五要奇书1－郭氏阴阳元经	宣纸线装1函2册	480.00	九州
影印明刻阴阳五要奇书2－克择璇玑括要	宣纸线装1函1册	280.00	九州
影印明刻阴阳五要奇书3－阳明按索图	宣纸线装1函2册	480.00	九州
影印明刻阴阳五要奇书4－佐玄直指	宣纸线装1函2册	480.00	九州
影印明刻阴阳五要奇书5－三白宝海钩玄	宣纸线装1函1册	280.00	九州
相命图诀许负相法十六篇合刊	宣纸线装1函1册	280.00	九州
玉掌神相神相铁关刀合刊	宣纸线装1函1册	280.00	九州
古本太乙淘金歌	宣纸线装1函1册	280.00	九州
重刊地理葬埋黑通书	宣纸线装1函2册	480.00	九州
壬归	宣纸线装1函2册	480.00	九州
大六壬苗公鬼撮脚二种合刊	宣纸线装1函1册	280.00	九州
大六壬鬼撮脚射覆	宣纸线装1函2册	480.00	九州
大六壬金柜经	宣纸线装1函1册	280.00	九州
纪氏奇门秘书仕学备余	宣纸线装1函1册	280.00	九州
八门九星阴阳二遁全本奇门断	宣纸线装2函18册	3680.00	九州
李卫公奇门心法	宣纸线装1函1册	280.00	九州
武侯行兵遁甲金函玉镜海底眼	宣纸线装1函1册	280.00	九州
诸葛武侯奇门千金诀	宣纸线装1函1册	280.00	九州
隔夜神算	宣纸线装1函1册	280.00	九州
地理五种秘籍合刊	宣纸线装1函1册	280.00	九州
地理雪心赋句解	宣纸线装1函2册	480.00	九州
九天玄女青囊经	宣纸线装1函1册	280.00	九州
考定撼龙经	宣纸线装1函1册	280.00	九州
刘江东家藏善本葬书	宣纸线装1函1册	280.00	九州
杨公六段玄机赋杨筠松安门楼玉辇经合刊	宣纸线装1函1册	280.00	九州
风水金鉴	宣纸线装1函1册	280.00	九州
新镌碎玉剖秘地理不求人	宣纸线装1函2册	480.00	九州
阳宅八门金光斗临经	宣纸线装1函1册	280.00	九州
新镌徐氏家藏罗经顶门针	宣纸线装1函2册	480.00	九州
影印乾隆丙午刻本地理五诀	宣纸线装1函4册	880.00	九州
地理诀要雪心赋	宣纸线装1函2册	480.00	九州
蒋氏平阶家藏善本插泥剑	宣纸线装1函1册	280.00	九州
蒋大鸿家传地理归厚录	宣纸线装1函1册	280.00	九州
蒋大鸿家传三元地理秘书	宣纸线装1函1册	280.00	九州
蒋大鸿家传天星选择秘旨	宣纸线装1函1册	280.00	九州
撼龙经批注校补	宣纸线装1函4册	880.00	九州

书　名	作　者	定　价	版别
疑龙经批注校补－全	宣纸线装 1 函 1 册	280.00	九州
种筠书屋较订山法诸书	宣纸线装 1 函 2 册	480.00	九州
堪舆倒杖诀 拨砂经遗篇 合刊	宣纸线装 1 函 1 册	280.00	九州
认龙天宝经	宣纸线装 1 函 1 册	280.00	九州
天机望龙经 刘氏心法 杨公骑龙穴诗 合刊	宣纸线装 1 函 1 册	280.00	九州
风水一夜仙秘传三种合刊	宣纸线装 1 函 1 册	280.00	九州
新镌地理八窍	宣纸线装 1 函 2 册	480.00	九州
地理解醒	宣纸线装 1 函 1 册	280.00	九州
峦头指迷	宣纸线装 1 函 3 册	680.00	九州
茅山上清灵符	宣纸线装 1 函 2 册	480.00	九州
茅山上清镇禳摄制秘法	宣纸线装 1 函 1 册	280.00	九州
天医祝由科秘抄	宣纸线装 1 函 2 册	480.00	九州
千镇百镇桃花镇	宣纸线装 1 函 2 册	480.00	九州
轩辕碑记医学祝由十三科轩辕科治病奇书合刊	宣纸线装 1 函 1 册	280.00	九州
清抄真本祝由科秘诀全书	宣纸线装 1 函 3 册	680.00	九州
增补秘传万法归宗	宣纸线装 1 函 2 册	480.00	九州
祝由科诸符秘卷祝由科诸符秘旨合刊	宣纸线装 1 函 1 册	280.00	九州
辰州符咒大全	宣纸线装 1 函 4 册	880.00	九州
万历初刻三命通会	宣纸线装 2 函 12 册	2480.00	九州
新编三车一览子平渊源注解	宣纸线装 1 函 3 册	680.00	九州
命理用神精华	宣纸线装 1 函 3 册	680.00	九州
命学探骊集	宣纸线装 1 函 1 册	280.00	九州
相诀摘要	宣纸线装 1 函 2 册	480.00	九州
相法秘传	宣纸线装 1 函 1 册	280.00	九州
新编相法五总龟	宣纸线装 1 函 1 册	280.00	九州
相学统宗心易秘传	宣纸线装 1 函 2 册	480.00	九州
秘本大清相法	宣纸线装 1 函 2 册	480.00	九州
相法易知	宣纸线装 1 函 1 册	280.00	九州
星命风水秘传	宣纸线装 1 函 1 册	280.00	九州
大六壬隔山照	宣纸线装 1 函 2 册	480.00	九州
大六壬考正	宣纸线装 1 函 1 册	280.00	九州
大六壬类阐	宣纸线装 1 函 2 册	480.00	九州
六壬心镜集注	宣纸线装 1 函 1 册	280.00	九州
遁甲吾学编	宣纸线装 1 函 2 册	480.00	九州
刘明江家藏善本奇门衍象	宣纸线装 1 函 1 册	280.00	九州
遁甲天书秘文	宣纸线装 1 函 2 册	480.00	九州

书　名	作　者	定　价	版别
金枢符应秘文	宣纸线装 1 函 2 册	480.00	九州
秘传金函奇门隐遁丁甲法书	宣纸线装 1 函 2 册	480.00	九州
六壬行军指南	宣纸线装 2 函 10 册	2080.00	九州
家藏阴阳二宅秘诀线法	宣纸线装 1 函 2 册	480.00	九州
阳宅一书阴宅一书合刊	宣纸线装 1 函 1 册	280.00	九州
地理法门全书	宣纸线装 1 函 1 册	280.00	九州
四真全书玉钥匙	宣纸线装 1 函 1 册	280.00	九州
重刊官板玉髓真经	宣纸线装 1 函 4 册	880.00	九州
明刊阳宅真诀	宣纸线装 1 函 2 册	480.00	九州
阳宅指南	宣纸线装 1 函 1 册	280.00	九州
阳宅秘传三书	宣纸线装 1 函 1 册	280.00	九州
阳宅都天滚盘珠	宣纸线装 1 函 1 册	280.00	九州
纪氏地理水法要诀	宣纸线装 1 函 1 册	280.00	九州
李默斋先生地理辟径集	宣纸线装 1 函 2 册	480.00	九州
李默斋先生辟径集续篇 地理秘缺	宣纸线装 1 函 2 册	480.00	九州
地理辨正自解	宣纸线装 1 函 1 册	280.00	九州
形家五要全编	宣纸线装 1 函 4 册	880.00	九州
地理辨正抉要	宣纸线装 1 函 1 册	280.00	九州
地理辨正揭隐	宣纸线装 1 函 1 册	280.00	九州
地学铁骨秘	宣纸线装 1 函 1 册	280.00	九州
地理辨正发秘初稿	宣纸线装 1 函 1 册	280.00	九州
三元宅墓图	宣纸线装 1 函 1 册	280.00	九州
参赞玄机地理仙婆集	宣纸线装 2 函 8 册	1680.00	九州
幕讲禅师玄空秘旨浅注外七种	宣纸线装 1 函 1 册	280.00	九州
玄空挨星图诀	宣纸线装 1 函 1 册	280.00	九州
影印稿本玄空地理笒蹄	宣纸线装 1 函 1 册	280.00	九州
玄空古义四种通释	宣纸线装 1 函 2 册	480.00	九州
地理疑义答问	宣纸线装 1 函 1 册	280.00	九州
王元极地理辨正冒禁录	宣纸线装 1 函 1 册	280.00	九州
王元极校补天元选择辨正	宣纸线装 1 函 3 册	680.00	九州
王元极选择辨真全书	宣纸线装 1 函 1 册	280.00	九州
王元极增批地理冰海 原本地理冰海 合刊	宣纸线装 1 函 1 册	280.00	九州
王元极三元阳宅萃篇	宣纸线装 1 函 2 册	480.00	九州
尹一勺先生地理精语	宣纸线装 1 函 1 册	280.00	九州
古本地理元真	宣纸线装 1 函 2 册	480.00	九州
杨公秘本搜地灵	宣纸线装 1 函 1 册	280.00	九州

书 名	作 者	定 价	版别
秘藏千里眼	宣纸线装1函1册	280.00	九州
道光刊本地理或问	宣纸线装1函1册	280.00	九州
影印稿本地理秘诀	宣纸线装1函2册	480.00	九州
地理秘诀隔山照 地理括要 合刊	宣纸线装1函1册	280.00	九州
地理前后五十段	宣纸线装1函2册	480.00	九州
心耕书屋藏本地经图说	宣纸线装1函1册	280.00	九州
地理古本道法双谭	宣纸线装1函1册	280.00	九州
奇门遁甲元灵经	宣纸线装1函1册	280.00	九州
黄帝遁甲归藏大意 白猿真经 合刊	宣纸线装1函1册	280.00	九州
遁甲符应经	宣纸线装1函2册	480.00	九州
遁甲通明钤	宣纸线装1函1册	280.00	九州
景佑奇门秘纂	宣纸线装1函2册	480.00	九州
奇门先天要论	宣纸线装1函2册	480.00	九州
御定奇门古本	宣纸线装1函2册	480.00	九州
奇门吉凶格解	宣纸线装1函1册	280.00	九州
御定奇门宝鉴	宣纸线装1函3册	680.00	九州
奇门阐易	宣纸线装1函2册	480.00	九州
六壬总论	宣纸线装1函1册	280.00	九州
稿抄本大六壬翠羽歌	宣纸线装1函1册	280.00	九州
都天六壬神课	宣纸线装1函1册	280.00	九州
大六壬易简	宣纸线装1函2册	480.00	九州
太上六壬明鉴符阴经	宣纸线装1函1册	280.00	九州
增补关煞袖里金百中经	宣纸线装1函1册	280.00	九州
演禽三世相法	宣纸线装1函2册	480.00	九州
合婚便览 和合婚姻咒 合刊	宣纸线装1函1册	280.00	九州
神数十种	宣纸线装1函1册	280.00	九州
神机灵数一掌经 金钱课 合刊	宣纸线装1函1册	280.00	九州
本书制作中,其余品种将于2019年面世			
阳宅三要[宣纸线装一函三册]	[清]赵九峰撰	298.00	华龄
绘图全本鲁班经匠家镜[宣纸线装一函四册]	[周]鲁班著	680.00	华龄
青囊海角经[宣纸线装一函四册]	[晋]郭璞著	680.00	华龄
地理点穴撼龙经[宣纸线装一函三册]	[清]寇宗注	680.00	华龄
秘藏疑龙经大全[宣纸线装一函一册]	[清]寇宗注	280.00	华龄
杨公秘本山法备收[宣纸线装一函一册]	[清]寇宗注	280.00	华龄
校正全本地学答问[宣纸线装一函三册]	[清]魏清江撰	680.00	华龄
赖仙原本催官经[宣纸线装一函一册]	[宋]赖布衣撰	280.00	华龄

书　　名	作　　者	定　价	版别
赖仙催官篇注[宣纸线装一函一册]	[宋]赖布衣撰	280.00	华龄
尹注赖仙催官篇[宣纸线装一函一册]	[宋]赖布衣撰	280.00	华龄
赖仙心印[宣纸线装一函一册]	[宋]赖布衣撰	280.00	华龄
新刻赖太素天星催官解[宣纸线装一函二册]	[宋]赖布衣撰	480.00	华龄
天机秘传青囊内传[宣纸线装一函一册]	[清]焦循撰	280.00	华龄
阳宅斗首连篇秘授[宣纸线装一函一册]	[明]卢清廉撰	280.00	华龄
精刻编集阳宅真传秘诀[宣纸线装一函二册]	[明]李邦祥撰	480.00	华龄
秘传全本六壬玉连环[宣纸线装一函二册]	[宋]徐次宾撰	480.00	华龄
秘传仙授奇门[宣纸线装一函二册]	[清]湖海居士辑	480.00	华龄
祝由科诸符秘卷祝由科诸符秘旨合刊[宣纸线装一函二册]	[清]郭相经辑	480.00	华龄
校正古本入地眼图说[宣纸线装一函二册]	[宋]辜托长老撰	480.00	华龄
校正全本钻地眼图说[宣纸线装一函二册]	[宋]辜托长老撰	480.00	华龄
赖公七十二葬法[宣纸线装一函二册]	[宋]赖布衣撰	480.00	华龄
新刻杨筠松秘传开门放水阴阳捷径[宣纸线装一函二册]	[唐]杨筠松撰	480.00	华龄
校正古本地理五诀[宣纸线装一函二册]	[清]赵九峰撰	480.00	华龄
重校古本地理雪心赋[宣纸线装一函二册]	[唐]卜应天撰	480.00	华龄
宋国师吴景鸾先天后天理气心印补注[宣纸线装一函一册]	[宋]吴景鸾撰	280.00	华龄
新刊宋国师吴景鸾秘传夹竹梅花院纂[宣纸线装一函二册]	[宋]吴景鸾撰	480.00	华龄
连山[宣纸线装一函一册]	[清]马国翰辑	280.00	华龄
归藏[宣纸线装一函一册]	[清]马国翰辑	280.00	华龄
周易虞氏义笺订[宣纸线装一函六册]	[清]李翊灼订	1180.00	华龄
周易参同契通真义[宣纸线装一函二册]	[后蜀]彭晓撰	480.00	华龄
御制周易[宣纸线装一函三册]	武英殿影宋本	680.00	华龄
宋刻周易本义[宣纸线装一函四册]	[宋]朱熹撰	980.00	华龄
易学启蒙[宣纸线装一函二册]	[宋]朱熹撰	480.00	华龄
易余[宣纸线装一函二册]	[明]方以智撰	480.00	九州
明抄真本梅花易数[宣纸线装一函三册]	[宋]邵雍撰	480.00	九州
古本皇极经世书[宣纸线装一函三册]	[宋]邵雍撰	980.00	九州
奇门鸣法[宣纸线装一函二册]	[清]龙伏山人撰	680.00	华龄
奇门衍象[宣纸线装一函二册]	[清]龙伏山人撰	480.00	华龄
奇门枢要[宣纸线装一函二册]	[清]龙伏山人撰	480.00	华龄
奇门仙机[宣纸线装一函三册]	王力军校订	298.00	华龄
奇门心法秘纂[宣纸线装一函三册]	王力军校订	298.00	华龄
御定奇门秘诀[宣纸线装一函三册]	[清]湖海居士辑	680.00	华龄

书　名	作　者	定　价	版别
龙伏山人存世文稿[宣纸线装五函十册]	[清]矫子阳撰	2800.00	九州
奇门遁甲鸣法[宣纸线装一函二册]	[清]矫子阳撰	680.00	九州
奇门遁甲衍象[宣纸线装一函二册]	[清]矫子阳撰	480.00	九州
奇门遁甲枢要[宣纸线装一函二册]	[清]矫子阳撰	480.00	九州
遁甲括囊集[宣纸线装一函三册]	[清]矫子阳撰	980.00	九州
增注蒋公古镜歌[宣纸线装一函一册]	[清]矫子阳撰	180.00	九州
宫藏奇门大全[线装五函二十五册]	[清]湖海居士辑	6800.00	星易
遁甲奇门秘传要旨大全[线装二函二十册]	[清]范阳耐寒子辑	6200.00	星易
增广神相全编[线装一函四册]	[明]袁珙订正	980.00	星易
遁甲奇门捷要[宣纸线装一函一册]	[清]杨景南编	380.00	故宫
奇门遁甲备览[宣纸线装一函二册]	清顺治抄本	760.00	故宫
六壬类聚[宣纸线装一函四册]	[清]纪大奎撰	1520.00	故宫
订正六壬金口诀[宣纸线装一函六册]	[清]巫国匡辑	1280.00	华龄
六壬神课金口诀[宣纸线装一函三册]	[明]适适子撰	298.00	华龄
改良三命通会[宣纸线装一函四册,第二版]	[明]万民英撰	980.00	华龄
增补选择通书玉匣记[宣纸线装一函二册]	[晋]许逊撰	480.00	华龄
增补四库青乌辑要[宣纸线装全18函59册]	郑同校	11680.00	九州
第1种:宅经[宣纸线装1册]	[署]黄帝撰	180.00	九州
第2种:葬书[宣纸线装1册]	[晋]郭璞撰	220.00	九州
第3种:青囊序青囊奥语天玉经[宣纸线装1册]	[唐]杨筠松撰	220.00	九州
第4种:黄囊经[宣纸线装1册]	[唐]杨筠松撰	220.00	九州
第5种:黑囊经[宣纸线装2册]	[唐]杨筠松撰	380.00	九州
第6种:锦囊经[宣纸线装1册]	[晋]郭璞撰	200.00	九州
第7种:天机贯旨红囊经[宣纸线装2册]	[清]李三素撰	380.00	九州
第8种:玉函天机素书/至宝经[宣纸线装1册]	[明]董德彰撰	200.00	九州
第9种:天机一贯[宣纸线装2册]	[清]李三素撰辑	380.00	九州
第10种:撼龙经[宣纸线装1册]	[唐]杨筠松撰	200.00	九州
第11种:疑龙经葬法倒杖[宣纸线装1册]	[唐]杨筠松撰	220.00	九州
第12种:疑龙经辨正[宣纸线装1册]	[唐]杨筠松撰	200.00	九州
第13种:寻龙记太华经[宣纸线装1册]	[唐]曾文辿撰	220.00	九州
第14种:宅谱要典[宣纸线装2册]	[清]铣溪野人校	380.00	九州
第15种:阳宅必用[宣纸线装2册]	心灯大师校订	380.00	九州
第16种:阳宅撮要[宣纸线装2册]	[清]吴鼒撰	380.00	九州
第17种:阳宅正宗[宣纸线装1册]	[清]姚承舆撰	200.00	九州
第18种:阳宅指掌[宣纸线装2册]	[清]黄海山人撰	380.00	九州

书　名	作　者	定　价	版别
第 19 种:相宅新编[宣纸线装 1 册]	[清]焦循校刊	240.00	九州
第 20 种:阳宅井明[宣纸线装 2 册]	[清]邓颖出撰	380.00	九州
第 21 种:阴宅井明[宣纸线装 1 册]	[清]邓颖出撰	220.00	九州
第 22 种:灵城精义[宣纸线装 2 册]	[南唐]何溥撰	380.00	九州
第 23 种:龙穴砂水说[宣纸线装 1 册]	清抄秘本	180.00	九州
第 24 种:三元水法秘诀[宣纸线装 2 册]	清抄秘本	380.00	九州
第 25 种:罗经秘传[宣纸线装 2 册]	[清]傅禹辑	380.00	九州
第 26 种:穿山透地真传[宣纸线装 2 册]	[清]张九仪撰	380.00	九州
第 27 种:催官篇发微论[宣纸线装 2 册]	[宋]赖文俊撰	380.00	九州
第 28 种:入地眼神断要诀[宣纸线装 2 册]	清抄秘本	380.00	九州
第 29 种:玄空大卦秘断[宣纸线装 1 册]	清抄秘本	200.00	九州
第 30 种:玄空大五行真传口诀[宣纸线装 1 册]	[明]蒋大鸿等撰	220.00	九州
第 31 种:杨曾九宫颠倒打劫图说[宣纸线装 1 册]	[唐]杨筠松撰	200.00	九州
第 32 种:乌兔经奇验经[宣纸线装 1 册]	[唐]杨筠松撰	180.00	九州
第 33 种:挨星考注[宣纸线装 1 册]	[清]汪董缘订定	260.00	九州
第 34 种:地理挨星说汇要[宣纸线装 1 册]	[明]蒋大鸿撰辑	220.00	九州
第 35 种:地理捷诀[宣纸线装 1 册]	[清]傅禹辑	200.00	九州
第 36 种:地理三仙秘旨[宣纸线装 1 册]	清抄秘本	200.00	九州
第 37 种:地理三字经[宣纸线装 3 册]	[清]程思乐撰	580.00	九州
第 38 种:地理雪心赋注解[宣纸线装 2 册]	[唐]卜则巍撰	380.00	九州
第 39 种:蒋公天元余义[宣纸线装 1 册]	[明]蒋大鸿等撰	220.00	九州
第 40 种:地理真传秘旨[宣纸线装 3 册]	[唐]杨筠松撰	580.00	九州
增补四库未收方术汇刊第一辑(全 28 函)	线装影印本	11800.00	九州
第一辑 01 函:火珠林·卜筮正宗	[宋]麻衣道者著	340.00	九州
第一辑 02 函:全本增删卜易·增删卜易真诠	[清]野鹤老人撰	720.00	九州
第一辑 03 函:渊海子平音义评注·子平真诠·命理易知	[明]杨淙增校	360.00	九州
第一辑 04 函:滴天髓:附滴天秘诀·穷通宝鉴:附月谈赋	[宋]京图撰	360.00	九州
第一辑 05 函:参星秘要诹吉便览·玉函斗首三台通书·精校三元总录	[清]俞荣宽撰	460.00	九州
第一辑 06 函:陈子性藏书	[清]陈应选撰	580.00	九州
第一辑 07 函:崇正辟谬永吉通书·选择求真	[清]李奉来辑	500.00	九州
第一辑 08 函:增补选择通书玉匣记·永宁通书	[晋]许逊撰	400.00	九州
第一辑 09 函:新增阳宅爱众篇	[清]张觉正撰	480.00	九州
第一辑 10 函:地理四弹子·地理铅弹子砂水要诀	[清]张九仪注	320.00	九州
第一辑 11 函:地理五诀	[清]赵九峰著	200.00	九州

书　　名	作　者	定　价	版别
第一辑 12 函:地理直指原真	[清]释如玉撰	280.00	九州
第一辑 13 函:宫藏真本入地眼全书	[宋]释静道著	680.00	九州
第一辑 14 函:罗经顶门针·罗经解定·罗经透解	[明]徐之镆撰	360.00	九州
第一辑 15 函:校正详图青囊经·平砂玉尺经·地理辨正疏	[清]王宗臣著	300.00	九州
第一辑 16 函:一贯堪舆	[明]唐世友辑	240.00	九州
第一辑 17 函:阳宅大全·阳宅十书	[明]一壑居士集	600.00	九州
第一辑 18 函:阳宅大成五种	[清]魏青江撰	600.00	九州
第一辑 19 函:奇门五总龟·奇门遁甲统宗大全·奇门遁甲元灵经	[明]池纪撰	500.00	九州
第一辑 20 函:奇门遁甲秘笈全书	[明]刘伯温辑	280.00	九州
第一辑 21 函:奇门庐中阐秘	[汉]诸葛武侯撰	600.00	九州
第一辑 22 函:奇门遁甲元机·太乙秘书·六壬大占	[宋]岳珂纂辑	360.00	九州
第一辑 23 函:性命圭旨	[明]尹真人撰	480.00	九州
第一辑 24 函:紫微斗数全书	[宋]陈抟撰	200.00	九州
第一辑 25 函:千镇百镇桃花镇	[清]云石道人校	220.00	九州
第一辑 26 函:清抄真本祝由科秘诀全书·轩辕碑记医学祝由十三科	[上古]黄帝传	800.00	九州
第一辑 27 函:增补秘传万法归宗	[唐]李淳风撰	160.00	九州
第一辑 28 函:神机灵数一掌经金钱课·牙牌神数七种·珍本演禽三世相法	[清]诚文信校	440.00	九州
增补四库未收方术汇刊第二辑(全36函)	线装影印本	13800.00	九州
第二辑第 1 函:六爻断易一撮金·卜易秘诀海底眼	[宋]邵雍撰	200.00	九州
第二辑第 2 函:秘传子平渊源	燕山郑同校辑	280.00	九州
第二辑第 3 函:命理探原	[清]袁树珊撰	280.00	九州
第二辑第 4 函:命理正宗	[明]张楠撰集	180.00	九州
第二辑第 5 函:造化玄钥	庄圆校补	220.00	九州
第二辑第 6 函:命理寻源·子平管见	[清]徐乐吾撰	280.00	九州
第二辑第 7 函:京本风鉴相法	[明]回阳子校辑	380.00	九州
第二辑第 8－9 函:钦定协纪辨方书 8 册	[清]允禄编	780.00	九州
第二辑第 10－11 函:鳌头通书 10 册	[明]熊宗立撰辑	880.00	九州
第二辑第 12－13 函:象吉通书	[清]魏明远撰辑	1080.00	九州
第二辑第 14 函:选择宗镜·选择纪要	[朝鲜]南秉吉撰	360.00	九州
第二辑第 15 函:选择正宗	[清]顾宗秀撰辑	480.00	九州
第二辑第 16 函:仪度六壬选日要诀	[清]张九仪撰	680.00	九州
第二辑第 17 函:葬事择日法	郑同校辑	280.00	九州
第二辑第 18 函:地理不求人	[清]吴明初撰辑	240.00	九州

书　　名	作　者	定　价	版别
第二辑第 19 函:地理大成一:山法全书	〔清〕叶九升撰	680.00	九州
第二辑第 20 函:地理大成二:平阳全书	〔清〕叶九升撰	360.00	九州
第二辑第 21 函:地理大成三:地理六经注·地理大成四:罗经指南拔雾集·地理大成五:理气四诀	〔清〕叶九升撰	300.00	九州
第二辑第 22 函:地理录要	〔明〕蒋大鸿撰	480.00	九州
第二辑第 23 函:地理人子须知	〔明〕徐善继撰	480.00	九州
第二辑第 24 函:地理四秘全书	〔清〕尹一勺撰	380.00	九州
第二辑第 25 - 26 函:地理天机会元	〔明〕顾陵冈辑	1080.00	九州
第二辑第 27 函:地理正宗	〔清〕蒋宗城校订	280.00	九州
第二辑第 28 函:全图鲁班经	〔明〕午荣编	280.00	九州
第二辑第 29 函:秘传水龙经	〔明〕蒋大鸿撰	480.00	九州
第二辑第 30 函:阳宅集成	〔清〕姚廷銮纂	480.00	九州
第二辑第 31 函:阴宅集要	〔清〕姚廷銮纂	240.00	九州
第二辑第 32 函:辰州符咒大全	〔清〕觉玄子辑	480.00	九州
第二辑第 33 函:三元镇宅灵符秘篆·太上洞玄祛病灵符全书	〔明〕张宇初编	240.00	九州
第二辑第 34 函:太上混元祈福解灾三部神符	〔明〕张宇初编	360.00	九州
第二辑第 35 函:测字秘牒·先天易数·冲天易数/马前课	〔清〕程省撰	360.00	九州
第二辑第 36 函:秘传紫微	古朝鲜抄本	240.00	九州
中国风水史	傅洪光撰	32.00	九州
古本催官篇集注	李佳明校注	48.00	九州
鲁班经讲义	傅洪光著	48.00	九州
新刊地理玄珠	精装古本影印	380.00	华龄
参赞玄机地理仙婆集	精装古本影印	380.00	华龄
章仲山地理九种(上下)	精装古本影印	760.00	华龄
八门九星阴阳二遁全本奇门断	精装古本影印	760.00	华龄
六壬统宗大全	精装古本影印	380.00	华龄
太乙统宗宝鉴	精装古本影印	380.00	华龄
重刊星海词林(全五册)	精装古本影印	1900.00	华龄
万历初刻三命通会(上下)	精装古本影印	760.00	华龄
风水择吉第一书:辨方	李明清著	168.00	华龄
增广沈氏玄空学	郑同点校	68.00	华龄
增补高岛易断(精装上下)	(清)王治本编译	198.00	华龄
地理点穴撼龙经	郑同点校	32.00	华龄
绘图地理人子须知(上下)	郑同点校	78.00	华龄

书　名	作　者	定　价	版别
玉函通秘	郑同点校	48.00	华龄
绘图入地眼全书	郑同点校	28.00	华龄
绘图地理五诀	郑同点校	48.00	华龄
一本书弄懂风水	郑同著	48.00	华龄
风水罗盘全解	傅洪光著	58.00	华龄
堪舆精论	胡一鸣著	29.80	华龄
堪舆的秘密	宝通著	36.00	华龄
中国风水学初探	曾涌哲	58.00	华龄
全息太乙(修订版)	李德润著	68.00	华龄
时空太乙(修订版)	李德润著	68.00	华龄
故宫珍本六壬三书(上下)	张越点校	118.00	华龄
大六壬通解(全三册)	叶飘然著	168.00	华龄
壬占汇选(精抄历代六壬占验汇选)	肖岱宗点校	48.00	华龄
大六壬指南	郑同点校	28.00	华龄
六壬金口诀指玄	郑同点校	28.00	华龄
大六壬寻源编[全三册]	[清]周螭辑录	180.00	华龄
六壬辨疑　毕法案录	郑同点校	32.00	华龄
时空太乙(修订版)	李德润著	68.00	华龄
全息太乙(修订版)	李德润著	68.00	华龄
大六壬断案疏证	刘科乐著	58.00	华龄
六壬时空	刘科乐著	68.00	华龄
飞盘奇门:鸣法体系校释(精装上下)	刘金亮撰	198.00	九州
御定奇门宝鉴	郑同点校	58.00	华龄
御定奇门阳遁九局	郑同点校	78.00	华龄
御定奇门阴遁九局	郑同点校	78.00	华龄
奇门秘占合编:奇门庐中阐秘·四季开门	[汉]诸葛亮撰	68.00	华龄
奇门探索录	郑同编订	38.00	华龄
奇门遁甲秘笈大全	郑同点校	48.00	华龄
奇门旨归	郑同点校	48.00	华龄
奇门法窍	[清]锡孟樨撰	48.00	华龄
奇门精粹——奇门遁甲典籍大全	郑同点校	68.00	华龄
珞琭子三命消息赋古注通疏(精装上下)	明注　疏	188.00	华龄
御定子平	郑同点校	48.00	华龄
增补星平会海全书	郑同点校	68.00	华龄
五行精纪:命理通考五行渊微	郑同点校	38.00	华龄

书　名	作　者	定　价	版别
青囊汇刊1:青囊秘要	[晋]郭璞等撰	48.00	华龄
青囊汇刊2:青囊海角经	[晋]郭璞等撰	48.00	华龄
青囊汇刊3:阳宅十书	[明]王君荣撰	48.00	华龄
青囊汇刊4:秘传水龙经	[明]蒋大鸿撰	68.00	华龄
青囊汇刊5:管氏地理指蒙	[三国]管辂撰	48.00	华龄
子平汇刊1:渊海子平大全	[宋]徐子平撰	48.00	华龄
子平汇刊2:秘本子平真诠	[清]沈孝瞻撰	38.00	华龄
子平汇刊3:命理金鉴	[清]志于道撰	38.00	华龄
子平汇刊4:秘授滴天髓阐微	[清]任铁樵注	48.00	华龄
子平汇刊5:穷通宝鉴评注	[清]徐乐吾注	48.00	华龄
子平汇刊6:神峰通考命理正宗	[明]张楠撰	38.00	华龄
子平汇刊7:新校命理探原	[清]袁树珊撰	48.00	华龄
子平汇刊8:重校绘图袁氏命谱	[清]袁树珊撰	68.00	华龄
纳甲汇刊1:校正全本增删卜易	郑同点校	68.00	华龄
纳甲汇刊2:校正全本卜筮正宗	郑同点校	48.00	华龄
纳甲汇刊3:校正全本易隐	郑同点校	48.00	华龄
纳甲汇刊4:校正全本易冒	郑同点校	48.00	华龄
纳甲汇刊5:校正全本易林补遗	郑同点校	38.00	华龄
纳甲汇刊6:校正全本卜筮全书	郑同点校	68.00	华龄
古今图书集成术数丛刊:卜筮(全二册)	[清]陈梦雷辑	80.00	华龄
古今图书集成术数丛刊:堪舆(全二册)	[清]陈梦雷辑	120.00	华龄
古今图书集成术数丛刊:相术(全一册)	[清]陈梦雷辑	60.00	华龄
古今图书集成术数丛刊:选择(全一册)	[清]陈梦雷辑	50.00	华龄
古今图书集成术数丛刊:星命(全三册)	[清]陈梦雷辑	180.00	华龄
古今图书集成术数丛刊:术数(全三册)	[清]陈梦雷辑	200.00	华龄
四库全书术数初集(全四册)	郑同点校	200.00	华龄
四库全书术数二集(全三册)	郑同点校	150.00	华龄
四库全书术数三集:钦定协纪书(全二册)	郑同点校	98.00	华龄
增补鳌头通书大全(全三册)	[明]熊宗立撰辑	180.00	华龄
增补象吉备要通书大全(全三册)	[清]魏明远撰辑	180.00	华龄
绘图三元总录	郑同编校	48.00	华龄
绘图全本玉匣记	郑同编校	32.00	华龄
周易正解:小成图预测学讲义	霍斐然著	68.00	华龄
周易初步:易学基础知识36讲	张绍金著	32.00	华龄
周易与中医养生:医易心法	成铁智著	32.00	华龄

书　名	作　者	定　价	版别
增补校正邵康节先生梅花周易数全集	[宋]邵雍撰	58.00	华龄
梅花心易阐微	[清]杨体仁撰	48.00	华龄
梅花易数讲义	郑同著	58.00	华龄
白话梅花易数	郑同编著	30.00	华龄
梅花周易数全集	郑同点校	58.00	华龄
一本书读懂易经	郑同著	38.00	华龄
白话易经	郑同编著	38.00	华龄
周易象数学（精装）	冯昭仁著	98.00	华龄
知易术数学：开启术数之门	赵知易著	48.00	华龄
术数入门——奇门遁甲与京氏易学	王居恭著	48.00	华龄
壬奇要略（全5册：大六壬集应钤3册，大六壬口诀纂1册，御定奇门秘纂1册）	肖岱宗郑同点校	300.00	九州
白话高岛易断（上下）	[日]高岛嘉右卫门	128.00	九州
周易虞氏义笺订（上下）	[清]李翊灼校订	78.00	九州
周易明义	邸勇强著	73.00	九州
论语明义	邸勇强著	37.00	九州
统天易数（精装）	秦宗臻著	68.00	城市
统天易解（精装）	秦宗臻著	88.00	城市
润德堂丛书合编1：述卜筮星相学	袁树珊著	38.00	华龄
润德堂丛书全编2：命理探原	袁树珊著	38.00	华龄
润德堂丛书全编3：命谱	袁树珊著	68.00	华龄
润德堂丛书全编4：大六壬探原 养生三要	袁树珊著	38.00	华龄
润德堂丛书全编5：中西相人探原	袁树珊著	38.00	华龄
润德堂丛书全编6：选吉探原 八字万年历	袁树珊著	38.00	华龄
润德堂丛书全编7：中国历代卜人传	袁树珊著	168.00	华龄
天星姓名学	侯景波著	38.00	燕山
解梦书	郑同、傅洪光著	58.00	燕山

　　周易书斋是国内最大的专业从事易学术数类图书邮购服务的书店，成立于2001年，现有易学及术数类图书、古籍影印本、学习资料等现货6000余种，在海内外易学研究者中有着巨大的影响力。请发送您的姓名、地址、邮编、电话等项短信到13716780854，即可免费获取印刷版的易学书目。或**来函**（挂号）：北京市102488信箱58分箱　邮编：102488　王兰梅收。

　　1、QQ：(周易书斋2)2839202242；QQ群：(周易书斋书友会)140125362。免费下载本店易学书目：http://pan.baidu.com/s/1i3u0sNN

　　2、联系人：王兰梅　电话：13716780854,15652026606,(010)89360046

　　3、邮购费用固定，不论册数多少，每次收费7元。

4、银行汇款户名：**王兰梅**。请您汇款后**电话通知我们所需书目**以及汇款时间、金额等项，以便及时寄出图书。

邮政：601006359200109796　农行：6228480010308994218

工行：0200299001020728724　建行：1100579980130074603

交行：6222600910053875983　支付宝：13716780854

5、学易斋官方微信号：xyz15652026606

北京周易书斋敬启